서비스 경영 **불변의 원칙** 9

서비스 경영 불변의 원칙 9
서비스의 기업의 지속가능한 성공 모델

초판 1쇄 발행 · 2014년 9월 5일

지은이 · 레오나드 L. 베리
옮긴이 · 신원학
펴낸이 · 김건수

펴낸곳 · 김앤김북스
출판등록 · 2001년 2월 9일(제12-302호)
서울시 중구 수하동 40-2 우석빌딩 903호
전화 (02) 773-5133 / 팩스 (02) 773-5134
이메일 apprro@naver.com

ISBN 978-89-89566-62-5 03320

LEONARD L. BERRY

DISCOVER

서비스 경영 불변의 원칙 9

서비스 기업의 지속가능한 성공 모델

레오나드 L. 베리 지음 | 신원학 옮김

THE SOUL

OF SERVICE

김앤김북스

왜 그렇게 많은 기업들이 요절하는가? 수많은 증거들이 '기업들이 정책을 세우고 실행하는 데 있어 과도하게 경제적인 고려만을 하는 것'이 요절의 원인임을 말해주고 있다. 달리 표현하면, 기업의 관리자들이 제품과 서비스를 생산하는 데에만 주목하여 기업 자신이 사람들로 구성된 하나의 공동체라는 사실을 망각하기 때문이다.

아리 드 호이스, 『살아있는 기업 100년의 기업』

CONTENTS

<u>09</u> 작게 행동하기

<u>10</u> 브랜드 구축

<u>11</u> 관대함

<u>12</u> 성공하는 서비스 기업이 주는 교훈

| 감사의 말 |

이번 연구를 수행하고 그 결과를 책으로 엮는 과정은 신나는 일이었다. 서비스 경영과 마케팅 분야의 오랜 연구자로서, 나는 세계 최고의 서비스 기업 14개를 면밀히 연구할 기회를 가진 데 대해 기쁘게 생각한다. 이 기업들을 방문해서 인터뷰하고, 관련 자료를 모아 연구하고, 그들의 서비스를 직접 이용해보면서 이론적 체계를 구축하고, 이로부터 교훈을 이끌어내는 작업은 매우 강렬한 경험이었다. 이 연구를 통해, 나는 지난 30년 동안 수행해온 다른 어떤 연구보다도 더 많은 것을 배웠다. 이런 기회를 얻은 것을 축복으로 여기며, 나를 도와준 사람들에게 고마움을 전한다.

이 책이 실제 기업경영에 얼마나 영향을 줄 것인지는 좀더 시간이 흘러야 알 수 있을 것이다. 그러나 나는 이 책이 내 최고의 걸작이라고 자부하며 크나큰 만족감을 느낀다.

이 책에 나온 14개 기업 리더들의 협력과 도움, 그리고 무엇보다 그들의 신뢰에 무한한 감사를 드린다. 이들 기업들은 내가 원하는 사람과 인터뷰하고, 원하는 것을 보고, 원하는 곳에 갈 수 있도록 허락해주었다. 그들은 나의 끊임없는 정보 요구와 반복된 인터뷰 요청에 기꺼이 응해주었다. 그들은 나를 단순히 그들의 건물 안에 들어오게 한 것이 아니라, 그들의 문화 속에 받아들여주었다.

나는 또 부록에 열거한 250여 명의 사람들에게도 큰 도움을 받았다.

그들은 인터뷰에 참여해서 그들의 생각과 경험을 솔직하게 나누어주었다. 이 책의 각 장들은 그들의 이야기와 인용문으로 가득 차 있다. 각 기업마다 몇몇 사람들은 오랜 시간 동안 내 연구를 도와주었는데, 여기에 그들의 이름을 밝혀둔다.

- Dick Bergstrom, John Bergstrom, Steve Tyink
  — 버그스트롬 호텔
- David Pottruck, Mark Thompson, Nancy Mitchell
  — 찰스 슈왑
- Dan Cathy, Steve Robinson, Linda McEntire — 취크필애
- Garrett Boone, Kip Tindell, Sharon Tindell, Barbara Anderson, Nancy Conley, Melissa Reiff — 컨테이너 스토어
- Judy Corson, Jeff Pope — 커스텀 리서치
- Ed Shultz, Bruce Mullkoff — 다나 커머셜 크레디트
- Napoleon Barragan, Jennifer Grassano
  — 다이얼 에이 매트리스
- Andy Taylor, Dick Janicki, Joanne Peratis-Weber, Christy Conrad — 엔터프라이즈 렌트어카
- Tim Hoeksema, Tamara McClelland, Brenda Skelton
  — 미드웨스트 익스프레스 항공
- Bix Norman, Gary Van Spronsen — 밀러 SQA
- Sven-Olof Lindblad, Margaret Hart, Tom O'Brien
  — 스페셜 엑스페디션스
- Mike Veeck, Jody Beaulieu — 세인트폴 세인츠
- Bob Ukrop, Bob Kelley — 유크롭스 슈퍼마켓

• Bill Cooney, Paul Ringenbach, John Walmsley — USAA

책과 같이 작은 물건을 하나 만드는 데 얼마나 많은 노력이 들어가는지를 알면 정말 놀라게 된다. 나는 이 '물건'을 만들기 위해 여러 사람들의 도움을 받았다.

- 샌디 스캐마도는 텍사스 A&M 대학의 마케팅 전공 박사과정 학생으로, 현장 연구와 2차 조사, 도표 준비를 포함한 연구의 모든 단계에 참여했다. 그는 뛰어난 인터뷰 능력과 세부사항에 대한 날카로운 비평, 자료 연구에서 통찰력을 보여주었다.
- 소매업연구센터의 커뮤니케이션 코디네이터 셜리 보베이는 뛰어난 편집 능력으로 도움을 주었다. 이 책은 셜리 보베이의 도움을 받은 세 번째 책이다.
- 12년간 나의 비서로 일해 온 글렌다 베슬러의 활력 넘치는 삶은 책을 완성하는 데 전혀 방해가 되지 않았다. 글렌다는 회사 방문일정 조율, 원고 타이핑, 세부사항 조사에 이루 말할 수 없는 도움을 주었다. 그녀가 내 출판 준비를 도와준 것은 이번이 벌써 다섯 번째다.
- 나의 가장 절친한 친구이자 동료, 연구의 조력자였던 마이애미 대학의 마케팅 석좌교수 A. 파라슈라만은 초고를 읽고 많은 제안을 해주었다.
- 이전에 나의 박사과정 학생이었고 절친한 친구이기도 한 밥슨컬리지의 마케팅 조교수 캐슬린 시더스 역시 초고를 읽고 건설적인 논평을 해주었다.
- 프리 프레스의 선임 편집자인 로버트 월리스는 내 연구의 든든한 후원자이자 현명한 조언자 역할을 해주었다. 그는 미국 출판계에서 최

고의 비즈니스 서적 편집자로 알려져 있다. 이 책은 그의 도움을 받아 출판한 네 번째 책이다.

또 루시 모간, 신디 빌링턴 등 소매업연구센터 동료들의 지원과 격려에 대해서도 감사드린다. 텍사스 A&M 대학의 마케팅 전공 학과장인 P. 바라다라얀은 훌륭한 친구이자 동료이다. 그는 내 연구 시간을 보장해주기 위해 가능한 모든 일을 도맡았고, 덕분에 나는 기한 내에 이 책을 완성할 수 있었다. 사이먼 앤 슈스터의 부사장이자 전문서적 및 학술서적 관리자인 치노 바티스타는 내 친구이자 창조적 마인드를 지닌 뛰어난 마케터이다. 그의 노력에 깊이 감사한다.

한편 폴라 더피, 수잔 도나휴 등 프리 프레스의 또다른 경영진들과 전문직원들의 노력에도 감사드린다. 프리랜서 편집자인 리네아 존슨에게도 특별히 감사해야겠다. 그녀는 이미 내 책을 두 권이나 편집했고, 나는 이번에도 그녀에게 편집에 참여해줄 것을 부탁했다.

마지막으로, 아내 낸시와 두 아들 매튜, 조나단에게 고맙다는 말을 전한다. 그들은 생애 최고의 책을 쓰고자 하는 나에게 깊은 사랑과 지지를 보내주었다.

내가 밥 월리스에게 처음으로 이 책을 쓰겠다고 제안한 후로 약 1년 6개월이 지났다. 처음부터 서비스의 성공에 대한 책을 구상했었지만, 2년간 힘들게 고생해야 하고 출판 이후에도 1년간의 마케팅 활동이 필요한 힘든 프로젝트에 착수해야 할 것인지 확신이 서지 않았다. 내가 이 책을 쓸 수 있는 영감을 얻은 것은 피터 드러커가 자신의 삶에 영향을 준 일곱 가지 경험을 기술한 책을 읽은 후였다. 그중 하나는 19세기의 작곡가인 베르디(Verdi)의 마지막 오페라 〈팔스타프(Falstaff)〉를 들은 것이었다.

드러커는 자신이 그 곡에 얼마나 압도되었는지를 묘사한다. 그는 나중에 그 오페라를 완성했을 당시 베르디의 나이가 80세였다는 것을 알게 되었다. 드러커로서는 베르디가 그 나이에 그토록 힘든 일을 했다는 사실을 도저히 믿기 어려웠다. 그래서 그는 베르디가 〈팔스타프〉를 쓴 이유를 밝힌 글을 읽어보았다.

"평생을 음악가로 살면서 나는 늘 완벽함을 추구하려 애썼지만, 한 번도 완벽에 이르지 못했다. 그래서 나에게는 다시 한 번 시도해야 할 의무가 있었다."

드러커는 이 말을 자신의 지표로 삼기로 결심했다고 한다. 베르디에 관한 드러커의 이야기는 나에게도 중대한 영향을 끼쳤고, 나는 곧 내 편집자에게 전화를 걸었다. 나 역시 베르디와 같은 노력을 계속하고 싶었다.

제가 서비스 교육과 컨설팅 분야에 종사한 지 꼬박 15년이 되었습니다. 하지만 그동안의 배움과 경험으로도 아직 풀지 못한 숙제들이 있습니다.

서비스 기술은 진보했지만 현장은 여전히 힘들다

제가 알고 있는 한국의 서비스는 IT강국답게 기술적인 부분에서는 비약적인 속도로 진화하고 있습니다. 하지만 기술은 우리가 기대했던 것만큼 고객과 직원 모두를 편하게 만들지는 않는 것 같습니다. 더욱이 서비스 현장의 매니저들은 고객의 기대를 충족시키고 다양한 요구사항을 수용하기엔 인력이 턱없이 부족하다고 말합니다. 특히 고된 근로 여건으로 인한 현장 직원들의 높은 퇴사율도 한몫을 합니다. 노동집약적인 서비스 기업에서 이러한 문제를 해결하기 위해서 필요한 것은 무엇보다도 탁월함에 대한 가치지향적 리더십입니다.

서비스에 '진정성'이 없다

제가 막 직장생활을 시작했을 때 받은 서비스 교육에서는 고객은 '왕'이라고 배웠습니다. 그러다 보니 직원을 '종'처럼 부리는 고객이 나타나기 시작했습니다. 반대로 어수룩하여 이용하기 좋은 손님을 지칭하는 단어인 '호갱님'이라는 신조어도 탄생했습니다. 고객과 직원이 서로를 못 믿는 상황에서 탐색전을 벌입니다. 최근 소비자 불만과 관련한 프로그램은 이런 상황을 더욱 부채질합니다. 이 문제를 감소시키기 위해 회사에서는 직원에게 다양한 응대 스킬을 교육합니다. 하지만 서비스업의 '진정성'이란 본질적인 문제를 해결하지 않은 채 단순히 고객과 직원 간의 감정적 소모전 상황에서 벗어나기 위한 고객응대 방식은 오히려 고객의 오해를 불러일으키는 경우가 많습니다. 서비스는 머리가 아닌 마음으로부터 배우고 시작해야 합니다.

서비스에 '다움'이 없다

진정성 있는 서비스는 '다움'에서부터 시작합니다. '다움'이란 그 기업만이 가진 고유한 매력이자 자신감을 말합니다. 제가 서비스 전략에 대해 강의할 때마다 "여러분은 'MK택시'와 '사우스웨스트 항공사' 중 어떤 스타일의 서비스를 지향합니까?"라고 청중들에게 질문하곤 합니다. 같은 기업에 소속된 임직원들인데 지향하는 스타일은 다른 경우가 많습니다. 심지어 자기 기업만의 스타일을 이야기하지 못하는 경우도 종종 있습니다. '다움'은 정체성이며, 문화입니다. 특히 서비스 기업에서는 '다움'이 브랜드이기도 합니다. 저는 서비스란 고객접점에서 브랜드를 경험하게 하는 중요한 커뮤니케이션 전략이라고 생각합니다.

고객의 브랜드 경험을 기반으로 한 서비스 철학과 전략이 필요하다

기업의 경쟁력을 위한 서비스 차별화 전략을 정의하기 위해 많은 회사들이 '서비스 웨이(Service Way)' 또는 '서비스 아이텐티티(Service Identity)'라는 개념을 도입하였습니다. 서비스 웨이나 서비스 아이덴티티는 기업의 서비스에 대한 철학이라 할 수 있습니다. 하지만 서비스 웨이나 서비스 아이덴티티에 대한 직원들의 시선이 곱지 않은 경우도 있습니다. 그 이유는 미션, 핵심 가치, 핵심 역량, 브랜드 가치, 브랜드 아이덴티티, 고객가치 등 회사마다 용어들이 제각각이기도 하거니와 각 용어들이 비슷하면서도 다른 이야기를 담고 있기 때문입니다.

지금 이 책을 집어 든 독자 여러분이 이러한 저의 숙제들과 그에 대한 고민에 대해 어느 정도 공감할지 모르겠습니다. 하지만 이 책은 제가 그러한 고민을 시작하게 만든 첫 책입니다. 그만큼 저자의 서비스업에 대한 깊이 있는 통찰과 해박한 지식이 저로 하여금 서비스에 대해 새로이 눈 뜨게 만들었습니다.

마지막으로 서비스에 대한 새로운 관점과 전략을 제공한다는 소명의식으로 기꺼이 밤샘 작업에 함께 참여해준 나의 소중한 비즈니스 파트너 이동선 컨설턴트와 비앤컴컨설팅 식구들에게 감사드립니다.

얼마 전 무릎 수술을 받아 목발 신세를 지게 된 한 사람이 크리스마스 쇼핑에 나섰다. 여러 매장에 들러 원하는 물건을 찾으니, 대부분은 그저 매장 한구석을 가리키며 냉담한 목소리로 "저기요"라고 말해줄 뿐이었다. 그러나 컨테이너 스토어(The Container Store)에서는 전혀 다른 경험을 했다. 판매원에게 사고자 하는 품목을 말했더니, "그 물건은 저 안쪽에 있습니다. 제가 가져다 드릴게요"라고 말했다. 물건을 가지러 간 판매원이 돌아오기 전에 또다른 두 명의 판매원이 다가와 쾌활한 목소리로 더 도와드릴 일이 없는지 물었다.

컨테이너 스토어에 들른 한 여성 고객은 물건을 한아름 사들고 나와, 아이들을 데리고 차가 있는 곳까지 걸어갔다. 차 앞에 다달아 그녀는 물건들을 땅바닥에 내려놓고 아이들을 먼저 차에 태우고 나선, 물건을 싣는 것을 깜박 잊고 그만 차를 몰고 가버렸다. 몇 분이 지난 뒤에 물건을 두고 왔다는 사실을 깨닫고 매장 주차장으로 되돌아갔으나 물건은 보이지 않았다. 누군가 그 물건들을 매장 안으로 가지고 들어가 보관해두었길 바랐지만, 불행히도 그렇게 한 사람은 없었다. 하지만 판매원 제임스 캐슬베리는 이 여성 고객의 얼굴을 기억해내고 무엇을 사갔었는지 물었다. 그러고 나서 그 물품들을 새로 가져와 그녀에게 건넸다. 돈은 받지 않았다. "더 즐거운 하루 되세요"라는 판매원의 말에 그녀의 하루는 바로 그 순간부터 정말 그렇게 되었다.

컨테이너 스토어의 재고 및 유통담당 부사장 에이미 카로빌라노(Amy Carovillano)는 공항에서 휴스턴 행 비행기를 기다리고 있었다. 그때 한 여성이 항공사 직원들에게 몸짓을 해가며 무언가 열심히 말하고 있는 것을 보았다. 직원들이 연거푸 고개를 가로젓는 것으로 미루어 그 여성의 요구가 받아들여지지 않았다는 것을 알 수 있었다. 결국 그녀는 실망스런 표정을 감추지 못하고 카운터에서 물러섰다.

잠시 뒤 그녀는 주위를 두리번거렸다. 당시 그녀 주위에는 100명이 훨씬 넘는 사람들이 있었다. 에이미 카로빌라노 주위에도 족히 50명은 되는 사람들이 있었는데, 그녀는 사람들을 헤치고 그에게 다가오더니 "혹시 휴스턴으로 가는 길이냐"고 물었다. 그렇다고 하자, 그녀는 한 가지 부탁을 해도 되는지 물었다. 그녀의 남편이 휴스턴에 갔는데, 운전면허증이 든 지갑을 놓고 가는 바람에 차를 렌트하지 못하고 휴스턴 공항에 발이 묶여 있다는 것이었다. 그녀는 승무원 중 누군가가 남편에게 지갑을 전해주길 바랐으나, 아무도 나서는 사람이 없었다고 했다. 그래서 그에게 왔다는 것이다.

에이미 카로빌라노는 기꺼이 부탁을 들어주기로 했다. 하지만 궁금한 점이 하나 있었다. 왜 그 많은 사람 중에서 하필 나에게 부탁했을까? 그녀가 대답하기를, 그가 컨테이너 스토어의 티셔츠를 입고 있었기 때문이라고 했다. 그녀는 그가 컨테이너 스토어의 직원일 거라고 생각했다는 것이다. 그녀는 자신이 컨테이너 스토어의 충성스런 고객이며, 컨테이너 스토어의 직원들이 매우 친절하고 사람들을 잘 도와준다는 것을 알고 있다고 덧붙였다. 에이미 카로빌라노는 휴스턴 공항에 내려 그녀의 남편을 만나 지갑을 건네주었다.

컨테이너 스토어는 미국에서 가장 성공적인 소매 유통체인 가운데 하나이다. 고객에게 도움 주는 일을 좋아하고, 그런 일을 할 수 있는 자유재량권을 갖고 있는 종업원들이 이 회사 성공의 밑바탕이다. 컨테이너 스토어는 각종 선반과 정리용 박스, 의류정리용 백, 서랍, 트렁크 등 12,000여 종의 수납용품을 판매하는 회사다. 매장 수는 19개에 지나지 않아 그리 큰 회사처럼 보이진 않지만, 실제로 컨테이너 스토어는 엘파® 수납 시스템과 스칸디아 쉘빙 시스템의 미국 내 최대 소매 유통업체다.

1978년 두 명의 창업자가 설립한 이 회사는 빚을 늘리지 않고도 연평균 25%의 성장을 거듭해왔다. 매년 매출성장의 3분의 2는 기존 매장으로부터 나오며, 나머지 3분의 1은 신규 매장이 창출해낸다. 이 회사의 소유주들은 모두 회사 경영에 적극적으로 참여하고 있으며, 벤처캐피털 유치, 프랜차이징, 주식상장을 통해 급성장을 도모하라는 주위의 권고를 계속 뿌리치고 있다.

이들의 목표는 규모를 확대하는 것이 아니다. 이들의 꿈은 종업원들이 고객 서비스를 위해, 그들의 업무와 제품을 개선하기 위해 진지함과 열정 속에서 창의적으로 일하는 최고의 매장을 만드는 것이다. 컨테이너 스토어의 CEO인 가렛 분(Garrett Boone)은 이렇게 말한다. "우리는 고객을 돕는 것이 바로 우리의 업무라는 것을 알고 있습니다. 우리는 어떻게 하면 더 잘할 수 있을까 스스로에게 묻곤 하지요."

컨테이너 스토어는 회사의 가치를 공유하는 탁월한 인재들을 끌어들이는 데 대단히 성공적이었다. 1,500여 명의 직원들이 이처럼 탁월월하기에, 컨테이너 스토어의 가치지향적 경영은 쉽게 모방할 수 없다. 이 회사의 인내심은 강하다. 적합한 종업원, 적합한 매장 부지, 적합한 매장 관리자가 나타날 때까지 그들은 기다린다. 영업 부사장 엘리자베스 바렛(Elizabeth Barrett)은 "우리는 적합한 사람을 찾을 때까지 어떤 직책을 한 달이 넘게 비워두기도 한다"고 말한다.

탁월함에 대한 추구는 금전적 보상뿐만 아니라 인간적 보상도 가져다준다. 종업원들은 탁월함을 존중하는 이 회사에서 일하는 것을 좋아하고, 고객들은 이런 매장에서 쇼핑하는 것을 즐거워한다. 한 목사는 설교 도중, 자신의 생일을 맞아 가족들이 자기를 컨테이너 스토어에 데리고 갔다고 하자, 좌중의 모든 신도들이 박수를 쳤다고 한다.

파트타임으로 일하다 떠나는 한 직원과 어느 고객이 남긴 편지는 탁월한 회사가 주는 인간적인 감동을 잘 보여준다.

친애하는 킵

저는 CNN 직원으로, 버지니아 매장에서 파트타임으로 일해왔습니다. 지난 6월, 창업을 위한 사전지식을 쌓기 위해 이곳에 들어왔지요. 그런데 저는 그보다 더 중요한, 고객 서비스라는 것을 배웠어요. 이곳의 직원교육 프로그램은 매우 충실했습니다. 우리를 교육하기 위해 오신 분들도 아주 훌륭했고요. 제인 더닝스톤은 지금까지 제가 모셨던 분 중에서 가장 훌륭한 관리자세요. 그녀는 많은 것을 알려주었고, 또 매우 공정하세요. 크리스 힉스와 로리 스튜어디는 하던 일을 멈추고 달려와 저를 가르쳐주고 격려해주셨답니다.

저는 이곳의 팀 분위기가 마음에 들었는데, 떠나게 되어 너무 아쉬워요. 방송사 일이 많아져 어쩔 수 없이 이곳을 떠나게 됐어요. 비록 이곳을 떠나지만, 저는 더 철저한 고객 서비스 정신을 갖게 됐고, 더 좋은 의류수납장을 갖게 됐고, 매달 100만 달러에 달하는 귀사의 매출에 기여하는 고객이 됐고, 스스로 더 가치 있는 사람이라고 느끼게 되었습니다. 만약 제가 방송사의 일을 그토록 사랑하지 않았더라면, 이곳에 정식 직원으로 취직하길 원했을 겁니다.

좋은 직장 환경을 만들어주신 데 대해 감사드리며, 저도 제가 가는 어떤 곳에서든 그러한 일을 할 생각입니다.

친애하는 컨테이너 스토어

귀사의 직원인 크리스 그레이를 칭찬하고 싶어 이 글을 씁니다. 지난 9월 11일, 그녀는 저와 40분간이나 전화통화를 하며 제가 메트로 시스템을 조립하는 것을 가르쳐주고 또 격려해주었습니다. 그 다음 날 저는 매장으로 찾아가 그녀에게 고마움을 전했습니다. 저는 이사를 하던 중이었고 정신이 하나도 없었지요. 그녀는 저를 정말 많이 도와주었어요. 제가 그녀를 만났을 때, 저는 고마움의 눈물을 터뜨리고 말았답니다. 이 편지가 그녀의 업무고과 파일에 들어갈 수 있길 희망합니다.

● ● ●
지속가능한 성공에 대한 탐구

컨테이너 스토어는 이미 성숙한 서비스 집약형 기업이다. 하지만 재무적인 측면이나 인간적인 측면에서 이 기업은 끊임없이 향상되고 있다. 성장이 열정을 누그러뜨리지 않고, 성공도 윤리를 감퇴시키지 않으며, 칭찬도 더 나아지려는 노력을 가로막지 않고 있다.

컨테이너 스토어와 이 책에서 분석하는 다른 13개 기업들은 '지속가능한 성공(sustainable success)'의 본보기이다. 이 기업들 중 어떤 기업은 지역 기업이고, 어떤 기업은 세계적인 기업이다. 이처럼 영역은 서로 다르지만, 이들은 모두 노동집약적인 서비스를 통해 고객가치를 창출한다는 점에서 매우 비슷하다. 또 어떤 기준으로 보든, 이 기업들은 모두 대단히 성공적인 기업들이다.

내가 이 책을 쓴 목적은 서비스 기업의 지속적인 성공을 가능케 하는 요인들을 찾아내 이를 분석하는 것이다. 성공적인 서비스를 창출해내는 것은 어려운 일이다. 그러나 그 성공을 지속시키기는 더욱 어렵다. 서비스는 실행이므로 서비스를 실행하는 사람의 활력과 정성, 기술과 지식이 관건이다. 그러나 그것들을 지속적으로 유지하기란 힘든 일이다. 특히 조직이 점차 커지고 복잡해질 경우에는 더더욱 그러하다. 고객가치 창출에 더 많은 사람들이 관여할수록 어려움은 더욱 커진다.

이 책은 14개의 탁월한 서비스 기업이 말해주는 지속적 성공의 비결을 담고 있다. 14개 샘플기업은 규모와 조직 구조 등 겉으로 보이는 모습은 판이하지만, 지속적 성공을 가능케 하는 인자들을 공유하고 있다는 점에서 내면적으로는 동일하다.

나는 몇 가지 테스트를 통해 샘플기업들을 선정했다. 주된 고려사항은 재무상태와 고객수용성이 지속적으로 양호하게 유지되었는가 하는 것이었다. 또, 다양한 업종과 다양한 규모의 기업들을 선정함으로써 균형을 맞추려 했다. 널리 알려지지 않은 신선한 사례인가 하는 것도 샘플선정에 고려됐다.

나는 의도적으로 사람의 노동이 차지하는 비중이 높은 서비스 기업들을 골랐다. 노동집약적인 서비스 기업들은 '서비스 기업의 지속가능한 성공모델'을 구축하는 데 가장 적합하다. 서비스 직원의 행위와 창의성, 헌신의 정도에 사활이 걸려 있는 기업에게 적합한 모델은 다른 모든 기업들에게도 시사하는 바가 있을 것이다. 사실상 모든 기업은 그들이 어떤 행위를 통해 고객가치를 창출하는 한 서비스 기업이라고 할 수 있기 때문이다.

나는 각 샘플회사들을 방문해 최고경영자와 중간 관리자, 일선 서비스 직원들을 인터뷰했고, 수많은 전화 통화를 통해 인터뷰 내용을 보완했다. 모두 합쳐 14개 회사의 250여 명과 인터뷰를 실시했다. 더불어 샘플기업들의 서비스를 직접 관찰하거나 체험해보았으며, 작은 산을 이룰 정도로 많은 자료들을 수집하고 분석했다. 이 연구는 지금까지 내가 수행한 연구들 중 가장 야심찬 것이었으며, 학문적 배경은 나의 오랜 전공 분야인 서비스 마케팅과 서비스 경영이다.

독자들이 이 책을 읽으며 만나게 될 샘플기업들의 프로필은 〈표 1-1〉에 정리했다. 컨테이너 스토어 등 14개 기업을 간략히 소개하면 다음과 같다.

- 버그스트롬 호텔(Bergstrom Hotels): 위스콘신 북동쪽의 3개 호텔(페이퍼 밸리 호텔, 파이오니아 인, 밸리 인)을 아우르는 그룹. 이 호텔들은 세심한 배려와 보살핌, 포용력으로 종업원과 고객, 지역사회와 탄탄한 유대관계를 구축했다. 이 회사는 1996년 '올해의 위스콘신 서비스 기업' 대상을 수상했다.

- 찰스 슈왑(Charles Schwab Corporation): 혁신적인 방법으로 투자 자

표 1-1 샘플기업들의 프로필

기업명	본사 위치	업종	매출[a] (백만 달러)	영업 범위	종업원 수	소유제	기업[b] 연령	흑자 년수
버그스트롬 호텔	위스콘신 애플턴	호텔	25	미국 내 일부	840	사유	21	21
찰스 슈왑	캘리포니아 샌프란시스코	증권거래, 재무 서비스	2,299	여러 국가	12,000	공영	26	26
취크필애	조지아 애틀랜타	퀵서비스 레스토랑	672	여러 국가	40,000	사유	52	52
컨테이너 스토어	텍사스 달라스	전문 소매업	150	미국 전역	1,500	사유	19	19
커스텀 리서치	미네소타 미네아폴리스	마켓 리서치	26	미국 전역	120	사유	23	23
다나 커머셜 크레디트	톨레도 오하이오	대출	2,000	여러 국가	750	사유	18	18
다이얼 에이 매트리스	뉴욕 롱아일랜드	침구 소매업	70	미국 내	250	사유	21	21
엔터프라이즈 렌트어카	미주리 세인트 루이스	렌트카	3,680	여러 국가	35,000	사유	40	40
미드웨스트 익스프레스 항공	위스콘신 오클리	항공사	345	미국 내	2,300	사유	13	11
밀러 SQA	미시건 홀랜드	사무용 가구 제조업	198	미국 내	7,200	공영	15	14
스페셜 엑스페디션스	뉴욕	탐험 여행	52	여러 국가	167	사유	18	16
세인트 폴 세인츠	미네포타 세인트 폴	프로야구 팀	5	미국 내 특정도시	10	사유	5	5
유크롭스 슈퍼마켓	버지니아 리치몬드	음식 소매업	–	미국 내 특정도시	5,500	사유	60	60
USAA	텍사스 샌안토니오	보험, 재무 서비스	7,454	여러 국가	18,500	사유	76	76

a. 1997년 말 데이터 b. 몇 개의 샘플기업들은 소유주나 기업명의 변화가 있기는 했지만 이 표에서는 사업을 시작한 연도를 기준으로 작성했다.

들이 원하는 것을 열정적으로 제공하는 증권중개 및 투자회사. 슈왑의 지속적인 개선, 기술적 선도, 이익 증가는 놀라울 정도다.

- **취크필애(Chick-fil-A)**: '최고의 음식', '정중한 고객 서비스', '체인 매장 운영자의 성공', '팀워크'를 중시하는 세계 최고의 퀵서비스 레스토랑 체인 중 하나. 취크필애의 애틀랜타 본사 종업원 식당에서는 점심식사를 무료로 제공한다.

- **커스텀 리서치(Custom Research Inc.)**: 매우 진취적인 마케팅 리서치 회사. 팀 서비스, 혁신적인 업무 처리, 높은 경쟁력, 지속적인 개선 노력 등을 통해 〈포춘〉지에서 선정한 500대 기업들과 강한 비즈니스 관계를 맺고 있다. 커스텀 리서치는 1996년 '말콤 볼드리지 품질상'을 수상했다.

- **다나 커머셜 크레디트(Dana Commercial Credit)**: 다나 커머셜 크레디트 산하의 리스금융 서비스 회사. 정직과 품질, 창의성을 강조하며 종업원들의 성공을 위해 상당한 투자를 하는 회사. 1995년에 '미시건 품질 리더십상'을, 1996년에 말콤 볼드리지 품질상을 수상했다.

- **다이얼 에이 매트리스(Dial-A-Mattress)**: 월요일부터 일요일까지, 24시간 전화주문을 받아 침대 매트리스를 판매하는 회사. 원할 경우 2시간 내에 배달해주는 서비스도 제공하고 있다. 이 회사의 설립자이자 사장 겸 CEO인 나폴레온 배러건은 1-800 무료 전화의 마케팅 파워를 가장 열렬히 신봉하는 사람이다.

- 엔터프라이즈 렌트어카(Enterprise Rent-A-Car): 미국에서 가장 빠르게 성장하는 자동차 렌털 회사. 재능 있고 기업가 정신이 풍부한 사람들을 끌어들여 사업을 운영하게 하고 있다. 최근 몇 년 동안 미국 내 다른 어떤 기업보다 대졸자들을 많이 채용하고 있다.

- 미드웨스트 익스프레스 항공(Midwest Express Airlines): 1984년, 킴벌리-클락 산하의 기업으로 항공 서비스를 시작한 기업. 현재는 독립된 상장기업이다. 미드웨스트 익스프레스는 '하늘에서 최고의 서비스를 제공한다'는 자부심을 갖고 있다. 자갯 서베이(Zagat Survey)가 1997년 전 세계 60대 항공사들을 대상으로 편안한 정도, 서비스, 시간 준수, 기내식을 조사한 바에 따르면, 미드웨스트 익스프레가 미국 1위였으며, 이외에 세계 10위 안에 든 미국 항공사는 없었다.

- 밀러 SQA(Miller SQA): 허만 밀러의 대단히 성공적인 사업부문으로, 사무실 가구를 혁신해주는 회사. 가구 제품 자체보다는 사무실 재편 프로세스에 승부를 거는 회사. 밀러 SQA는 회사 명칭에 담긴 뜻(simple, quick, affordable)을 실천하고 있다.

- 스페셜 엑스페디션스(Special Expeditions): 환경문제를 진지하게 생각하는 답사여행 회사. 작은 배와 상륙용 주정 등을 활용하여 여행객들에게 인상적인 지질과 야생, 오지의 민속문화를 소개하고 있다. 여행객들은 동·식물학자의 인도를 받아 능동적으로 탐사여행에 참여한다. 이 회사는 1996년 〈콘데나스트 트래블러 리더스(Conde' Nast Traveler Reader's)〉가 뽑은 세계 10대 답사여행사 중 하나다.

- 세이트폴 세인츠(St. Paul Saints): 미네소타 세인트폴의 마이너리그 야구팀. 매 홈 게임마다 입장권이 매진되고, 1,000명이 넘는 사람들이 시즌 티켓(한 시즌 내내 입장할 수 있는 정기 입장권)을 구매하기 위해 대기자 명단에 올라 있다. 이들의 경영원칙은 '재미있는 것이 좋다.' 세인츠는 가족들을 위한 오락 제공에 전념하고 있으며, 지역사회의 사랑을 한몸에 받고 있다.

- 유크롭스 슈퍼마켓(Ukrop's Super Markets): 한 가족이 경영하는 버지니아 리치몬드의 체인 슈퍼마켓. 1997년 리치몬드에서 식료잡화 시장 점유율이 37.6%에 달했다[1]. 인스턴트 식품 분야의 선도자이며, 관계 마케팅의 제창자인 유크롭은 고객과 협력사, 지역사회와 흔들리지 않는 신뢰관계를 구축하고 있다.

- USAA: 텍사스 샌안토니오에 본사를 둔 세계적인 보험 및 종합 금융 서비스 조합. 무료전화, 팩스, 우편 등을 통해 주로 미군 병사와 그 가족들을 위한 서비스를 제공하고 있다. 신기술, 고객 피드백 시스템, 종업원 교육, 직장생활의 품격 향상 등에 과감한 투자를 해, 최고의 서비스로 명성이 높으며 보험 가입자 유지율이 97%에 달한다. USAA는 미국에서 가장 일하고 싶은 회사 100사 안에 들었다.[2]

이상의 14개 샘플기업들은 이 책의 토대를 이룬다. 이 기업들은 우리에게 무언가를 가르쳐줄 뿐만 아니라, 나아가 우리 자신의 회사에 대해 '만약 이렇게 해보면 어떨까' 하는 질문을 던지게 한다. 우리에게 영감을 주는 것이다. 각 샘플기업들의 교훈은 각 장에 자연스럽게 녹아들어 있어, 독자들이 이 책을 덮을 때쯤에는 이미 14개 기업에 익숙

해져 있을 것이다. 이들 기업은 정말로 탁월한 서비스 기업이며, 지속 가능한 성공의 길을 제시해주는 기업들이다.

● ● ●
지속적인 서비스 성공의
3가지 도전

서비스의 성공을 지속시키기 위해 극복해야 할 3가지 도전이 있다. 그리고 그 도전은 노동집약적인 정도가 높은 서비스의 경우에 더욱 거세다. 3가지 도전은 다음과 같다.

- 급속한 성장 과정에서 어떻게 효과적으로 경영할 것인가?
- 가격 경쟁이 벌어졌을 때 어떻게 효과적으로 대응할 것인가?
- 기업이 더 젊고 조직이 작았을 때 가지고 있던 기업가 정신을 어떻게 지속적으로 유지할 것인가?

서비스 실행 vs 기업 성장

서비스 기업의 경영자가 직면하는 가장 어려운 도전 중 하나는, 기업의 성장을 추구함과 동시에 서비스의 품질이 떨어지지 않도록 하는 일이다. 1990년대 초, 컴퓨터 판매상 컴유에스에이(CompUSA)는 가장 급성장하는 소매상이었다. 그러나 1994년 이 회사는 취약한 재무관리와 서툰 상거래, 매장관리로 생존 자체가 위협을 받게 되었다. 빠른 성장으로 인해, 기업의 규모가 작았을 때의 인프라와 시스템이 더 이상 적절치 않게 된 것이다. 결국 최고경영자가 퇴출되고 새로운 CEO인 짐 할핀(Jim Halpin)이 회사를 맡았다. 대부분의 고위 경영자들도 교체되었고, 회사의 급속한 팽창은 중지되었다. 할핀이 맡고 나서 컴유에스에이는 다시 강한 회사가 되었으나, 이 회사의 경영진들은 과도한 성장 속에서 통제불능에 빠졌던 일을 생생히 기억하고 있다.

급성장하고 있으면서도 과거의 규범을 고수한다면 문제가 발생할 것이다. 따라서 빠르게 성장하는 회사들은 흔히 경영자와 종업원을 채용하고, 오리엔테이션하고, 교육시키는 데 있어 과거의 규범을 완화시키고 만다. 그리고 기업이 팽창하면서 기업 내의 효과적인 의사소통, 기업의 비전과 문화, 일관되게 높은 서비스 품질—지속적 성장의 핵심 요소들— 이 변질되기도 한다. 이같이 성장의 압력이 노동집약적인 서비스의 가치 창출을 훼손시키지 않으려면 현존하는 많은 기업이 갖고 있는 것보다 더 높은 수준의 리더십과 규율이 요구된다.

한 기업의 전략이 아무리 훌륭하더라도 그것이 실행될 때만이 의미가 있다. 전략이 그저 구호에 그치고 경쟁자가 이를 모방해 더 잘 실행한다면 결국 시장을 내주는 격이 되고 만다. 서비스 기업은 행위를 통해 가치를 창조하는 기업이다. 서비스 기업의 '제품 품질'은 서비스 실행의 품질이며, 결국 서비스 실행자들의 능력과 자발성이 핵심적인 기능을 한다. 그런데 기업이 팽창함에 따라 종업원들의 능력과 자발성을 촉진하는 기업의 노력이 약화되면 서비스의 품질은 떨어질 수밖에 없다.

밸류제트는 수익성이 뛰어나고 고속 성장하던 항공사였다. 1996년 5월 11일 플로리다 에버글레이드의 592편 비행기 추락사고로 110명의 인명을 앗아가기 전까지는 말이다. 느슨한 통제, 정비와 훈련의 아웃소싱, 비금전적인 문제에 충분한 주의를 기울이지 않아 악화된 취약한 기업문화가 파멸을 몰고 온 것이다. 사고 6일 뒤, 밸류제트는 FAA(연방항공관리국)의 조사를 받으면서 1일 비행편수를 사고 이전

320대에서 절반으로 줄여야 했다. 이 항공사는 밸류제트 항공기 탑승을 거부하는 사람들에게 400만 달러가 넘는 돈을 되돌려주어야 했다. 1996년 6월 17일, 밸류제트는 FAA에 의해 비행 정지를 당한 최대 항공사라는 오명을 쓰게 됐다. 3개월 뒤 업무를 재개했지만 더 이상 흑자를 내지는 못했다. 밸류제트에 드리워진 부정적인 이미지로 인해, 밸류제트라는 브랜드는 부(負)의 자산이 되고 말았다. 1997년 밸류제트는 결국 에어트랜 항공으로 이름을 바꿨다.

서비스 기업은 약속을 판다. 승객들은 자신이 탄 항공기가 비행에 적합한 안전성 규준을 충족시킨 것인지 아닌지를 판단할 수 있는 지식을 갖고 있지 않다. 그들은 그저 신뢰할 뿐이고, 그렇게 신뢰할 수 있도록 해주는 것은 그 기업의 평판과 과거의 서비스 경험이다. 고객의 신뢰는 약속을 팔아 생존을 유지하는 서비스 기업들에겐 가장 소중한 자산이다. 매일매일을 하루같이 최상의 서비스를 실행하는 것만이 신뢰를 쌓는 최선의 길이다. 고객의 신뢰를 강화시키는 길은 '약속을 하는 것'이 아니라 '약속을 이행하는 것'이다. 서비스 기업이 고객의 신뢰를 잃으면 모든 것을 잃는 것이다. 이같은 일이 바로 밸류제트에 일어났다.

밸류제트는 회사의 전면가동 첫해이던 1994년 2,070만 달러의 순익을 기록했다. 사우스웨스트 항공은 그만한 이익을 설립 8년 뒤에나 거둘 수 있었다. 그러나 사우스웨스트 항공은 믿음직하고, 안전하고, 유쾌한 곳이란 평판을 얻어 미국에서 가장 꾸준히 수익을 올리고 있는 항공사다. 반면 밸류제트는 과거의 오명을 숨기기 위해 회사의 이름을 바꿀 수밖에 없었고, 이제 겨우 새로운 평판을 얻기 위해 노력하고 있는 처지다.

서비스 실행 vs 가격 경쟁

경쟁관계에 있는 서비스 간에 물리적인 차별성이 부족한 까닭에, 서비스 기업의 관리자들은 가격을 마케팅 수단으로 과용하는 경향이 있다. 바지는 입었을 때의 감촉이, 자동차는 스타일링이 고객으로 하여금 어떤 특정 브랜드를 선택하게 하는 가격 외적 요인이 될 수 있다. 하지만 서비스에서는 물리적인 차별화가 매우 제한적이다. 그래서 관리자들은 흔히 가격인하를 차별화의 수단으로 선택하는데, 가격인하는 비용절하와 함께 부실한 서비스로 귀결되는 수가 많다. 비록 관리자가 가격인하 대신 높은 서비스 품질로 차별화할 수 있다 해도, 가격인하는 곧바로 집행될 수 있고, 또한 익숙한 방법이기에 선호된다.

관리자들이 저지르는 가장 큰 잘못은, 고객이 가치(value)와 가격(price)을 동일시한다고 생각하는 것이다. 하지만 고객은 그렇게 생각하지 않는다. 가치는 고객이 어떤 대가를 치르면서 얻고자 하는 그 무엇이다. 그리고 그 대가에는 금전적인 요소(치러야 하는 가격)와 함께 비금전적인 요소(예컨대, 어리석은 서비스 요원, 불편한 매장 위치와 영업시간, 계속 통화 중인 전화)가 포함된다.

가격은 그저 가격일 뿐이지만, 가치는 총체적인 경험이다. 고객의 만족스런 경험을 희생해 가면서까지 낮은 비용, 낮은 가격을 유지하는 기업들은 고객가치를 증가시키는 것이 아니라 오히려 감소시키고 있는 것이다. 1990년대 중반, 지역 전화 서비스 업체들은 규제완화와 예상되는 가격인하 전쟁에 대비하면서 수천 명의 직원을 감축했다. 하지만 당시 전화 부가서비스와 팩스에 대한 고객들의 수요는 커져가고 있었다. 줄어든 기업능력으로 더 많은 수요를 감당하지 못해 전화업체들의 서비스 품질은 하락했고 고객의 불만은 쌓여갔다. 급기야 전화 서비스 업체들은 당국의 제재를 받게 되었다.

일례로, 1996년 뉴욕시의 공공서비스 위원회는 설치와 수리의 지연에 대한 책임을 물어 NYNEX로 하여금 5,000만 달러를 500만 고객에게 되돌려주라고 명령했다. 위스콘신의 공공서비스 위원회는 아메리테크를 상대로 소송을 제기했으며, 아이다호(Idaho)는 US 웨스트에 벌금형을 선고했다.[3] 가격과 가치를 동일시함으로써 이들 회사의 간부들은 완전히 잘못된 의사결정을 내렸던 것이다.

치열한 경쟁을 준비할 때 필요한 것은 서비스 실행력을 강화시키는 것이지 이를 약화시키는 것이 아니다. 시장에서의 가격경쟁이 치열할수록, 서비스의 성공을 지속시키기 위해 더욱더 중요한 것은 서비스의 품질이다. 품질 면에서 차별성이 없으면 경쟁회사가 가격을 인하할 때 가격인하 외에 취할 수 있는 방법이 없기 때문이다.

기업가 정신 vs 성숙

조직의 규모가 커져 성숙기에 접어들면, 끊임없는 개선과 발명을 숭상하는, 기업가 정신이 충만한 문화는 위협받게 된다. 혁신적인 기업가 정신은 크고 성숙한 기업보다는 새로 생겨난 작은 회사에 전형적인 것이다.

기업가 정신을 가진 서비스 종사자들은 개인의 에너지를 발산하고 더 나은 개선을 위한 실험에 따르는 위험을 감수한다. 그들은 서비스를 더 잘 수행할 방법을 찾으려 하고 무언가 잘못되고 있는 것을 보면 나서서 지적한다. 그러나 그러한 기업가 정신은 기업이 성장하고, 종업원의 수가 증가하고, 매장이 늘어나고, 경영이 공식화함에 따라 위협을 받게 된다. 자유로운 의사소통을 가능케 했던 격의 없는 분위기는 공식적인 규정들 속에서 사라진다. 팀워크는 집단 간의 힘 겨루기에 의해 훼손되고, 글로 적힌 메모가 얼굴을 맞댄 만남을 대체한다. 층

층이 쌓아올려진 관리감독 조직으로 인해, 더 이상 오너가 직원들과 즉석에서 만나 얘기할 기회는 사라진다. 이상을 추구하려는 힘과 소명의식은 기업이 점차 커지고, 복잡해지고, 지리적으로 분산되고, 관료화되면서 서서히 약화된다.

대부분의 서비스 업무에 있어 종업원의 자발적인 노력이 차지하는 비중은 매우 크다. 서비스 종업원이 최선을 다해 봉사하는 경우와, 그저 처벌을 피할 정도의 최소한의 노력으로 봉사하는 경우의 차이는 매우 크다. 자유재량 하의 노력이 곧 개인의 기업가 정신이다. 어떤 새로운 시도를 해볼 것인가, 고객의 어렵고 특별한 부탁을 들어줄 것인가, 어떤 문제를 해결하기 위해 주도적인 노력을 할 것인가 하는 등의 판단은 서비스 종업원의 자유재량에 달려 있다.

탁월한 서비스 기업과 2류 서비스 기업 간의 가장 주된 차이는, 탁월한 기업의 종업원들은 자유재량에 달린 노력을 훨씬 더 적극적으로 수행한다는 데 있다. 각 개인의 기업가 정신, 즉 자유재량 하의 노력은 기업이 커지고, 늙어가고, 복잡해지고, 경영층이 교체되면서 위협받게된다. 그러나 지속적인 성공을 위해서는 끊임없는 혁신과 개선이 요구된다.

초창기에 홀리데이 인은 원기 왕성하고 혁신적인 기업이었다. 설립자 케먼스 윌슨(Kemmons Wilson)은 자동차 여행을 하는 가족들에게 깨끗하고, 쾌적하고, 언제나 변함 없고, 경제적인 공간을 제공하겠다는 비전을 갖고 있었다. 1960년대에 홀리데이 인은 자타가 공인하는 미국 최고의 호텔 체인이었다. 그러나 1980년대에 들어, 이 회사의 운과 명성은 쇠하기 시작했다. 시장의 판도가 변하고 있었던 것이다. 더특화된 호텔들이 등장했으며, 더 많은 가격인하가 행해졌고, 가족 여행객이 아닌 비즈니스맨들이 호텔의 주된 고객으로 자리잡아 갔다. 그리고 홀리데이 인은 업계의 선두자리를 빼앗기고 있었다. 따라서 이 회사는 기존의 방식을 바꿔 귀빈실을 마련하고, 게임산업에 진입하는 등 새로운 개념의 전략적 혁신에 초점을 맞췄다.

각지의 홀리데이 인들은 서로 일관성을 유지하도록 지어졌다. 그러나 이제는 서로 달라지는 것을 용인하고 있다. 홀리데이 인의 많은 건물들은 낡고 진부해졌고, 브랜드가 주는 이미지도 부정적인 측면이 상당히 강해졌다. 그래서 이 회사가 운영하는 더 상급의 크라운 플라자에서는 홀리데이 인이란 이름을 사용하지 않는다.

1997년, 다소 늦은 감이 있지만 이 회사는 낡은 시설을 대대적으로 교체했다. 호텔 관리인이 톱으로 객실을 모두 해체하고 내부를 새롭게 바꾸는 TV 광고를 내보내기도 했다. 이는 사실상 홀리데이 인이 자신의 호텔이 낡았음을 인정하는 것이고, 어떻게 해서든 여행객들의 환심을 다시 한 번 사보려는 시도이다. 한때 환영받던 브랜드 네임이, 그것이 대표하는 서비스의 평판이 떨어짐에 따라 빛이 바랜 것이다. 이 회사는 성장 과정에서 설립자의 비전과 기업가 정신이 흐려졌다. 매우 혁신적이던 회사가 더 이상 혁신을 하지 못했던 것이다. 이러한 일들은 매우 많은 기업들에서 일어나고 있다.

기업 규모의 팽창과 그에 따른 서비스 품질의 저하, 가격 인하와 그에 따른 서비스 품질의 저하, 성숙기에 접어듦과 그에 따른 기업가 정신의 실종은 서비스 기업이 직면하는 3가지 위험이다. 여기에 부딪쳐 기업이 쇠할 수도 있다. 기업들은 흔히 전략과 실행 면에서 동시에 취약해진다. 전략이 실행에 영향을 미치고, 또한 실행이 전략에 영향을 미치기 때문이다. 약한 전략은 그것을 실행할 서비스 요원들의 의지를 꺾어버린다. 고객을 감동시키지 못하는 전략은 종업원들을 흥분시키지 못한다. 반대로 허술한 실행은 멋진 전략을 훼손시킨다. 서비스 요원들이 제대로 실행하지 않는 한, 고객들은 서비스 기업의 훌륭한 전략을 맛볼 수 없다. 결국 그런 전략은 예상했던 성과를 내지 못한 채 빛이 바래고 만다.

● ● ● 서비스의 성공 유지하기

시간이 흐르고 조직이 성장하는 과정에서 서비스 종업원들의 숙련된 행동과 혁신과 정성을 그대로 유지하기란 매우 어려운 일이다. 기계가 만들어내는 제품의 품질은 사람의 행동과 창의성, 정성과 상대적으로 무관하다. 사람—어쩌면 수백, 수천 명의 사람—이 만들어내는 서비스의 품질에 비한다면 말이다. 고객에게 직접 수행되는 서비스—소매유통, 교육, 의료, 교통 등—에서는 서비스가 그 서비스를 행하는 사람으로부터 분리될 수 없다. 판매원이 서툴면 매장이 서툰 곳이 되고 만다. 고약한 간호사는 찾아온 환자의 발걸음을 다른 병원으로 돌리게 할 수 있다.

1983년 로얄 더치 쉘은 기업의 수명에 관한 연구를 발주했다. 연구의 목적은 100여 년의 역사를 가진 쉘보다 더 오래된 회사의 장수 요인을 찾아내는 것이었다. 연구는 북미, 유럽, 일본의 27개 기업에 초점을 맞췄다. 이들의 기업연령은 100년에서 많게는 700년에 달했다. 1997년에 발간된 『살아있는 기업 100년의 기업』이라는 책에 소개된 연구 결과는 매우 흥미진진하다.[4] 이 책의 저자 아리 드 호스(Arie de Geus)가 강조하는 것은, 대부분의 기업들이 제 수명을 다하지 못하고 있다는 점이다. 어떤 논문에서 그는 다음과 같이 썼다.

기업의 높은 사망률은 자연스러운 것이 아니다. 가능한 최장 수명과 실제 평균수명 간의 차이가 기업만큼 큰 종(種)은 없다. 다른 어떤 조직(교회, 군대, 대학)도 기업처럼 형편없지는 않다. 왜 그렇게 많은 기업들이 요절하는가? 수많은 증거들이 '기업들이 정책을 세우고 실행하는 데 있어 과도하게 경제적인 고려만을 하고 있는 것'이 요절의 원인임을 말해주고 있다. 달리 표현하면, 기업의 관리자들이 제품과 서비스를 생산하는 데에만 주목해, 기업 자신이 사람들로 구성된 하나의 공동체라는 사실을 망각하기 때문이다. 관리자들은 토지, 노동, 자본에 관심을 갖지만, 정작 노동이란 것이 실제 사람들을 의미한다는 사실을 간과하고 있다.[5]

기업이 반드시 요절할 필요는 없다. 나는 지속적으로 성공을 거두고 있는 훌륭한 서비스 기업에서 교훈을 배워, 그것을 정제해 모두가 공유할 수 있는 원칙을 도출해내고자 이 연구를 수행했다. 시간의 흐름과 기업 규모의 팽창이 위기를 만들어내지만, 어떤 서비스 기업은 계속 더 나아지고 있다. 찰스 슈왑, 엔터프라이즈 렌트어카, 취크필애는 어떻게 하고 있는가?

나는 이들처럼 줄곧 좋은 성과를 유지하는 서비스 기업들 사이에는 뭔가 공통적인 특성이 있을 것이라고 생각했다. 비록 구체적인 업종의 차이 등으로 인해 서로 다른 점들도 있겠지만, 나는 서비스 기업의 지속적인 성공을 가능하게 하는, 특정 업종을 초월한 요인들을 찾아내려 노력했다. 이번에 정말 탁월한 서비스 기업들을 집중적으로 연구하여 도출해낸 결과―노동집약적인 서비스 기업의 지속적인 성공을 가능하게 하는 요인은 업종을 초월해 동일하다―는 그동안 나의 모든 연구 성과를 통틀어 가장 흥미로운 것이었다. 슈퍼마켓 체인에서 항공사,

그림 1-1 서비스 기업의 지속적인 성장을 가능하게 하는 요인들

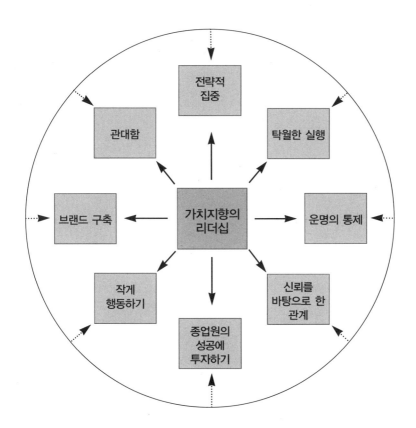

가구업체, 프로야구팀에 이르는 14개의 서로 다른 기업의 지속적인 성공비결은 사실상 동일했다.

나는 각각의 특정 서비스 업종에 맞춘 여러 개의 성공모델을 만들 필요가 없었다. 노동집약적인 서비스 제공을 통해 고객가치를 창출하는 기업이라면 그들 모두에게 통용될 〈그림 1-1〉과 같은 단 하나의 모델을 그리는 것만으로 충분했다.

이 그림은 내가 사례 연구한 기업들에 대한 종합적인 묘사이며, 지

속적인 성공을 거두고 있는 세계적 기업들이 어떻게 하고 있는지를 보여주는 그림이다.

이후 이 책의 각 장들에서는 지속적인 성공을 가능하게 하는 요인들을 하나씩 살펴볼 것이다. 〈그림 1-1〉은 이 책 전체에 대한 그림이다. 여기에 제시한 지속가능한 성공모델(sustainable success model)을 실제로 실행하는 데 왕도가 없듯이, 이 그림을 이해하는 데도 지름길은 없다. 각 장의 논의는 그 이전 장들의 논의를 바탕으로 하는 만큼, 독자들은 모든 장들을 순차적으로 읽어주길 바란다.

나는 이번 사례 연구를 통해 탁월함을 가능하게 하는 9가지 요인을 발견했다. 그중 가장 핵심적인 요인은 가치를 추구하는 리더십(values-driven leadership)으로, 나머지 8가지 요인들이 모두 이에 뿌리를 두고 있다. 그림에서 두꺼운 화살표는 중심적인 관계를 표시한다. 점선으로 표시된 화살표는 성공요인들 간의 상호작용을 의미하며, 각각의 성공요인들은 서로를 강화시켜준다.

이 책은 서비스 기업의 지속적 성장에 있어 인간적인 가치의 중요성을 강조하는 책이다. 훌륭한 서비스 기업들은 인간미 넘치는 공동체(그 기업과 비즈니스 파트너들의 공동체)를 만들어낸다. 그리고 그 공동체는 고객과 그 기업이 속한 더 넓은 공동체에 인간적으로 봉사한다. 이로써 고객, 종업원, 납품업자, 투자자, 도시, 국가 모두가 훌륭한 기업의 존재로부터 이득을 얻는다. 한 기업의 도덕적으로 건전한 가치는 근무 중인 사람들로 하여금 그들(개인으로서, 그리고 공동체 성원으로서)의 잠재력을 최대한 발휘하게 한다. 그리고 이런 기업은 넘치는 생명력으로 성공을 지속할 수 있다.

레스토랑 주인인 드류 니포렌트(Drew Nieporent)는 1985년 개점 이래 한 번도 실패라는 것을 경험하지 못했다. 1997년, 그는 뉴욕시에 5

개, 샌프란시스코에 한 개, 런던에 한 개, 모두 7개의 레스토랑을 경영하고 있다. 그는 레스토랑 업계의 온갖 주요한 상을 모두 휩쓸었다. 어떤 기준으로 보나 그는 어렵고 변덕스러운 레스토랑 업계에서 성공을 거두었다. 니포렌트는 가치를 중시하는 리더십이 지속적인 성공을 이끌어내는 데 핵심적인 역할을 한다고 믿는다. 그는 이렇게 말한다. "레스토랑은 마치 어린아이 같아요. 어렸을 땐 관심을 필요로 하죠. 그리고 가치와 원칙, 희망을 심어주어야 건강하게 자랍니다."[6]

이 책은 건강하게 성장한 서비스 기업들에 관한 책이다. 그들은 우리에게 많은 것을 가르쳐준다.

지금 미드웨스트 익스프레스의 조종사로 있는 마이크 래빗은 미드웨스트 익스프레스에 들어오기 전 다른 몇몇 항공사에서 근무한 적이 있다. 그가 처음 미드웨스트에서 일하기로 결심했을 때, 당시 10대였던 아이들의 반응을 그는 이렇게 술회한다.

저희 아이들은 여러 항공사의 비행기를 타봤습니다. 아이들은 가차 없는 평가를 내리죠. 제 아들은 신분의식이 강해, "어느 게 미드웨스트 익스프레스예요?"라고 물었습니다. 저는 아이들에게 미드웨스트의 비행기에 태워주고 나서, 나중에 "여기 정말 괜찮은데!"라는 아이들의 평가를 들었습니다. 저는 대단히 만족했습니다. 미드웨스트 익스프레스는 단 한 번의 비행으로 제 아이들의 환심을 샀던 겁니다.

미드웨스트 익스프레스는 오랫동안 까다로운 고객들을 만족시켜왔다. 한 비행기 승무원은 폭풍이 불던 어느 겨울날의 일화를 떠올린다. "그날 뉴악 공항을 이륙한 비행기는 악천후로 밀워키에 착륙하지 못했는데, 한 여자 승객은 날씨 문제가 아닐 것이라고 큰 소리로 외쳤어요. 하지만 다른 승객들은 내게 "우리는 미드웨스트 익스프레스 편이에요"라고 말해주더군요. 충성스런 고객이 저를 구해준 거죠."

미드웨스트 익스프레스는 강한 경쟁력과 세심한 배려로 고객들의 충성심을 얻고 있다. 한번은 한 여자 승객이 자신의 애완견이 비행기에 안전하게 실렸는지를 알고 싶어했다. 이에 트랩부 직원인 마이클 데스몬드는 애완견이 든 상자를 다시 꺼내다 손으로 높이 들어올려, 그녀가 비행기 창문을 통해 확인할 수 있게 해주었다.

공항에 늦게 도착해 다음 비행기를 기다리고 있는 아기 엄마에게, 미드웨스트 익스프레스의 직원은 그녀가 필요로 하는 아기 기저귀를 직접 구해다주었다. 고객서비스센터의 데니스 뎀보스키는 혼자 여행하다가 환승을 위해 3시간 반 동안 머무르게 된 여자 어린이 한 명을 보호해주었다. 그녀는 근무 중에도 그 어린이를 옆에 두고 보살폈다. 이후 그 어린이의 아버지는 전화를 걸어 딸아이의 좋은 친구가 되어줘서 고맙다고 했다.

미드웨스트 익스프레스는 다음날 매우 중요한 회의가 있는 한 고객의 옷가방을 분실했다. 고객서비스센터의 한 직원은 집으로 돌아가 자신의 옷 한 벌을 고객의 호텔에 가져다주었다. "당신의 사이즈가 저와 같다는 것을 알았습니다. 지금 이 시간에 모든 매장이 문을 닫았다는 것도 알고 있습니다. 그래서 제 옷을 한 벌 가지고 왔습니다. 나중에 돌려주십시오"라는 메모와 함께.

왜 이들 기업의 종업원들은 사사로운 방식으로 자신이 직접 고객들을 도와주기로 결심했을까? 미드웨스트 익스프레스와 이 책에 실린 다른 13개 기업들은 그들의 성공을 유지하는 데 있어 가치지향형 리더십의 힘을 활용한다. 이들 회사의 리더들은 종업원들이 매일매일 수많은 의사결정(고객에게 직·간접적으로 영향을 주며, 회사의 평판을 드높일 수도, 깎아내릴 수도 있는 의사결정)을 한다는 사실을 알고 있다. 이들 종업원 개인의 의사결정을 어떻게 가이드할 것인가가 서비스 기업에게는 핵심적인 문제이다.

미드웨스트 익스프레스는 규정들을 갖고 있지만, 그것이 탑승한 고객에게 애완견 상자를 들어올려 보여주라든지, 고객에게 옷을 빌려주라든지 하는 것들은 아니다. 미드웨스트 익스프레스를 다른 경쟁사와 차별화하는 것은, 특별한 손님을 끌어들이는 특별한 회사이게 하는 것은, 그리고 헌신적인 서비스가 유지되도록 하는 것은 이 회사가 추구하는 명확한 가치들(탁월한 서비스, 상호존중, 정직, 성실)이다.

이러한 핵심 가치는 미드웨스트 익스프레스의 회장 겸 사장인 티모시 혹스마(Timothy Hoeksema)로부터 시작된다. 혹스마의 가치지향형 리더십은 스스로의 말과 행동으로 위와 같은 가치를 교육하고 조직 내부에 퍼뜨리며 또한 강화하는 것이다. 이처럼 최고경영자가 몸소 추구하는 가치는 기업 내의 모든 조직원(조종사, 승무원, 고객서비스 요원, 예약접수 요원, 화물운반 요원)들로 하여금 그와 같은 가치에 기반하여 각종 의사결정을 내리게 한다.

비록 연령층이나 경험은 각기 다르지만 미드웨스트 익스프레스의 종업원들은 공통의 가치를 공유하고 있다. 이들은 회사의 가치에 공감해 이곳에 들어왔고, 회사도 그들이 가진 가치를 존중해 채용했다. 그리고 회사 안에서 이들의 가치는 더욱 강화된다. 미드웨스트 익스프레스의 가치는 곧 이 회사의 비밀 병기인 것이다.

● ● ●
가치: 기업의 보물

기업에게 가장 소중한 것은 무엇인가? 은행의 금고 속에 돈이 들어 있는 것처럼, 기업의 금고 속에는 가치가 들어 있다. 가치는 리더와 조직에 의미를 부여하는 그 무엇이다. 그리고 기업의 중핵을 이루는 이상이며, 원칙이며, 철학이다. 가치는 곧 기업의 마음과 영혼을 반영한다.

돈 뭉치나 금괴와는 달리, 가치는 손에 잡히지 않는 무형의 것이다. 하지만 그들로부터 기업의 생명력이 뿜어져 나온다. 가치는 기업의 곳곳에 스며들어 구체적인 의사결정과 행동을 통해 보여진다. 미드웨스트 익스프레스 종업원이 승객의 애완견을 들어올려 보여주거나, 낯선 승객에게 비즈니스 정장을 빌려주거나, 어린 여행객을 보살펴주는 행동을 설명할 수 있는 것은 바로 이 회사의 가치다.

회사의 고위간부와 종업원의 가치가 강하게 공명할수록 조직의 가치는 강화된다. 쿠제스(Kouzes)와 포스너(Posner)는 이렇게 말한다.

> 개인과 조직의 가치가 일치할 때 엄청난 에너지가 생겨납니다. 헌신과 정열, 추진력이 강화되지요. 사람들은 일을 좋아하게 되고, 공유된 가치는 사람들로 하여금 독립적이면서도 상호의존적으로 일할 수 있게 하는 마음속의 나침반으로 작용합니다.[1]

이 책에서 다루고 있는 샘플기업들의 기업경영 방식은 놀랍도록 역동적이고, 독창적이며, 정열적이다. 나아가 그들의 역동성은 일관성이 있으며, 그들의 독창성은 하나의 흐름을 타고 흐르며, 그들의 에너지는 한 곳에 집중된다. 개개인이 간직한 가치의 물꼬를 터주는 조직의

명확한 가치는 기업을 안정감 있게 해준다.[2]

사우스웨스트 항공사의 설립자이자 회장인 허브 켈러허(Herb Kelleher)는 아래와 같이 기고한 바 있다.

> 나는 조직이 팽창하고 성숙기에 접어듦에 따라, 멋진 전략이 진가
> 를 발휘하지 못하는 것을 보아왔다. 250억 달러짜리 회사를 경영하
> 는 것은 2,500억 달러짜리 회사를 경영하는 것과 분명히 다르다. 하
> 지만 바꿔야 할 것은 원칙이 아니라 실천 방식이다.[3]

훌륭한 서비스 기업들은 그들의 전략과 일상의 기업활동을 받쳐주는 영혼(soul)을 갖고 있다. 전략과 전술은 바뀔 수 있다. 하지만 기업의 가치 시스템, 즉 혼은 바뀌지 않는다. 〈그림 1-1〉에 제시한 바와 같은 성공요인들도 모두 이러한 가치로부터 나온다. 성공적인 전략, 위기의 순간에 내려진 혁신적인 의사결정, 회수 기간이 긴 대규모 투자, 종업원들의 잠재력을 개발하고 지역 공동체에 활력을 불어넣는 데 앞장서는 것 모두는 명확하고 강력한 기업의 핵심 가치에 뿌리를 두고 있다.

가치를 지향하는 강력한 리더십은 조직으로 하여금, 존 가드너(John Gardner)가 말한 '다양성을 아우르는 통일성(wholeness incorporating diversity)'을 달성할 수 있게 한다. 가드너는 스탠포드 대학 강연에서 "우리는 다양성을 억누름으로써 통일성을 추구하지 않으며, 다양성만을 강조해 통일성이 깨지는 것도 원치 않습니다. 우리는 두 가지를 동시에 추구합니다"라고 말했다.[4]

공통된 핵심 가치들

샘플기업들은 7개의 공통된 가치(탁월함, 혁신, 즐거움, 팀워크, 존중, 정직, 사회적 이익)를 간직하고 있다. 이들 7개 가치들은 상호 유기적으로 연계되어 명목상의 회사를 진정한 공동체로 만들어주는 문화를 형성한다. 〈그림 2-1〉속에 각각의 가치를 잇는 선은 따로 그리지 않았다. 그것은 모두가 한데 융합되어 있기 때문이다. 각각의 가치는 하나의 실체를 반영하는 서로 다른 측면일 뿐이다.

위의 핵심 가치들은 한 덩어리로서, 기업의 모든 이해관계자(고객, 종업원, 매장 관리자, 비즈니스 파트너, 지역사회, 국가)에게 이득을 준다. 고객, 종업원, 그리고 다른 이해관계자들은 서로 제각각 분리된 사람들이 아니라, 하나의 포괄적인 가치체계 속에 통합되어 있는 것이다.

탁월함

샘플기업들이 높은 이익을 올리고 있다 하더라도, 그 이익이 곧 가치는 아니다. 이익은 하나의 결과물일 뿐이다. 이들의 가치는 탁월함을 추구하는 것 그 자체이다. 샘플기업들에서 그저 '좋다'는 말은 통용되지 않는다. 좋다는 것만으로는 불충분하다. 성취의 뿌듯함은 탁월함을 추구하는 데서 오기 때문이다.

지속가능한 성공은 매우 높은 수준을 추구함으로써 얻어질 수 있다. 대부분의 기업들에서 받아들여질 수 있는 것들이 샘플기업에서는 받아들여지지 않는다. 취크필애는 자사의 음식들이 다른 경쟁사의 것보다 확실하게 더 맛있기를 요구한다. 1997년, 취크필애는 자사의 치킨 팟 파이(chicken pot pie)에 대한 2년여 동안의 테스트와 세밀한 조정을 겨우 마무리지었다. 이 제품은 이미 15개 테스트 시장에서 잘 팔리

그림 2-1 서비스의 핵심 가치들

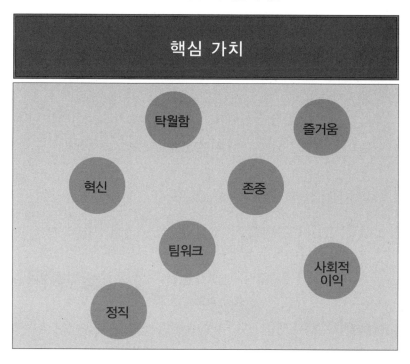

핵심 가치

탁월함
즐거움
혁신
존중
팀워크
사회적 이익
정직

고 있었다. 하지만 시식 실험에서 이 제품의 우위가 경쟁 제품에 비해 두드러지게 나타나지는 않아 테스트와 조정이 계속된 것이었다. 취크필애의 부사장 댄 캐시(Dan Cathy)는 "어떤 음식을 새로 메뉴판에 넣느냐 마느냐 하는 결정은 우리의 브랜드를 강화시킬 수도, 약화시킬 수도 있습니다"라고 말한다.

미드웨스트 익스프레스는 다른 경쟁사보다 훨씬 많은 돈을 기내식에 투자한다. 이 항공사는 도자기 그릇과 은식기류, 냅킨을 갖춘 완전한 한끼 식사에 와인과 샴페인을 대접하는 것으로 잘 알려져 있다. 이회사의 명물인 초콜릿 칩 쿠키는 비행기 안에서 직접 굽는다. 티모시

혹스마는 "1990년대 초 항공사들이 적자에 허덕이고 있을 때, 우리도 기내식을 줄여 수백만 달러를 절감할 수 있었습니다. 하지만 그렇게 했다면 우리의 명성을 잃었겠지요."[5]라고 말한다. 1990년에서 1994년, 항공산업 최악의 시기에 오직 미드웨스트와 사우스웨스트 항공사만이 해마다 흑자를 냈다.

피터 드러커가 자신의 글에서 소개한 그리스의 조각가 피디아스 (Phidias)의 일화는 핵심 가치의 하나인 탁월함을 잘 표현하고 있다.

> 내가 읽은 한 이야기는 완벽함(perfection)이 무엇인지를 잘 보여 준다. 이 이야기는 고대 그리스의 위대한 조각가 피디아스에 관한 것이다. 기원전 440년, 피디아스는 아테네의 파르테논 신전의 지붕에 올릴 조각상을 제작해달라는 요청을 받았다. 이 조각상은 현재 서양의 전통 조각상들 중에서 최고로 꼽히는 것이다. 그런데 당시 아테네의 출납요원은 피디아스가 청구한 금액을 지불하지 못하겠다고 맞섰다. 이 출납요원은 "조각상은 아테네의 가장 높은 언덕 위에 있는 사원 지붕에 올려질 것이다. 사람들이 볼 수 있는 것은 조각상의 앞면뿐이다. 그런데 당신은 아무도 볼 수 없는 뒷면 조각까지 고려해 비용을 청구하고 있다"고 비난했다. 그러자 피디아스는 "당신이 틀렸습니다. 신께서는 보실 수 있습니다"라고 말했다.[6]

탁월함에 대한 추구는 경제적인 가치도 창출해낸다. 그러나 이것은 인간의 정신을 고양시키고 성취의 즐거움을 이끌어낸다는 점에서 그 자체로서 가치가 있다. 오직 신만이 볼 수 있는 경우라 하더라도 탁월함을 추구하는 것은 가치 있는 일이다.

혁신

혁신과 탁월함은 밀접하게 연결되어 있다. 혁신, 즉 지금의 것을 더 나은 것으로 바꾸는 일은 탁월함을 추구하는 데 있어 주된 수단이다. 훌륭한 서비스 회사들은 변화를 주도한다. 그들은 경쟁사의 장단에 맞추지 않고, 자기 스스로의 장단에 귀를 기울인다. 그리고 모방하기보다는 발명을 한다.

3개의 혁신적인 기업인 북스탑(BookStop), 후버스 핸드북(Hoover's Handbooks), 트래블 페스트(Travel- Fest)를 세운 기업가 게리 후버(Gary Hoover)는 고객은 항상 그들이 원하는 것을 얻을 수 있다고 주장한다. 다만 누가, 언제 그것을 고객에게 제공하느냐가 문제라는 것이다.

탁월한 기업들이 성공을 지속시키는 한 가지 방법은 고객들을 위한 가치 창출의 새로운 방법들을 찾아내는 것이다. 찰스 슈왑 직원들에게 전달된 비디오테이프 메시지에서, 설립자 겸 회장인 찰스 슈왑(Charles Schwab)은 자신의 회사가 역사에 어떻게 기록됐으면 하는지에 관해 얘기했다. 그는 모든 미국인들이 이 회사에 투자해 주주가 되길 원했으며, 또 이 작은 회사 하나가 월스트리트의 투자회사들이 투자자를 대하는 방식에 혁명을 일으켰다고 평가되길 희망했다. 혁신의 정신은 찰스 슈왑에서 하나의 종교다.

앞서가는 변화는 커스텀 리서치에서도 굳게 신봉되는 가치다. 다음의 얘기들 속에 스며 있는 가치에 귀기울여보자.

- "우리는 시장을 선도하기 위해 노력해왔고, 또 의뢰인의 요구보다 한 발 앞서 나가려고 노력해왔습니다." — 공동 설립자, Jeff Pope
- "여러분 스스로를 재창조해야 합니다. 핵심적인 것은 지키면서도 새

로운 가능성을 끊임없이 추구해야 합니다." — 공동 설립자, Judy Corson

- "우리는 스스로 만족하지 않았기 때문에 성공할 수 있었습니다. 모든 직급의 사람들이 자신이 하는 일을 개선하기 위해 더 필요한 것이 무 엇인지를 찾아내려 애씁니다. 우리의 문화는 끊임없는 개선을 추구하 는 것입니다." — 부사장, Diane Kokal
- "지속적인 개선은 우리 회사의 문화 속 어느 곳에나 깊이 내재되어 있습니다. 운영위원회가 앞장서지만, 그들이 없을 때엔 다른 사람들 이 그와 같은 일을 해냅니다." — 회계 책임자, Lisa Gudding

   탁월한 기업들은 전략적 혁신(strategic innovation)과 운영상의 혁신 (operational innovation)이라는 두 가지 수준에서 혁신을 추구한다. 그 들은 더 좋은 일을 선택해서(전략적 혁신), 그것을 더 잘 수행(운영상의 혁신)하려 한다. 밀러 SQA는 두 가지 혁신을 모두 중시한다. 밀러 SQA의 성공은 사무가구 제조업을 재창조함으로써 이룩한 것이다. 밀 러 SQA는 더 품질이 좋고 화려한 가구를 만드는 데 초점을 맞추지 않 는다. 대신 잘 만들어진 가구를 경제적인 가격에, 그리고 빠른 시간(일 반적으로 몇 주씩 걸리는 것을 단 며칠 내)에 인도하는 것을 강점으로 삼 는다.

   1998년 허만 밀러의 정보담당 이사가 되기 전 밀러 SQA를 이끌었 던 빅스 노먼(Bix Norman)은 이렇게 말한다. "가구 제조업종은 실패하 게 되어 있었어요. 하지만 우리가 그것을 재창조했죠. 우리는 이왕 바 꾸는 김에 확실하게 바꾸기로 했어요. 우리는 제품보다는 과정에 초점 을 맞추었습니다. 당시 다른 가구 회사들은 더 멋진 선반과 의자에만 신경을 썼을 뿐이었죠."

밀러 SQA의 새로운 접근에 핵심이 되는 것은 현장에서 판매원이 노트북 컴퓨터를 가지고 고객과 함께 사무실 디자인에 관해 상담할 수 있도록 만든 그만의 독특한 소프트웨어다. 고객의 사무실에 어울리는 가구를 온라인 상품 카탈로그에서 찾아내 곧바로 현장에서 주문할 수 있도록 시스템화한 것이다. 밀러 SQA의 사장 게리 반 스프론슨(Gary Van Spronsen)은 "노트북 컴퓨터 속에 우리 회사의 역량이 담겨 있습니다"라고 말한다.

즐거움

이익은 성공의 한 부분일 뿐이다. 그 외에 인간 정신을 고양하고, 사람들의 잠재력을 최고도로 발휘하게 하는 것도 성공을 구성하는 요인들이다. 고객과 종업원, 다른 이해관계자들의 삶의 질을 떨어뜨리면서 얻은 한 기업의 금전적 성공은 껍데기뿐인 성공이다. 꾸준히 성공을 일궈가는 서비스 기업들은 그들의 종업원들이 만족감과 자랑스러움, 즐거움을 느낄 수 있도록 투자하고, 그렇게 함으로써 그들이 다시 고객에게 만족과 기쁨을 전할 수 있도록 한다.

샘플기업들은 분명 즐거운 직장이다. 이 기업들은 기업의 가치를 공유하는 직원들을 채용한다. 그리하여 직원들은 기업과 강한 연대감 속에서 일을 한다. 기업의 가치가 곧 직원들의 가치이고, 직원들의 가치가 곧 기업의 가치이다. 종업원들은 윤리적 갈등에 휩싸이지 않는다. 그들은 이중의 잣대를 가지고 있을 필요가 없다. 그들이 완벽히 일을 처리하고 싶을 때, 그저 적당히 하는 선에서 물러설 필요가 없다. 대신 그들은 탁월함에 대한 강조, 성공, 고객과 지역사회에 퍼진 높은 명성에 대해 자부심을 느낀다.

종업원들은 이러한 기업문화 속에서 자신의 발전과 성장을 만끽할 수 있다. 그들은 뭔가 특별하고, 성공적이며, 성취하는 팀의 일원이 된 것을 즐거워한다. 그들은 또 서로 결속되어 있다는 느낌과 주인의식을 즐긴다. 훌륭한 서비스 기업들의 가치체계 속에 뿌리 내려 있는 인간미는 진정 그들을 위대하게 만드는 주요 요인이다.

판매 및 마케팅 담당 부사장 얀 엘세서(Jan Elsesser)는 종업원들이 커스텀 리서치에서 일하는 것을 좋아하는 이유에 대해 이렇게 말한다. "직장 생활의 높은 품질이 바로 자부심의 원천입니다." 인사담당 수석 부사장 아일린 테일러(Eileen Taylor)는 아래와 같이 덧붙인다.

우리는 우리 자신 그리고 고객이 어떤 대접을 받고 있는지 잘 느낄 수 있습니다. 각각의 종업원들은 나가서 고객을 맞는 사람들이며, 진정으로 회사에 큰 영향을 미칠 수 있는 사람들입니다. 우리 회사 에는 소속감과 주인정신이 있습니다.

커스텀 리서치의 직원들은 1년에 한 번 애완동물을 회사에 데려오는 '애완동물의 날(Pet Day)' 행사를 갖는다. 이날에는 애완동물 퍼레이드가 벌어지고, 모든 동물들이 상을 받는다. 이 회사는 해마다 겨울이 되면 회사 건물 안에서 실내 골프 시합도 개최한다. 각 부서는 하나씩 홀을 만들고 주변에 장애물까지 설치한다. 매달 세 번째 목요일은 '희소식의 날(Good News day)'이다. 서부 연안에서 동부 연안까지 모든 사무실이 전화로 연결되어 회사와 종업원들의 기쁜 일을 함께 나누고 포상도 행해진다. 리서치 팀 직원인 캐롤린 매클라우드(Carolyn MacLeod)는 "제가 다른 회사에서 일하는 모습은 상상하기 힘들어요. 다른 회사에선 이내 실망할 거라는 걸 알기 때문이죠"라고 단언한다.

1993년, 거의 20년 만에 프로야구가 미네소타의 세인트폴로 되돌아왔다. 마이크 벡(Mike Veeck)은 야구팀을 다시 유치하는 데 많은 공헌을 했으며, 세인트폴 세인츠의 공동 소유주이자 사장이다. 그는 창의적인 마케팅 감각으로 명예의 전당에 오른 전설적인 구단주 빌 벡(Bill Veeck)의 아들이다. 마이크 벡은 이미 어려서부터 야구장에서 즐거움을 만끽하는 방법을 배워 알고 있다.

세인트폴 세인츠의 제1가치는 '재미있는 것이 좋다(Fun Is Good)'이다. 이 슬로건은 회사의 장단기 마케팅 계획에 구현되어 있으며, 더그아웃 위에 이 문구가 큼직하게 쓰여져 있다. 이것이 모든 홈경기의 입장권이 매진되고 창립 첫해부터 줄곧 흑자를 내온 마이너리그 팀의 기풍이다. 마이크 벡은 "우리는 일상생활 속에서 충분히 웃지 않습니다. 세인츠의 게임은 3시간 반 동안 인간성을 되찾아 드리려는 겁니다"라고 말한다.

세인츠의 홈경기에서는, 관객들이 야구장에 들어설 때 밴드가 음악을 연주한다. 정문에 설치된 비눗방울 기계에선 팬들을 향해 비눗방울을 뿜어댄다. 마이크 벡은 "왜 비눗방울 기계를 정문에 설치했죠?"라는 질문을 자주 받는다고 한다. 그는 "사람들이 그 질문을 하는 것은 우리가 무언가 괜찮은 일을 했다는 좋은 신호입니다"라고 말한다.

돼지는 세인트폴 세인츠 팀의 마스코트다. 그리고 이 마스코트 돼지는 매 이닝마다 다른 의상을 갖춰 입고 감독에게 물과 야구공을 가져다준다. 한번은 경기 시작 전에 열린 결혼식에서 이 돼지가 들러리를 서기도 했다.

매 이닝 사이엔 이벤트가 펼쳐진다. 스모 경기가 열리기도 하고, 팬들이 나와 이마가 땅에 닿도록 상체를 굽힌 채 30초 간 빙글빙글 돌다가 2루와 3루를 오가는 게임을 벌이기도 한다. 3회에는 경기장에 'G-Men'이 트렌치 코트를 입고 들어와 제너럴 밀스의 과자를 관중석에 던져준다. 7회에는 경기장 기자석에서 사람이 나와 땅콩 봉지를 관중석에 던져준다. 관중석에서 목 마사지를 받을 수도 있고, 3루 베이스 뒤쪽에서 야구를 보며 이발을 할 수도 있다. 선수들은 경기를 시작하기 전에 사인회를 연다.

매 홈 게임마다 주제가 하나씩 정해진다. 예컨대, 1997년 '제리 가르시아(Jerry Garcia)의 밤'에는 선수들이 모두 그가 즐겨 입던 홀치기 염색 셔츠를 입고 나왔고, 스피커에서는 그의 노래가 흘러나왔다. 제리 가르시아를 닮은 사람을 뽑는 대회가 열렸고, 관객들도 이날의 행사에 걸맞은 옷을 차려 입고 왔다.

고객들에게 서빙을 잘하고 만족과 즐거움을 주는 것은 보상이 따르는 일이다. 팬들을 위해 재미를 만들어내는 것은 세인트폴 세인츠의 직원들에게도 신나는 일이다. 이 회사의 판매 및 프로모션을 담당했던 피트 옴(Pete Orme)은 이렇게 설명한다.

우리는 우리가 원하는 일을 할 수 있는 자율권을 부여받았습니다. 우리는 입장권을 팔고, 광고를 하고, 게임을 운영하는 데 있어 어느 정도 자율권을 행사할 수 있었어요. 이 권리는 회사가 부여해준 것이었습니다. 우리는 주인의식을 갖고 자율권을 행사했으며, 팬들이 즐거워하지 않거나 기자들이 비판을 할 때 각자가 자율적으로 문제를 해결해 나갔지요.

대외관계 담당이사 '조디 불리는 이에 대해 "우리는 모두 우리 일을 사랑하고, 그같은 사실을 팬들에게 보여줍니다. 우리는 팬들을 위한 팀입니다"라고 덧붙인다.

팀워크

"팀워크는 인생에서 가장 멋진 경험 중 하나입니다." 컨테이너 스토어의 사장인 킵 틴델(Kip Tindell)의 말이다. 팀워크, 즉 각 개인이 하나의 목표를 위해 자신들의 역량을 한데 모으는 일은 샘플기업들의 핵심적인 가치이며, 종업원들의 직장 생활을 풍요롭게 하기 위한 주된 수단이다.

도전을 받고, 또 그것을 극복하여 승리감을 얻을 수 있는 팀의 멤버가 되는 일은 스포츠에서와 마찬가지로 신나는 일이다. 팀워크는 아래의 여러 사람이 이야기하는 것처럼, 사람들의 정신을 고양하고 에너지를 충전시켜준다.

- "모든 사람이 협력하여 일을 해나가는 것, 이것이 바로 위에서부터 아래까지 모든 사람이 참여하는 총체적 팀워크지요."— Mary Ellen Scieszinski, 파이오니아 인의 객실 종업원

- "우리는 우리 팀 안의 사람들을 서로 격려하고, 각자 다른 사람들의 힘이 되어줍니다." — Jeanne Wichterman, 커스텀 리서치의 수석 부사장

- "스트레스가 많은 날엔 동료 직원들이 기꺼이 당신을 도와주려 할 겁니다." — Denise Dembosky, 미드웨스트 익스프레스 고객서비스 요원

- "제가 팀의 일원이라는 것을 느낍니다. 이것은 아주 중요하지요. 많은 사람들은 자신이 팀의 일원이라는 것을 느끼지 못합니다. 그들은 그저 자신이 여러 사람 중의 한 명이라고 느낄 뿐이지요." — Jim Blackwell, 유크롭스 운영담당 이사

그러면 샘플기업들은 팀워크라는 가치를 어떻게 만들어 가는가? 그들은 팀 플레이에 적합한 사람들을 채용하고, 팀워크를 통해서만 도달할 수 있는 높은 수준의 업무 목표를 설정하고, 집단의 노력과 성취를 높이 평가하고, 개별적인 스타를 최소화함으로써, 그리고 정보 공유와 회합, 순환 업무 등을 통해 종업원들의 소속감을 키워줌으로써 이를 달성한다.

컨테이너 스토어 유통센터의 신입사원들은 오리엔테이션 3일차 때 유통센터로부터 물건을 공급받는 매장 종업원의 입장에서 유통 과정을 지켜보게 된다. 또 이들 모두는 1년 이내에 매장에 나가 하루씩 근무하게 된다. 트럭에서 물건을 내리고 금전출납계에서 일하기도 한다. 반대로 매장 직원들은 유통센터에 와서 일을 해본다. 유통센터의 이사, 마이크 후버는 이렇게 얘기한다.

우리는 정시 배달을 강조합니다. 매장에선 매일 새벽 5시부터 약 17명의 직원이 나와 기다립니다. 트럭에서 물건을 내려 진열하기 위해서지요. 9시에 매장 문을 열 때는 완벽하게 준비되어 있어야 합니다. 트럭기사가 30분만 늦어도 완벽한 준비는 불가능합니다. 각 매장들은 우리 유통센터의 고객입니다. 매장들이 고객을 상대하듯 우리 유통센터는 매장을 상대합니다.

컨테이너 스토어의 본사 벽면에는 각 매장 직원들의 사진과 이름이 붙어 있다. 또 각 매장에는 본사 인원의 이름과 사진이 걸려 있다. 재고 및 유통담당 부사장 에이미·카로빌라노(Amy Carovillano)는 "우리의 문화는 실패와 성공을 어느 특정 개인의 잘못이나 공로로 인정하지 않습니다. 모든 것은 팀워크에서 나오기 때문이죠"라고 말한다.

존중

존중은 샘플기업들 모두에게 또 하나의 핵심 가치이다. 고객에 대한 존중, 종업원에 대한 존중, 납품업자와 그밖의 비즈니스 파트너들에 대한 존중, 지역사회에 대한 존중 등등.

훌륭한 서비스 기업들은 존중을 통해 경쟁을 한다. 얼핏 보기에 존중은 너무 기본적인 것이거나 애매한 개념이어서 경쟁우위를 만들어 내는 것과는 상관없어 보인다. 그러나 그것은 강력한 힘을 갖고 있다. 존중은 고객과 서비스 종업원 간의 거래를 품위 있게 만들고, 그것의 가치를 높여준다.

수년간의 서비스 품질조사를 바탕으로, 나는 고객들의 가장 흔한 서비스 불만사항을 〈표 2-1〉과 같이 10개 항목으로 간추려보았다. 맨 처음부터 마지막까지 모두가 고객에 대한 존중이 결여되어 발생한 문제들임을 알 수 있다. 존중을 서비스의 한 부분으로 생각하는 기업들은 그들의 서비스를 현저하게 강화시킨다. 리츠칼튼 호텔의 핵심 가치들 중 하나는 '우리는 신사, 숙녀에게 서비스를 제공하는 신사, 숙녀들이다'는 것이다. 이는 서비스 행위에 품위를 불어넣는 매우 강력한 주문이다. 리츠칼튼 호텔의 벨 보이, 운전사, 객실 종업원, 전화 안내원, 청소부, 프런트 데스크 요원 모두는 다른 회사의 종업원들이 경험하지 못하는 느낌, 즉 존중받는다는 느낌을 경험한다. 존중이라는 가치를 만드는 것은 깊은 신뢰와 높은 감수성, 그리고 경청이다. 존중은 이 두 회사의 전통 속에 깊이 뿌리 내려 있다.

USAA는 1922년 적당한 자동차 보험을 찾지 못한 25명의 육군 장교들이 설립한 회사다. 당시 일반 보험회사들은 군인들의 경우 사고가 너무 잦다는 이유로 보험 가입을 잘 시켜주지 않았다. 이에 이 25명의 장교들은 1922년 6월 20일, 샌안토니오 호텔에 모여 사고로 인한 개인

표 2-1 고객들의 흔한 서비스 불만사항

- 원치 않은 서비스를 임의로 추가해 요금을 청구하거나, 의도적으로 비용을 높여 부르는 뻔뻔스런 부정직 불공정 행위
- 고객을 어리석거나 부정직한 사람으로 간주해, 거칠고 무례하게 대하는 행위
- 서비스 요원이 약속한 것과 다른 서비스를 제공하는 행위. 부주의하고 실수 투성이의 서비스
- 고객의 문제를 해결해주고자 하는 의지도, 능력도 없는 무능력한 서비스 종업원
- 고객들은 긴 줄로 늘어서 기다리고 있는데, 몇몇 카운터는 종업원이 없어 닫혀 있는 경우
- 인간적인 감정 교류가 없는, 눈도 안 마주치는 종업원의 삭막한 서비스
- 어떻게 문제를 해결해야 하는지를 묻고 싶어하는 고객과 대화하기를 꺼려 침묵으로 일관하는 종업원들
- 고객의 도움 요청을 짜증스러워하는 종업원들
- 고객들이 자주 묻는 어렵지 않은 질문조차 답해주지 못하는 종업원들
- 고객이 기다리고 있는 중에도 개인적인 일을 보고 있는 종업원들. 휴식 중 혹은 근무 중이 아니라는 이유로, 고객 돕기를 거절하는 종업원들

의 재정적 위험을 모두가 공유하는 방식의 조합을 결성했다. 이들은 자동차 보험은 물론 자본이나 사무실 운영에 대해서도 아는 바가 별로 없었다. 그들이 갖고 있던 것은 아이디어와 상대방에 대한 신뢰뿐이었다. 당시만 해도 그들은 그들의 조합(United States Army Automobile Association)이 300만 명 이상의 보험 가입자를 보유하게 되리라는 것은 상상도 할 수 없었을 것이다.[7]

USAA는 종업원들의 복지 문제에 각별히 신경을 쓰고, 내부의 목소

리에 귀를 기울임으로써 우수한 종업원들을 채용하고, 동기를 부여하며, 그들이 회사를 떠나지 않도록 한다. 경기 침체 등의 이유를 들어 종업원들을 해고한 적은 단 한 번도 없었다. 이렇게 회사가 종업원에 대한 충성을 보여줌으로써, 종업원들로 하여금 고객에게 충성할 수 있도록 했다. USAA의 자산 및 사고보험 운영담당 부사장인 윌리암 쿠니는 이것을 '충성의 사슬(loyalty chain)' 이라 부른다.

> 만약 당신이 종업원들을 보살피지 않는다면, 그들은 고객을 보살피지 않을 것입니다. 우리는 종업원들이 행복할 수 있도록, 그들이 자기 일에 열중할 수 있도록, 그들이 필요로 하는 모든 것을 제공합니다. 그들이 행복하지 못하다면, 우리는 결국 고객들을 만족시킬 수 없을 겁니다. 우리는 고객을 향한 열정을 갖고 있어야 합니다. 그렇지 못하다면, 우리는 업종을 잘못 선택한 것입니다. 우리의 회원들은 국가를 위해 봉사했던 사람들이고, 우리는 그들에게 봉사하길 원합니다. 우리는 그들을 진지하게 대합니다. 우리는 모든 일에 있어 회원들이 받을 영향에 대해 생각합니다.

메이저리그 야구가 팬들을 존중하지 않는다는 비난이 비등하던 시절, 마이너리그 팀인 세인트폴 세인츠는 고객존중이란 주제에 관해 메이저리그를 한 수 가르칠 만했다.

세인츠는 고객 모두에게 충분한 오락적 가치를 제공했다. 입장권과 다른 가격들은 낮게 유지됐다. 1997년, 내야석은 4달러, 외야의 예약석은 5달러, 내야의 예약석은 7달러였다. 주차비는 3달러로 유지됐다. 처음 다섯 시즌 동안, 세인츠는 구내매점의 가격도 올리지 않았다. 마이크 백은 지난 5년 동안 가격을 올리지 않은 것을 매우 자랑스러워하며, "이렇게 하는 것은 우리를 찾아오는 팬들에 대한 성의입니다. 우리도 가격을 올리고 싶습니다. 하지만 그렇게 하지 않는 것이 중요하다는 것을 알고 있습니다"라고 말한다.

세인츠의 야구장 미드웨이 스타디움은 벽화로 장식되어 있고, 프로그램 안내 용지에는 한 편의 시가 적혀 있다. 세인츠는 프로그램 안내 용지에 맹인용 점자를 새겨 넣은 최초의 야구팀이다. 회사 경영자들도 일반 관람석에 앉아 팬들의 목소리에 귀를 기울인다. 매년 팬들에게 설문조사를 실시하며, 경기장엔 팬들의 제안을 받는 마스코트 돼지가 상주한다.

모든 홈 게임이 매진되자, 세인트폴의 시장은 세인츠에게 새로운 야구장을 지어주고 싶어했다. 벡은 이를 팬들의 투표에 부쳤다. 그는 이렇게 말한다. "내가 팬들에게 가서 물으니 그들은 새로운 경기장을 원치 않는다고 했습니다. 2,500명이 반대표를 던졌고, 200명만이 찬성했어요. 팬들은 '마이크, 당신이 우리에게 처음 이 낡은 경기장에서 야구를 하겠다고 했을 때, 우리는 당신을 믿었소'라고 말했어요. 팬들이 원치 않았으므로 우리는 시장의 제안을 거절했습니다."

정직

찰스 슈왑은 '고객에게 가장 유용하고 가장 윤리적인 금융서비스를 제공한다'는 것을 모토로 삼고 있다. 다나 커머셜 크레디트는 해야 할 일과 해서는 안 될 일 10가지를 적은 윤리 카드를 출근 첫날 모든 신입 사원들에게 나눠준다. 그 윤리 카드를 갖고 3시간 동안 토론을 벌임으로써 기업윤리를 심어주는 것이다.

찰스 슈왑, 다나 커머셜 크레디트와 나머지 12개의 샘플기업들은 정직성으로 승부를 건다. 이 회사들은 정직하고 공정한 플레이가 경쟁의 가장 바른 길일 뿐만 아니라 최선의 길이라고 생각한다. 기업 이해관계자들에게 정직하면 결국 좋은 결과가 온다. 특히 윤리적인 측면에서 평판이 그다지 좋지 않은 증권중개나 리스업의 경우, 기업의 정직성은 엄청난 경쟁우위를 가져다줄 수 있다.

서비스는 무형의 것이기에, 고객들은 거래가 공정한 것인지에 대해 더 민감하게 반응한다. 서비스는 구매하기 전에 평가해볼 수가 없다. 먼저 입어볼 수도, 먹어볼 수도 없는 것이다. 툭툭 차볼 바퀴가 달린 것도 아니고, 한번 타볼 수 있는 것도 아니다. 그것을 경험해보기 위해서는 먼저 돈을 내야 한다. 그래서 고객들은 서비스 기업이 약속대로 이행하리란 것을 믿지 않으면 안 된다.

어떤 서비스들은 고객에게 제공된 뒤에도, 고객이 이를 제대로 평가하기가 쉽지 않다. 이러한 '블랙 박스' 서비스들은 기술적인 성격이 강한 것이거나, 고객이 없는 곳에서 수행되는 서비스인 경우가 많다. 이 경우, 고객들은 기업의 은밀한 불공정 행위에 더욱 취약해지기 때문에 신뢰의 역할은 그만큼 더 커진다.[8]

리스와 다른 금융서비스들도 분명 블랙 박스 서비스에 포함된다. 다나 커머셜 크레디트의 회장, 에드 슐츠(Ed Shultz)는 1990년에 몇 가지 중요한 결정을 내렸다. 그리고 그 결정은 이 회사를 업계 선두에 올려놓고 볼드리지(Baldrige) 상을 수상하게 하는 데 주된 역할을 했다. 그 결정 중 하나는 '윤리적인 회사와 거래한다'는 것이었다. 그는 "우리는 최고의 사람들 하고만 거래하기로 결정했습니다. 우리는 더 이상 약속을 지키지 않는, 그리고 최고의 품질과 서비스를 제공하지 않는 기업과는 상대하지 않습니다"라고 말한다.

또다른 결정은 내부승진을 원칙으로 하며, 가장 높은 윤리적 기준을 가진 사람을 승진시킨다는 것이었다. 그는 "비록 내 유산을 물려받을 사람이라도 윤리적이고 책임감 있게 행동해야만 우리 회사의 최고경영자가 될 수 있을 것이다. 오로지 돈만을 추구하는 풍조를 이 회사에서 몰아낸 것은 내 최선의 결정이었다"라고 말한다. 부사장 겸 재무담당 이사 로드 필첵(Rod Filcek)은 "리스업계는 그동안 평판이 좋지 못했습니다. 우리의 문화와 명성은 이제 큰 경쟁 무기가 되었습니다. 우리는 고객들이 이전에 경험해보지 못한, 높은 수준의 신뢰를 줄 수 있습니다"라고 덧붙인다.

찰스 슈왑의 괄목할 만한 성장의 직접적인 배경은 투자자들이 신뢰할 수 있는 장을 열겠다는 이 회사의 핵심 가치였다. 찰스 슈왑(Charles Schwab)의 비전은 계좌 조작과 과도하게 위험한 투자를 하지 않는, 고객의 편에 선 증권회사를 만들어냈다. 이로써 수백만 투자자의 신뢰를 얻을 수 있었던 것이다. 투자자들의 신뢰는 찰스 슈왑 제1의 경쟁 무기가 되었다. "투자자를 위해 열성을 다하는 것은 우리 회사의 핵심적인 기풍입니다." 수석 부사장 마크 톰슨의 말이다.

업계의 관행과는 달리, 찰스 슈왑에는 판매 수수료가 없다. 판매 대리인들은 그들의 고객서비스와 그들이 회사에 기여한 바에 따라 보너스를 받을 뿐이다. 그래서 고객 계좌로 매매를 해 수수료를 늘리거나, 고객에게 특정 상품을 강매하고자 하는 유인이 존재하지 않는다. 찰스 슈왑의 에릭 잘츠 부장은 "저는 다른 사람들을 도와줄 수 있습니다. 수수료 수입만을 얻는 브로커는 그렇게 할 수 없을 겁니다. 저는 이제 제 자신의 업무를 고객들에게 정보를 알려주는 일이라 말할 수 있습니다. 저는 어떤 상품들을 강매할 의도가 전혀 없습니다"라고 말한다.

같은 맥락에서, 찰스 슈왑의 수많은 재무상담사들도 수수료 대신 봉급을 받는다. 슈왑의 신조는 서비스 제공자들이 자신의 이해관계로 인해 고객서비스를 하는 데 있어 갈등에 빠지면 안 된다는 것이다.

사회적 이익

컨테이너 스토어의 첫 번째 가치는 '우선 다른 사람들의 광주리를 가득 채워주고, 돈 버는 일은 저절로 되게 하자'는 것이다. '다른 사람'이란 이 회사와 관계를 맺는 모든 사람들, 그리고 이 회사의 행동에 영향을 받는 모든 사람들을 뜻한다. 컨테이너 스토어는 받는 것이 아닌 주는 것을 소중히 생각한다. 이 회사는 이해관계자 모두를 풍요롭게—경제적으로나 비경제적으로—하는 것을 신봉한다.

컨테이너 스토어, 스페셜 엑스페디션스, 유크롭스 등 샘플기업에게 있어, 경제적인 이익만을 추구하는 것은 너무 편협한 목표다. 이 회사들은 사회적 이익을 창출하는 것에 대해 적극적으로 가치를 부여한다. 기업들은 그들의 행위가 제품과 서비스의 마케팅, 고용 창출, 경제적 이익 추구를 넘어설 때 사회적 이익을 창출할 수 있다.

사회적 이익의 정신은 기업이 갖고 있는 금전적·비금전적 부(wealth)를 더 큰 사회적 공동체에 투자하는 것이다. 사회적 이익은 이익공유(profit sharing)의 개념과 비슷하지만, 여기서의 이익은 단순히 금전적인 것 이상의 의미이며, 수혜자 또한 기업조직 내부에 국한되는 것이 아니란 점에서 다르다.

비록 많은 기업들이 자선행위와 지역사회 봉사 활동을 벌이고 있지만 사회적 이익의 창출을 '존재 이유'로 삼는, 이 책의 샘플기업과 같은 회사들은 결코 많지 않다. 이 기업들은 사회적 이익을 창출하는 것을 하나의 사명으로 삼고 있다.

이 연구에서 가장 중요한 발견 중 하나는, 11장에서 자세히 다루겠지만, 선한 행위는 경제적 이익의 결과일 뿐만 아니라, 그러한 경제적 이익을 만들어내는 원인이기도 하다는 사실이다. 사회적 이익을 추구하는 것은 샘플기업들이 성공할 수 있었던 한 가지 이유였다.

스페셜 엑스페디션스는 환경보호를 중시하는 답사여행사이다. 이 기업은 상당한 자금과 시간, 그밖의 자원을 활용해 그들이 여행객을 안내하는 지역에 대한 보호—경우에 따라서는 복원까지—에 앞장선다. 이 기업은 여행객들이 환경문제를 인식하고 또 그에 관한 정보를 얻을 수 있도록 도와준다. 설립자이자 오너 겸 사장인 스벤 올로프 린드블라드(Sven-Olof Lindblad)는 이렇게 얘기한다.

> 우리의 구상은 사람들이 자신이 살고 있는 세상에 대해 경외감을 갖고, 또 그와 관련된 이슈에 관심을 갖도록 하자는 것입니다. 이 세상은 이미 많이 훼손되었고, 우리가 할 수 있는 한 이를 회복해야 합니다. 우리 기업이 하는 역할 중 일부는 재단의 역할과 비슷합니다. 우리는 사람들로 하여금 환경문제에 눈뜨게 하는 역할을 하고자 합니다. 만약 사람들이 어떤 지역에서 아름다움과 경외감을 느낀다면, 그들은 자연스레 그 지역을 보존하는 일에 관심을 가질 것입니다.

환경보존에 대한 스페셜 엑스페디션스의 다짐은 이 회사 직원들의 사기를 높이고, 그들이 이 회사에서 일한다는 것에 대해 자부심을 갖게 해준다. 그리고 그 다짐은 답사를 이끌 훌륭한 동·식물학자와 역사학자, 문화 전문가가 이 회사에 들어오게 하는 핵심적인 요인이다. 부사장 피터 버츠(Peter Butz)는 이렇게 말한다. "환경보존에 대한 우리의 소명의식은 이에 동조하는 사람들을 우리 회사로 끌어들입니다. 그리고 그들은 주어진 일보다 더 많은 일을 자발적으로 수행합니다."

스페셜 엑스페디션스가 전 세계의 자연환경을 보존하려 하는 동안, 유크롭스는 이 회사의 고향 땅인 버지니아 리치몬드를 개선하고자 노력한다. 리치몬드 경제발전의 동력으로서, 유크롭스는 여러 자선단체에 돈을 기부하고, 각 가정의 삶의 질을 높이는 데 적극적으로 투자한다. 유크롭스는 일요일에는 문을 닫아 직원들이 가족과 시간을 보낼 수 있도록 배려하는데, 이러한 정책은 회사에 재정적인 손실을 줄 뿐만 아니라 새로운 경쟁사가 이 틈을 노려 진입할 수 있게 함에도 불구하고 지속되고 있다. 그러나 돈을 버는 것 자체는—사실 유크롭스는 이 방면에서도 잘하고 있다—이 회사의 마음과 영혼이 아니다. 사장인 밥 유크롭(Bob Ukrop)은 "우리는 우리가 하는 일을 즐깁니 다. 이것은 돈에 관한 문제가 아니라 인생에 관한 문제입니다"라고 말한다.

다른 샘플기업들과 같이 유크롭스는 지역사회와 기업에 이득을 줄 수 있는 기회를 찾아내는 데 정통하다. 이 회사는 늙고, 정년퇴임한 사람들을 고용하여 젊은이들이 학교에 가 있는 시간 동안 일을 할 수 있도록 배려하고 있다. 1997년 유크롭스는 이 지역의 사전트 레이놀즈 대학(J. Sargeant Reynolds Community College)에 50만 달러를 기부해, 요리 기술과 과학을 가르치는 요리 학원을 세웠다.

유크롭스의 고객들은 '골든 기프트' 프로그램을 통해 자신이 지불한 금액 중 일부를 어떤 자선단체가 사용할지를 지정할 수 있게 해놓았다. 지금까지 유크롭스는 700만 달러 상당의 돈을 5천여 기관에 기부했다. 유크롭스의 후원센터에서 인력관리 업무를 맡고 있는 데비 마한(Debbye Mahan)은 이렇게 말한다. "유크롭 형제는 진정으로 이 지역사회를 발전시키고 싶어합니다. 그들은 매우 진실하고, 돈에 의해 움직이는 사람들이 아닙니다. 그들은 일반 사람들이 알지 못하는 많은 일을 하고 있습니다."

이에 밥 유크롭은 이렇게 말한다. "이기적인 측면이 있다면, 우리가 지역사회를 도우면, 그들도 우릴 돕는다는 겁니다. 이기적이지 않은 것은 그것이 우리 기업의 성장방식이란 점입니다."

:: 핵심 요약

이 책에 소개한 성공적인 서비스 기업들은 모두 몇 개의 핵심 가치들을 간직하고 있었다. 그리고 그 가치들은 샘플기업들 간에 놀랍도록 일치했다. 샘플기업의 지속적인 성공 뒤에는 탁월함, 혁신, 즐거움, 팀워크, 존중, 정직, 사회적 이익이라는 가치들이 있었다. 이처럼 결코 변하지 않는 이상과 원칙, 철학이 역동적인 기업들의 핵심을 이루고 있었다.

4장에서는 한 곳에 초점을 맞춘 전략이 지속적 성공에 기여하는 바에 대해 논의할 것이다. 그러나 전략만으로는, 특히 기업이 그 전략의 이행을 사람에 의존하는 경우 성공을 보장할 수 없다.

높은 품질의 서비스를 지속적으로 가능하게 하는 것은 종업원들을 인도하고 분발시키는 기업의 가치들이다. 그렇다면 기업은 어떻게 그런 가치들을 획득하는가? 그것은 조직 속에 가치를 심고, 이를 배양하는 것을 자신의 주된 업무라고 여기는 리더에 의해 이루어진다.

03 │ 가치지향의 리더십

크레이그 홀(Craig Hall)은 10~20대 초반 젊은이들의 근면성과 기술, 그리고 판단력을 중시한다. 그는 텍사스의 브라이언과 컬리지 스테이션에 위치한 취크필애 레스토랑의 경영자이다. 두 식당 종업원의 80%는 고등학교나 대학을 다니는 학생들이 파트타임으로 일하고 있다. 식당의 지배인도 모두 20대이다. 비록 직원들의 나이는 어리지만 홀의 레스토랑 운영은 성공적이다. 음식 맛이 좋을 뿐만 아니라 다른 비싼 레스토랑보다 더 친절하며, 편안한 분위기와 완벽한 시설이 그 질을 더해주기 때문이다.

홀은 유능한 맨투맨 코치라고 할 수 있다. 그는 채용면접 때 구직자에게 왜 일을 하려고 하는지를 물어서 그들과 공감대를 형성하려고 노력한다. 만약 면접자가 차 할부금을 갚기 위해 일을 하려고 한다면 그는 회사의 황금률과 팀워크를 잘 지키면 일도 즐겁고 돈도 많이 벌어 할부금을 빨리 갚을 수 있다고 말해준다. 그는 종업원을 고용한 뒤 매일 두세 시간 동안 같이 시간을 보내면서 종업원들의 자신감과 사기를 높여준다. 그는 종업원들에게 무엇보다도 자기 자신을 존중해야 하며 또한 개개인 모두가 변화를 가져올 수 있다는 믿음을 갖고 그들의 재능을 최대한으로 발휘하는 것이 중요하다고 강조한다.

그는 자신이 한 말은 꼭 지킨다. 만약 그가 더러운 테이블을 보았다면 곧바로 치운다. 만약 그가 웨이터를 기다리는 손님을 발견하면 바로 서빙을 한다. 홀의 리더십은 다음과 같은 그의 말에서 잘 나타난다. "내가 손님들에게 최고의 서비스를 제공해준다고 약속하면서 내 손끝 하나 움직이지 않는다면 되는 일은 하나도 없습니다. 나는 종업원이 집으로 돌아가서 '엄마, 우리 사장님이 나랑 같이 테이블을 치웠어'라고 이야기할 수 있기를 바랍니다."

● ● ●
가치지향형 리더의 역할

가치지향형 리더들은 조직 내에 가치를 잘 주입시킨다. 그들은 명령이나 규칙으로 종업원을 다스리는 것이 아니라, 핵심 가치로 사람들을 이끈다. 핵심 가치는 기업의 목표와 포부에서 나오는 것이다. 기업의 가치가 종업원들의 가치와 일맥 상통한다면, 종업원 개개인의 의사결정이나 성취감에 좋은 영향을 미칠 것이다.

효과적인 가치지향형 리더들은 직원들의 감정과 정신에 호소하는 리더십을 발휘한다. 종업원들이 기업의 가치를 따르게 되면 가끔 자신이 맡은 분량보다 훨씬 많은 일을 해내기도 한다. 이런 기업의 종업원들은 그저 하나의 직업만을 갖고 있는 것이 아니라 소명의식까지 갖게 되는 것이다.

샘플기업의 리더들을 살펴보면, 그들이 조직에 가치를 불어넣기 위해 수행하는 공통적인 핵심 역할이 있음을 알 수 있다. 물론 기업의 리더들은 다른 중요한 역할도 수행하지만 여기에서는 그들이 어떻게 가치경영을 하고 있는지에 초점을 맞춰 살펴보기로 하겠다.

이상을 설정하라

가치지향형 리더들은 기업의 '존재 이유'를 분명히 한다. 그들은 기업이 근본적으로 하고자 하는 바가 무엇이며, 왜 그것이 중요한지를 설명한다. 기업의 존재 이유, 즉 기업의 이상은 그 기업이 갖고 있는 핵심 가치들의 전략적 구현이다.

밀러 SQA는 사무실 가구 제조업과 유통업을 재창조하려는 빅스 노먼(Bix Norman)의 꿈을 구현한 것이다. 당시 사무용 가구 유통 시스템은 공급자로부터 소비자에게 전달되기까지 크고 작은 실수가 빈번하게 발생했고, 또한 그에 소요되는 시간도 무려 8~10주나 되었다. 이러한 전통적 방식을 그는 더 이상 용인하지 않겠다고 선언한 것이다. 그는 사무용 가구를 구입하는 소비자들에게 즐거움을 줄 수 있도록 만들고 싶었다.

노먼은 혁신을 좋아하며 성취하기 위한 과정을 보람이라고 생각한다. 커다란 이상의 힘과 생존 능력은 그가 허만 밀러 조직에서 독립하여 밀러 SQA를 탄생시킬 수 있는 원동력이 되었다. 그는 자신과 함께 변화를 주도해 나갈 능력 있는 관리자들을 채용했다. 그는 밀러 SQA가 완전히 새로운 개념의 가구 회사임을 강조했다. 그는 자신의 이상을 실현하기 위해 변치 않는 신념으로 일했으며 기술부문에 투자를 아끼지 않았다. 그리고 새로운 수요를 만들어냄과 동시에 긍정적인 조직문화를 강화시켜 나갔다. 그는 책을 많이 읽었고, 경영진들이 지속적으로 새로운 아이디어를 창출해내도록 격려했다.

게리 반 스프론슨(Gary Van Spronsen)은 노먼의 리더십에 매료되어 1992년에 생산과 서비스 분야의 부사장으로 밀러 SQA에서 일하기 시작했다. 이후 그는 1997년에는 총괄 관리자로, 1998년에는 사장으로 승진했다. 그는 말하기를 "나는 빅스가 그의 꿈을 이루도록 보좌하기 위해 여기까지 왔습니다. 오랜 시간 동안 그의 꿈을 위해 헌신하고 투자하면서, 그의 꿈은 곧 나의 꿈이 되었습니다. 빅스는 진취적인 사람들을 끌어오는 힘이 있습니다. 이에 빅스 노먼은 "나는 기업을 위한 유전자 풀을 만드는 데 성공한 겁니다"라고 덧붙였다.

기업의 성공을 정의하라

가치지향형 리더들은 성공의 의미를 말과 행동으로 전달한다. 그들은 구체적인 이상을 만들 뿐만 아니라 이상을 향해 얼마만큼 나아가고 있는지 평가 척도를 만들기도 한다. 지속가능한 발전의 주된 동력은 신념을 주는 이상과 성공에 대한 적절한 정의이다.

스페셜 엑스페디션스의 성공 측정방법은 '여행자의 행복'이다. 모험심이 뛰어난 여행자들이 자연을 즐길 수 있게 해주는 것이 이 기업이 추구하는 이상이다. 각각의 여행을 책임지고 있는 여행사 직원들은 기업의 이상과 성공적인 여행이 무엇인지 잘 알고 있다. 그리고 그들은 이를 위해 무엇을 해야 하는지, 어떤 재량권을 발휘할 수 있는지에 대해서도 잘 알고 있다.

버드 렌하우젠(Bud Lehnhausen)은 스페셜 엑스페디션스의 여행 가이드이다. 그는 매일 매일 여행객들의 일정을 관리하고 현지 가이드와 함께 일을 한다. 그는 1983년부터 이 회사에서 일해왔다. 그는 "기업의 성공여부는 여행의 성공 여부에 달려 있습니다. 여행객들이 행복해하는 일이라면 회사에 전화를 걸어 물어볼 필요가 없지요. 여행 가이드들은 일정을 바꿀 권한을 가지고 있으니까요"라고 말했다.

렌하우젠은 지금까지 딱 한 번 본사에 전화를 걸어 조언을 부탁한 적이 있다. 1993년 아마존 강에서의 일이다. 2주의 여행 일정 중에서 5일째 되는 날이었는데 강 수위가 너무 낮아 더 이상 항해를 계속할 수가 없었기 때문이다. 그와 다른 스태프들은 여전히 이번 여행이 멋진 여행이 될 수 있을 것이라고 생각하고, 일정을 바꿔 지금까지의 여행에서 가지 못했던 곳을 방문하기로 결정했다. 렌하우젠은 오너인 스벤 올로프 린드블라드에게 전화를 하자, 그는 비용 걱정은 하지 말고 여행객들이 여행을 즐길 수 있도록 하는 데 최선을 다하라고 했다. 그래서 그는 우선 여행자들에게 선택권을 주었다. 원한다면 환불을 받아 미국으로 되돌아갈 수도 있었고, 아니면 지금까지 가보지 못한 곳을 방문할 수도 있었다.

여행자 80명 중 7명만이 환불을 받아 되돌아갔고 다른 사람들은 트럭으로 여행을 시작했다. 항해와 도로 여행을 함께 하면서 아마존 내륙에 있는 많은 마을들을 방문하도록 일정을 바꾸었다. 그는 여행 중에 플라멩고 오페라가 연주되는 마나우스(Manaus) 마을에서 일정을 멈추고 이 쇼를 모든 여행객이 관람할 수 있게 했다. 여행은 성공적이었고 이후에 이 일정은 학생들에게 인기 좋은 패키지 프로그램으로 정착됐다. 특히 아마존 강 투어는 스탠포드 대학 졸업생들에게 인기가 많았으며 많은 여행객들이 강과 내륙을 연결시킨 프로그램의 독특성을 높이 샀다. 두 번째 아마존 여행에서는 마나우스의 오페라 하우스 전체를 렌트하여 관람할 수 있게 했다. 렌하우젠은 그 여행을 가장 만족스러운 여행으로 기억하고 있고, 다른 사람들에게도 성취감을 맛볼 수 있는 여행이었다고 말한다.

스페셜 엑스페디션스와 다른 샘플기업들의 성공 척도가 무엇인지를 살펴보면 이들 기업의 이상을 엿볼 수 있다. 이상과 현실이 충돌하는 어려운 상황에 부닥칠 때도, 예컨대 고객의 요구를 들어주는 데 많은 비용이 들어가는 경우, 이상이 우선 순위가 된다. 가치지향형 리더들은 성공을 정의하는 척도를 기업 내부의 핵심 가치에서 찾아낸다.

생활 속에서 가치를 실천하라

가치지향형 리더들은 스스로의 행동을 통해 기업의 이상이 무엇인지, 또 기업의 성공이 무엇인지를 분명히 보여준다. 그들은 매일 매일 행동을 통해 가치를 보여주고, 말을 통해 그것을 강화시킨다. 말만으로는 불충분하다. 최악의 경우는 리더의 말과 행동이 일치하지 않는 것이다.

가치지향형 리더는 자신의 상당한 시간과 노력을 기업 가치를 실현하는 데 투자하는 진짜 리더이다. 그들은 직접 공장을 방문하고, 포럼이나 각종 행사에 참석하며, 회사 내에서 강연하면서 자신들을 따르는 사람들에게 믿을 만한 리더로서 자리잡게 된다. 쿠제스(Kouzes)와 포스너(Posner)는 리더에 대해 이렇게 말한다.

> 리더들은 앞서간다. 그들은 단순한 일상 생활을 통해 진보와 추진력를 만들어내고 신념을 강화시킨다. 리더들은 개인의 경험과 헌신적인 경영을 통해 그들 스스로가 모범이 된다.[1]

가렛 분(Garrett Boone)은 컨테이너 스토어의 CEO이다. 이 샘플기업은 리더는 항상 진실해야 하고 가치를 보여줄 수 있어야 한다고 여긴다. 그는 특히 매장의 종업원들과 항상 가까이 있는 것을 최우선으로 생각하는데, 이 점에 대해 이렇게 말한다.

> 내가 회사에 나와 있는 것이 중요하다고 생각합니다. 나는 가끔씩
> 매장을 방문할 때마다 하루 종일 종업원들과 함께 아침, 점심, 저녁
> 을 먹으면서 같이 일하고 이야기를 나눕니다. 나의 목적은 매장을
> 평가하는 데에 있는 것이 아니라 모든 종업원들과 이야기를 나누고
> 자 하는 것입니다.

가렛 분은 매달 종업원들에 감사의 편지를 보낸다. 본사에서 보내는 고객감사 편지에도 그는 친필로 개인적인 인사 내용을 덧붙여 보내기도 한다.

먼저 조직의 신뢰를 얻은 리더만이 조직을 이끌 수 있다. 신뢰는 리더의 가장 중요한 연장이며 이를 통해 지속가능한 공동체를 만들 수 있다. 신뢰 없이 리더들은 무언가 특별하고 지속적인 것을 만들어낼 수 없다. 가치대로 삶을 영위하면서 리더들은 신뢰를 얻을 수 있다. 피터 드러커는 그의 글에서 "리더십을 효과적으로 발휘하기 위해서는 신뢰를 얻어야 하며, 신뢰 없이는 추종자가 없을 것이고, 추종자가 없는 리더십은 리더십이 아니다"라고 말했다.[2]

컨테이너 스토어의 종업원들은 왜 기업이 그렇게 성공을 거두고 있다고 보는가라는 질문에 가치지향적 리더십에서 신뢰의 고유한 역할을 보여주는 대답을 했다.

- "성공했다고 해서 회사가 바뀐 것은 없습니다."
- "킵과 가렛은 우리만큼 일에 대한 열정을 가지고 있어요."
- "회사에 대한 신뢰! 저는 한 번도 우리 회사의 최고경영자가 어느 누

구를 속이는 것을 본 적이 없습니다."

- "우리 경영자들은 실사구시를 합니다."

리더들을 키워내라

가치지향형 리더의 중요한 역할은 조직에서 다른 사람들의 리더십 역량을 키워주는 것이다. 리더십은 고위 관리자에게만 필요한 것이 아니다. 특히 노동집약적 서비스 기업의 경우, 서비스 현장의 리더십이 중요하다.

기업에서 중간 관리자의 역할은 크다. 뛰어난 서비스 기업들의 특징을 살펴보면 최고의 리더십을 갖춘 중간 리더들이 있고, 이들이 성공을 지속시켜주는 역할을 한다. 단지 고위 관리자만이 리더십을 가지고 있다면 성공을 지속시키는 데 필요한 핵심 가치를 유지할 수 없다.

서비스는 고되고, 피곤하며, 반복되는 작업이다. 고객담당 직원은 항상 준비가 되어 있어야 한다. 까다로운 고객을 상대한 후에 재충전할 시간이나 휴식을 취할 시간 따위는 존재하지 않는다. 준비가 되어 있든 없든 간에 서비스는 계속 되어야 한다. 현장에 있는 관리자들은 리더십을 발휘해야만 한다. 그들은 매시간, 매일, 매주마다 다른 종업원들을 코치해주고, 가르쳐주고, 동기를 불어넣어야 한다. 가치지향형 리더들은 무엇보다 적합한 사람을 책임자의 자리에 앉히고, 리더로서의 잠재력을 최대한 발휘하는 방법을 가르쳐 줌으로써 서비스 현장에서의 리더십을 함양한다. .

중간 관리자를 뽑는 일은 많은 경우, 고위 관리자를 선출하는 것보다도 중요하다. 매장, 호텔, 사무실, 식당, 기차역 등 서비스가 행해지는 곳을 누가 관리하느냐 하는 것은 서비스의 질을 결정한다. 조직 내에서 가치지향형 리더를 양성하는 확실한 방법은 회사의 핵심 가치를 중요시하는 사람과 기존의 근무 실적을 통해 양질의 리더십을 보여준 사람을 승진시키는 것이다. 만약 기업에서 이 두 가지를 다 만족시키는 직원을 승진시킬 수 있다면 다음과 같은 네 가지 좋은 점이 있다.

1. 승진된 직원들이 확대된 역할 속에서 리더십을 더 발전시킬 수 있다.
2. 새로운 역할을 통해 그들은 회사가 성공할 수 있도록 더 큰 기회를 만들어낼 수 있다.
3. 다른 직원들도 개개인이 어떻게 하느냐에 따라 기업의 가치를 높일 수 있다는 것에 확신을 갖게 된다.
4. 가장 중요한 것으로 가치지향형 리더들은 다른 사람들에게 모델이 되므로 다른 사람들도 자신들의 가치지향형 리더가 되기 위한 잠재력을 개발하게 된다.[3]

샘플기업들은 내부승진 정책을 고수한다. 이 정책을 고수하는 배경은 다음의 3가지다.

1. 기업을 현재의 수준까지 끌어올릴 수 있도록 노력한 직원에게 승진의 기회를 주는 것은 그들 스스로 노력의 대가를 맛볼 수 있게 해준다.
2. 공동체 안에서 열심히 일한 사람들에게 대가를 주는 것은 공동체 밖의 사람에게 승진 기회를 주는 것보다 공동체를 강화하는 데 유익하다.
3. 기업의 가치를 공유하는 사람을 승진시킴으로써 다른 직원들에게 기업 가치의 중요성을 심어줄 수 있다. 물론 샘플기업들이 외부 인사를 채용하는 경우가 전혀 없는 것은 아니나 흔하지는 않다.

일반적인 기업들은 '신선한 피'를 좋아한다. 하지만 최고의 서비스 기업일수록 기업 내에서 리더를 키운다는 것이 이번 연구를 통해 얻은 결과다. 기업 내의 리더를 키우는 것은 성공의 열쇠인 가치를 기업 내에 확산시키는 데 도움이 된다.

적합한 사람들을 리더의 위치로 승진시키는 것은 퍼즐의 한 조각이고, 그들에게 리더십에 대해 가르치는 것은 퍼즐의 다른 한 조각이다. 노엘 티치(Noel Tichy) 교수는 25년 이상 되는 탁월한 서비스 기업과 평범한 서비스 기업을 분석했다. 그는 탁월한 서비스 기업들의 한 가지 특징은 조직의 모든 직급에서 성장하고 있는 리더들이 있다는 것이었다. 그는 이렇게 말한다.

> 만약 장기간의 성공을 위해 필요한 것이 경쟁기업보다 더 많은 리더를 보유하는 것이라면 기업 내에서 직원을 리더로 가르치고, 지도하고, 육성하는 것이 전략적인 방법이 될 것이다. 리더를 양성하기 위해 조직은 학습조직만이 아닌 교육조직이 되어야 한다. 리더가 리더를 교육할 수 있는 환경을 만들어야 한다.[4]

댄 캐시(Dan Cathy)는 취크필애 레스토랑의 부사장으로서, 새 매장 경영자들이나 종업원들을 위해 기업의 목표와 가치를 가르친다. 그는 1년에 여러 차례, 아침 8시에서 저녁 10시까지 하루 종일 리더 교육을 실시한다. 참가자들은 기업의 역사와 전통과 가치를 배우게 되며, 이때 수업은 교실이 아니라 버스에서 진행된다. 그는 버스 앞쪽에 서서 설명을 한다. 이 버스는 도프 하우스(첫 번째 레스토랑), 사우스레이크 몰 취크필애, 크레이톤 픽스처 컴퍼니(취크필애 카운터 제조회사), 프로 소스(납품업체), 그리고 본사 사무실도 방문한다. 본사에서는 참가자들이 받은 느낌과 인상적인 부분에 대해 서로 대화를 나눈다. 그런 다음

참가자들은 댄 캐시의 집에서 저녁식사를 한다.

취크필애는 매장 관리자를 신중하게 선출한다. 매년 80개 이상의 매장이 새로 오픈하는데, 여기서 매장 관리자의 이직률은 5~6%에 지나지 않는다. 기업은 매장 관리자를 선출하는 데 심혈을 기울인다. 9,000명의 지원자 중 최고의 사람들을 선출하고 바로 출근 첫날부터 리더십 교육에 들어간다. 댄 캐시는 다음과 같이 말한다. "취크필애에서의 내 임무는 기업의 가치를 실천하는 것이다. 이를 위해 기업의 역사에 관심을 가지게 되었고, 나아가 기업의 비전과 가치를 몸소 실행하게 되었다."

위기 상황에서도 가치를 고수하라

가치지향형 리더들은 어려운 시기일수록 기업의 가치를 중요시한다. 그들은 조직의 다른 사람들에게 기업의 핵심 가치를 각인시켜주고, 가끔씩은 자신에게도 그렇게 한다.

경험이 풍부한 리더들은 위기를 기업을 위한 중요한 전환점으로 활용해 왔다. 많은 경우 그들은 난관을 헤쳐가기 위한 안내자로서 핵심 가치에 주목한다.

로위스 컴퍼니스(Lowe's Companies)의 회장인 로버트 틸만(Robert Tillman)은 이 상황에 잘 어울리는 적절한 표현을 사용한다. "기업은 티백(teabag)과도 같다 그것이 얼마나 강한지 물에 넣어보기 전에는 알 수 없기 때문이다."[5]

가치지향형 리더들은 그들의 핵심 가치가 위기 시 기업을 강화시켜주는 본질적인 힘이라고 확신했다.

1987년 스페셜 엑스페디션스는 자본금이 적은 신생기업이었다. 이 기업의 선박인 폴라리스 호는 첫 번째 항해에서 기술적인 문제로 부두와 심하게 충돌했고, 3개월 후에는 부적절한 소방시설로 해안경비대의 경고를 받았으며, 결국에는 심한 폭풍우로 부서지기에 이르렀다. 그해 이 기업은 220만 달러를 손해봤고, 마침내 지불불능이라는 최악의 상태에 빠졌다.

기업의 설립자인 스벤 올로프 린드블라드는 이때를 회상하면서 말하기를, 어려움 속에서도 스페셜 엑스페디션스를 살아남을 수 있게 한 힘은 여행 가이드와 여행자들, 그리고 여러 동업자들이다. 실제로, 해안경비대의 기준에 맞도록 소방시설을 수리해준 기술자는 "돈은 나중에 주세요"라며 희생정신을 보여주었다. 그리고 여기 팀워크, 존중, 성실의 핵심 가치를 잘 보여주는 이야기가 있다.

나는 그해 일련의 사건들을 통해 사람들의 충성심과 신속한 회복력에 대해 많은 것을 느꼈다. 어느 날 문득 헌신적이며 재능 있는 사람들로 구성되어 있는 팀이 얼마나 중요한지를 느꼈고, 나의 아버지(Lars-Eric Lindblad: 유명한 여행가)에 대해 생각하게 되었다. 나의 아버지는 비범한 분이셨다. 나는 1987년에 처음으로 내 주위 사람들의 중요성을 알았다. 또한 진실이 얼마나 강한 것인지를 깨달았다. 내가 많은 빚을 지고 있었을 때, 나는 채권자에게 사실대로 설명하고 상황이 호전될 수 있도록 도와달라고 요청했다. 많은 사람들이 나를 도와주었다. 진실이라는 가치는 현존하는 가장 강력한 가치 중 하나인데, 너무 과소평가되고 있다.

다나 커머셜 크레디트는 어려운 시기에 가치를 통해 살아남은 또다른 예다. 1991년 이 기업은 갈림길에 서 있었다. 사업은 제대로 되지 않았고, 사기는 땅에 떨어져 있었다. 대책을 마련하기 위해 3일 동안

간부들이 모여 회의를 열었다. 상황을 평가하고 개선책을 마련하기 위해서였다. 그들은 기업의 핵심 가치에 대해 주로 논의했다. 부사장 마이클 개넌(Michael Gannon)은 그 당시의 상황에 대해 이렇게 이야기한다. "고위간부 14명이 다 모였죠. 우리는 회사의 나아갈 바를 정하는 자리에서 만장일치로 기존의 안일한 판매방식을 버리고, 사내 교육 그룹을 설립해 트레이닝을 강화하고, 전략적으로 계획을 짜고, 서비스의 질을 높이기로 결의했습니다."

스페셜 엑스페디션스와 같이 다나 커머셜 크레디트도 가치를 통해 어려운 시기를 이겨낸 예이다. 에드 슐츠(Ed Shultz) 회장은 1991년을 이렇게 기억한다.

> 우리는 그때까지 가치에 대해 철저하지 못했지만 좀더 진지해지기로 결심했습니다. 전략적으로 계획을 세워 우리가 잘할 수 있는 일에 초점을 맞추고 질을 높이기 위해 노력했습니다. 2년 동안 사내의 모든 사람들은 교육과정에 참여하고 전략과 품질에 대해 논의했습니다. 그리고 난 후, 직원들의 사기는 올라갔고 기업도 차츰 좋아졌습니다. 결국 전략적인 계획과 품질로 승부하겠다는 생각은 성공적이었습니다. 당신들도 전략적인 계획과 품질 향상을 위한 트레이닝 없이는 성공할 수 없다는 것을 명심하십시오. 그리고 이를 위해 많은 시간과 노력이 필요하다는 것도 잊어서는 안 됩니다.

모든 기업들은 언제든 한 번쯤 역경을 겪게 된다. 그들이 이러한 역경을 어떻게 이겨내느냐가 하나의 교훈을 만들어내고 그 교훈이 다시 기업에 강한 영향을 미친다. 그러한 예로 스페셜 엑스페디션스, 다나 커머셜 크레디트, 그리고 다른 많은 기업들을 들 수 있다. 이미 존재하고 있는 가치는 기업이 어떻게 역경을 대처하느냐에 따라 강화될 수 있다. 아주 어려운 역경 속에서도 핵심 가치를 제대로 고수하면 이익을 실현할 수 있다.

현상 유지를 넘어서라

가치지향형 리더들은 위기 때만이 아니라 평상시에도 자기만의 핵심 가치를 고수한다. 탁월함과 혁신이라는 가치를 통해 가치지향형 리더들은 조직을 항상 깨어 있게 하고, 진보를 위한 노력을 게을리 하지 않으며, 경쟁력을 강화하기 위한 방법을 찾아낸다.

미드웨스트 익스프레스의 팀 혹스마(Tim Hoeksema)는 기업의 향상을 위해 새로운 시도를 했다. 이 새로운 시도는 CHIP이라고 알려져 있다. CHIP은 원래 기내용 초콜릿 칩 쿠키 이름인데 여기에는 다음의 네 가지 핵심 가치가 담겨 있다.

Customer Focus(고객 중심)

Highly involved employees(일에 적극적으로 나서는 직원)

Information-based decision-making(정보를 바탕으로 한 의사결정)

Process improvement(공정 향상)

미드웨스트 익스프레스의 비전을 가능하게 하는 7가지 목표들은 모두 'CHIP'이라는 4가지 원칙에 기반을 두고 있다. 이 기업은 많은 사람들이 좋은 기업이라고 인정할 때, 새로운 시도를 통해 향상을 주도했다는 점이 특히 인상적이다. 팀 혹스마는 다음과 같이 말한다.

변화를 주도한 진짜 원동력은 자기만족에 빠진 기업이 되지 않으려는 나의 결단력에서 나온다. 우리가 현재 성공을 거두고 있다 할지라도, 혹은 많은 사람들이 우리를 성공적인 기업이라고 인정해줄지라도 나는 기업 내에서 부족한 부분을 발견할 수 있었다. 결국 향상을 위한 부단한 노력은 기업의 모든 직원들이 좀더 성실하고 혁신적일 수 있도록 해주었다. 그리하여 마침내 자기만족에서 벗어나 기업의 성장을 가져올 수 있었다.

1957년 자동차 대여점으로 출발한 세인트 루이스(St. Louis)는 1990년대 초 엔터프라이즈 렌트어카로 성장했다. 설립자 잭 테일러(Jack Taylor)는 다음과 같은 간단 명료한 좌우명을 가지고 있다. '고객에게 잘 대해라, 직원을 파트너로 대해라, 그러면 자연스럽게 이익이 생길 것이다.'

그의 아들 앤디 테일러(Andy Taylor)는 1991년에 CEO가 되었고, 고객만족에 새롭게 초점을 맞출 필요가 있다고 생각했다. 그는 비록 회사가 빠르게 성장하고는 있었지만, 회사의 핵심 가치가 위험에 빠졌다고 느꼈다. 그래서 그는 현장 관리자들에게 그 문제에 대처하도록 요구하고 변화를 시도했다. 관리자들은 기존의 렌털 방식을 깨고 향상된 서비스 시스템을 구축했고 이를 통해 고객만족도를 높일 수 있었다. 앤디 테일러는 "우리는 고객만족이라는 문제를 가지고 우리의 부족한 부분을 개선하는 것을 최우선 과제로 삼았다"고 설명한다.

찰스 슈왑은 항상 변화를 시도하는 기업이다. 찰스 슈왑의 리더십은 현상 유지를 인정하지 않는다. 사실상 이 기업엔 현상 유지라는 것이 존재하지도 않는다. 지속적인 혁신만이 존재하기 때문이다.

찰스 슈왑의 CEO, 데이비드 포트럭(David Pottruck)은 현상 유지를 넘어서기 위한 리더십에 대해 이렇게 말한다.

기업이 성공하면 오만해질 수 있다. 우리는 저작권, 특허, 그리고 기밀 서류 등을 가지고 있지 않다. 우리는 경쟁해야 한다. 우리는 인적 자원 외에는 가진 것이 없다. 예전 같으면 기술이 자원이라고 생각할 수도 있었겠지만 기술은 빠른 속도로 변한다. 기술의 이점은 금방 사라져버린다. 따라서 우리가 경쟁우위로 내놓을 수 있는 것은 인적 자원뿐이다. 그리고 기업 전체가 항상 더 노력해야만 한다는 인식을 가져야 한다. 우리는 성공을 자축하는 데 시간을 보내지 않는다. 대부분의 회의에서 우리는 다음 과제는 무엇인가에 대해 항상 고민한다. 예산의 10%는 매년 새로운 프로젝트를 위한 재투자로 쓰여지고, 우리는 이 예산을 제대로 관리하기 위해 많은 관심을 기울인다.

사기를 북돋아줘라

가치지향형 리더들은 가치에 따라 살고, 또 가치를 교육함으로써 직원들의 가치에 많은 영향을 주면서 사기를 북돋아준다. '사기를 북돋아주는 것'은 쿠제스와 포스너가 최고의 지도자들로부터 찾아낸 공통점이다. 관심과 격려로 리더들은 일에 지쳐 있을 직원들에게 사기를 높여주고 에너지를 재충전할 수 있게 해준다. 쿠제스와 포스너는 "리더들은 기업을 이끌고 가기 위해 구성원들의 사기를 높여주어야만 한다"라고 썼다.[6]

〈그림 2-1〉의 7가지 핵심 가치들은 직원들이 일을 꾸준히 해나갈 수 있도록 돕는다. 왜냐하면 그것들은 성취감, 협동, 정중함, 목적 의식, 그리고 직원에 대한 지원을 수반하기 때문이다. 이러한 장점들이 없는 고된 일은 더욱 고되게 느껴질 것이고, 반대로 이런 장점들이 있다면 고된 일이라도 훨씬 더 수월해질 것이다. 직원들을 가장 힘들게 하는

것은 고된 일 자체가 아니라 의미도 없고, 팀동료도 없고, 다정함도 없고, 개인적 성장도 없는 일이다.

수익만을 중요시하는 서비스 기업은 바로 실패하진 않는다 해도 결국엔 평범한 기업으로 남을 것이다. 서비스의 지속적 성공을 위해 직원들의 사기를 북돋아주는 것은 필수적이다. 돈을 벌겠다는 목표만으론 직원들의 사기를 북돋아주지 못한다.

다이얼 에이 매트리스의 설립자이며 사장인 나폴레온 배러건(Napoleon Barragan)은 직원들이 참여하고 관여하게 함으로써 그들의 사기를 높여준다. "납(Nap)은 항상 우리를 참여하게 합니다." 판매부 부소장인 머린 레네버그의 말이다. "우리는 커다란 팀의 일부입니다. 내가 일해본 다른 모든 회사들은 다른 부서에서 일어나는 일에 대해 잘 모릅니다. 하지만 여기는 달라요. 나는 다른 부서에서 일어나는 일까지 속속들이 알고 있습니다." 부사장이며 국내 팀 관리자인 조 비센스는 말한다. "납은 그룹과 자기의 비전을 공유합니다. 비전은 우리를 희망에 차게 하죠."

마이크 벡(Mike Veeck)은 직원들의 사기를 북돋아주면서 능력을 발휘할 기회를 만들어준다. 예를 들어, 1997년 그는 일라 보더스라는 여성을 구원 투수로 등판시켰다. 또한 앞을 보지 못하는 돈 워들로우를 세인트폴 세인츠 라디오 방송의 야구 해설자로 앉혔다. 그는 야구에 대한 많은 지식을 가지고 있었고 그가 방송하는 것을 보면 맹인이라는 사실이 믿어지지 않을 정도이다. 이에 마이크 벡은 "내가 맹인 해설자를 고용한 것은 맹인이 그 자리에 적당하다고 생각했기 때문은 아니다. 나는 다리가 하나뿐이셨던 아버지 밑에서 성장했고, 또 그가 편견과 한계를 극복해 가는 것을 보아왔기 때문이다"라고 말한다.

유크롭스는 5,000명의 직원들에게 개인적인 감사 편지를 통해 사기를 북돋아주었다. 정직원의 경우 생일날 일일 휴가를 낼 수 있도록 해주었고, 친필 사인을 한 생일 카드를 전해주었다. 생일 카드는 50달러짜리 수표와 함께 전해진다. 많은 직원들은 "돈도 좋지만 나를 정말 기쁘게 하는 것은 그의 사인이 담긴 생일 카드야"라고 말한다. 이 기업은 또한 결혼식이나 아이들의 생일 등에도 카드와 선물을 보낸다. 파트타임으로 일하는 사람들을 위해서는 대학 기금을 지불하기 위해 매 분기마다 100불씩 적립시켜준다.

● ● ●
안정된 리더십과 지속가능한 성공

리더가 계속 바뀌면 가치를 중심으로 기업을 이끌기가 힘들다. 성공한 샘플기업을 살펴보면, 경영 안정이 지속적인 성공의 주요 요인임을 알 수 있다. 기업 내 가치 주입은 까다로운 과정이다. 인도적인 가치들은 특히 취약한데, 왜냐하면 그것들은 조직 내에 신뢰를 필요로 하기 때문이다. 리더가 신뢰를 얻는 데는 많은 시간이 걸린다. 탁월함, 즐거움, 정직과 같은 진정한 가치를 만들어내는 데도 시간이 걸린다. 리더가 리더십의 역할을 온전히 수행하게 되기까지도 많은 시간이 걸린다. 그 일은 끝이 없다. 가치지향의 리더십은 지속적인 과정이다. 그것은 여행과도 같다.

〈표 3-1〉은 샘플기업의 경영권 안정을 보여주는 예이다. 14개 기업 중 3개 기업만이 설립 이래 둘 이상의 CEO가 있었고, 대부분의 기업은 이 글을 쓸 당시에도 설립 당시의 사장이 그 자리에 계속 역임하고 있었다.

1997년 현재 데이비드 포트럭은 슈왑과 함께 찰스 슈왑의 공동

표 3-1 샘플기업들의 안정된 리더십

기업	설립 연도	역대 CEO의 수[a]
버그스트롬 호텔	1976	2[b]
찰스 슈왑	1971	2[c]
취크필애	1946	1
컨테이너 스토어	1978	1
커스텀 리서치	1974	2[d]
다나 커머셜 크레디트	1980	1
다이얼 에이 매트리스	1976	1
엔터프라이즈 렌트어카	1957	2
미드웨스트 익스프레스 항공	1984	1
밀러 SQA	1982	3[e]
스페셜 엑스페디션스	1979	1
세인트 폴 세인츠	1992	1
유크롭스 슈퍼마켓	1937	3
USAA	1922	8[f]

a. 1998년 8월 자료
b. 버그스트롬 호텔이 몬클레어 호텔 투자자에게 인수될 때까지 리차드 버그스트롬이 사장으로 있었다.
c. 데이비드 포트럭은 찰스 슈왑에서 공동 CEO로 일했다.
d. 커스텀 리서치는 설립 이후로 Judith Corson과 Jeffrey Pope이 공동으로 경영했다.
e. 밀러 SQA의 모회사, Tradex와 피닉스 디자인스의 사장이었던 Dwight Hoover도 포함된 수치이다.
f. USAA는 1991년에 처음으로 CEO 직위를 사용했다. 1922년 이후 8명이 CEO, 사장, 경영자라는 직위에서 리더 역할을 했다

CEO를 맡고 있다. 포트럭은 1984년 이 회사에 입사해 1998년 중개업 부문 대표를 맡았고, 1994년에 이사회의 일원이 되었다. 엔터프라이즈 렌트어카는 설립자인 잭 테일러와 그의 아들 앤디가 CEO다. 빅스 노먼은 1989년 피닉스 디자인스(후에 밀러 SQA)의 사장으로 시작했다. 이 기업은 당시 허만 밀러의 자회사로 중고 사무용 가구를 수리, 판매하고 있었다. 노먼은 이 기업의 성장 가능성이 적다고 판단, 게리 반스프론슨과 함께 비즈니스를 재창조하기 시작했고 다른 관리자들을 채용했다. 1998년, 그는 허만 밀러의 정보담당 이사로 승진되었으며, 후에 사장이 되었다.

유크롭스는 60년 동안 창업자의 아들인 제임스 유크롭과 밥 유크롭이 경영을 해왔다. USAA의 CEO들은 모두 퇴역 군인들이었다. 1968년부터 기업을 이끌어온 로버트 맥더머트 장군이 퇴직하고 1993년 로버트 헤레스 장군이 회장과 CEO를 겸직했다. 버그스트롬 호텔은 경영자뿐만 아니라 소유주도 바뀌었다.

버그스트롬 기업의 소유주인 존과 딕 버그스트롬은 1998년 1월에 페이퍼 밸리 호텔, 파이오니아 인, 버그스트롬 호텔을 몬클레어(Montclair)에 팔았다. 버그스트롬 호텔은 이 거래가 이루어지기 전에 본 연구의 샘플로 선택되었다. 존과 딕 버그스트롬이 키운 핵심 가치와 경영자들이 새로운 소유주와 조화를 이루고 살아남을지는 좀더 시간이 지나봐야 알 수 있을 것이다.

소유주가 바뀌기 전 우리가 연구한 버그스트롬 호텔은 아주 훌륭한 기업이었다. 이 호텔의 탁월성이 유지될 것인가에 대한 전망은 아주 밝은 편이다. 왜냐하면 버그스트롬 형제는 그동안 중간 리더들을 많이 배출해냈고, 유지 가능성이 높은 많은 진보적인 방식을 도입해왔기 때문이다.

가치 강화하기

가치는 무형의 것이다. 리더는 신입사원 오리엔테이션에 쓰기 위해 가치를 손에 쥐고 있을 수 없다. 기업에게 있어 가장 소중한 것은 눈에 보이지 않는 것이다. 이러한 이유로 리더들은 교육을 통해 핵심 가치를 상징화하고 감지할 수 있게 한다. 교육은 신입사원들을 기업의 문화에 동화시키는 작업이다.

일반적으로 가치를 글로써 표현하기도 한다. 1988년 컨테이너 스토어가 처음 문을 연 지 10년째 되던 해, 사장이며 설립자인 킵 틴델(Kip Tindell)은 개점을 앞두고 연설문을 준비하고 있었다. 그는 수년간 기업의 가치에 대해 생각해왔으나 이번만큼은 직접 글을 쓰기로 결심했다. 그는 가치에 대해 형식적인 글을 쓰고 싶지는 않았다. 그는 직원들이 컨테이너 스토어가 나아가고자 하는 방향과 다른 기업과 어떻게 다른지 이해할 수 있기를 바랐다. 틴델의 연설은 '기본 원칙'으로 알려지게 되었고, 이것은 컨테이너 스토어의 가치를 교육하고 강화하는 데 중요한 역할을 했다.

모든 직원들은 기본 원칙을 알고 있을 뿐만 아니라 몸소 실천했고 다른 직원들에게 가르쳤다. 모든 관리자의 주된 역할은 이 원칙을 강화하는 것이다. 컨테이너 스토어에서 바바라 앤더슨의 주된 역할은 그 기업문화를 보존하는 것이었다. 그녀는 "나의 주요한 임무는 6가지 기본 원칙을 매장마다 홍보하고 모든 직원들이 이해할 수 있도록 하는 거예요. 그리고 사람들 모두가 원칙을 지킬 수 있도록 하는 것입니다" 라고 말한다. 또한 그녀는 "나는 기업이 성장하면서 가치가 지속될 것이라고 믿습니다. 우리는 가치를 공유할 1,500명의 직원들이 있어요" 라고 자신 있게 덧붙인다.

기본 원칙들이 직원들의 수첩에 적혀 있다 할지라도, 앤더슨과 다른 관리자들은 평소에 이야기와 모범적인 역할 수행, 개인상담 등 다양한 방법으로 직원들에게 가치를 가르친다.

6가지 원칙 중 하나는 '진실한 마음으로 고객을 도움으로써 그들에게 놀라움을 선사하자'이다. 이 원칙을 가르치기 위해 '사막의 남자'라는 다음의 이야기가 자주 인용된다. 사막에서 길을 잃은 한 남자는 타는 듯한 더위와 심한 갈증으로 인해 한마디 말도 할 수가 없었다. 그는 필사적으로 물을 찾고 있었다. 이때 원칙은 그에게 물을 주는 것은 진정한 도움의 시작일 뿐이라고 가르친다. 바바라는 다음과 같이 묻는다. "당신의 능력 한도 내에서 어떻게 하면 물을 주는 것 이상의 도움을 이 남자에게 줄 수 있겠습니까?

기본 원칙은 업무 매뉴얼이 하지 못하는 길잡이 역할을 하고, 동기부여도 해준다. 매장 직원인 칼라 머리(Karla Marie)는 말한다. "우리의 기본 원칙들은 세세하면서도 융통성이 있어요. 우리는 어떤 방식을 따르는 것이 아니라 철학을 가지고 있습니다. 원칙들은 많은 일을 할 수 있도록 여지를 남겨두죠. 그래서 저는 기본 원칙을 좋아합니다."

샘플기업들은 그들의 가치를 서로 다른 방식으로 코드화하여 실행한다. 찰스 슈왑은 비전과 가치를 담은 책자를 정기적으로 발간하여 직원들에게 배포한다. 유크롭스는 직원들에게 비전과 업무 내용, 가치가 담긴 카드를 나눠준다. 기업의 가치를 잘 암송하는 직원에게는 가치 챔피언 핀을 꼽아준다. 이 방식은 학교에 다니는 아르바이트생을 많이 고용한 기업의 경우에 유용하다. 다이얼 에이 매트리스는 기업의 가치를 담은 문구—'세계 수준의 고객 서비스를 자랑하는 최초의 그리고 최고의 침구 통신판매 회사'—를 직원들이 잘 볼 수 있도록 벽 전체에 붙여 놓았다.

밀러 SQA의 '스트리트'

미시간 홀란드에 위치한 밀러 SQA의 공장 겸 사무실 건물은 이 회사의 가치를 강화하는 역할을 수행한다. 1995년에 지어진 이 건물은 혁신, 즐거움, 팀워크, 존경 등의 핵심 가치를 잘 나타낸다. 자연광이 드는 긴 복도, 'Street'는 공장과 사무실을 연결해 공장 직원들과 사무실 직원들의 교류를 촉진시킨다. 조경과 가로등, 자연광은 이 복도를 진짜 거리처럼 느끼게 해준다.

건물에는 벽이나 문이 별로 없다. 그리고 직원 및 그들의 가족들이 사용할 수 있는 농구장이 딸린 건강센터가 있다. 빌딩에는 66개의 채광창이 있어 일하는 동안 햇빛을 즐길 수 있다. 공장 바닥도 매우 깨끗하다. 공기는 매 시간 환기되고, 복도나 휴게실에는 즐거움, 활달함, 다양성을 상징하는 동물들이 조각되어 있으며, 직원들을 위한 메일 박스도 있다.

건물 밖에는 야생 식물과 연못 등 자연 환경을 조성해 놓았다. 밀러 SQA는 기업의 가치를 건축을 통해 잘 표현함으로써 1997년 〈비즈니스 위크〉지에서 수여하는 건축상을 받기도 했다. 이 건물은 자연광과 의사소통의 공간으로 유명하다.[7]

컨테이너 스토어의 '검비®'

컨테이너 스토어는 검비라는 캐릭터를 갖고 있다. 본사 정문 앞에는 6피트나 되는 나무조각 검비가 서 있고, 안내 데스크나 카운터에는 6인치짜리 검비가 있다. 이 마스코트는 팀워크와 융통성을 상징한다.

직원들이 "검비 같이 되어야 한다"란 말을 들을 때 제일 먼저 떠올리는 것은 '고객을 위해서라면 무슨 일이라도 하고, 팀 동료를 도우며, 업무를 완수해낸다'는 것이다. 검비는 '이것은 내 일이 아니다'라는 태도를 내쫓기 위한 유형의 상징물이다. 이 기업 본사의 가장 큰 회의실 이름은 검비 룸이다. 왜냐하면 그곳은 다양한 방식으로 배열이 가능하고 가장 융통성이 있는 방이기 때문이다.

다이얼 에이 매트리스의 '침구 컨설턴트'

다이얼 에이 매트리스에서는 판매원들을 '침구 컨설턴트(bedding consultant)'라고 부른다. 이 용어는 고객들에게 판매원들의 새로운 이미지를 상기시켜주는 역할을 한다. 이 기업은 전화로 침대를 판매해야 하므로 고객들에게 침대에 관한 정보를 주고, 더 좋은 선택을 할 수 있도록 도와주는 일을 잘 해야 한다.

다이얼 에이 매트리스와 같이, 다른 샘플기업도 가치와 전략을 강화하기 위한 특정 용어를 사용한다. 가치를 나타내기 위해 쓰이는 단어나 문구는 기업 내에서는 강조되지만, 기업 밖에서는 거의 쓰이지 않기 때문에 매우 상징적이다. 이러한 용어는 한 기업에 특정한 것이며 직원들로 하여금 기업이 가진 독특성을 떠올릴 수 있게 한다. 이러한 용어의 빈번한 사용은 지속적으로 기업의 철학을 전달한다.

스페셜 엑스페디션스의 스태프는 유람(cruise)이라는 용어를 사용하지 않는다. 그 대신에 이 여행사의 여행이 주는 교육적, 경험적, 참여적인 성격을 강조하기 위해 탐험(expedition)이나 항해(voyage)라는 용어를 사용한다.

유크롭스는 본사를 지원센터(support center)라고 부른다. 관계사들을 돕는 것을 본사의 주요 기능으로 한다는 점을 상징하고, 또 팀워크를 강화하기 위함이다. 이 기업의 혁신에 대한 의지는 이곳에서 쓰이는 언어 속에도 잘 드러나 있다. 예를 들어 솔루션 쇼핑, 음식 아이디어 센터, 그리고 서비스 셀프 서비스가 그 예이다.

컨테이너 스토어의 파트타임 종업원들은 프라임 타이머(prime-timer)라고 불린다. 이들이 주로 가장 바쁜 시간대에 일을 해서이기도 하지만, 이들에게 최상의 서비스를 기대하고, 이들을 존중하며, 팀의 완전한 일원으로 받아들인다는 것을 인식시키기 위해서 이런 용어를 사용한다. 세일즈라는 말도 일의 성격에 따라 다양하게 불린다. 재고 진열 대신에 시각 세일즈, 출납 대신에 기록 세일즈라고 부른다. 이에 대해 킵 틴델은 이렇게 말한다. "우리는 의도적으로 세일즈라는 용어를 사용합니다. 세일즈와 고객서비스 사이에는 차이가 없습니다. 둘은 같은 의미죠."

▪▪ 핵심 요약

고객에게 효과적으로 서비스하기 위해 사람에 의존하는 비즈니스는 가치지향형 리더들의 지속적인 힘을 필요로 한다. 서비스 수행자들이 서비스의 반복성과 감정적인 소모에도 불구하고 매달 혹은 매년 양질의 서비스를 제공하도록 하는 것은 수많은 기업들에게 너무도 어려운 과제이다. 그래서 많은 서비스 기업들은 양질의 서비스를 제공하지 못하거나 혹은 시간이 지남에 따라 서비스의 질이 떨어진다. 단지 몇몇 기업들만이 높은 수준의 서비스를 지속적으로 제공하고 서비스를 향상시키고 있다.

이 기업들의 공통점은 직원들 자신의 핵심 가치로 전환되는 일단의 강력한 가치와, 그 가치들을 가르치고, 모델이 되고, 키워나가는 리더들이 존재한다는 것이다. 가치지향형 리더들은 이 책의 나머지 장들에서 논의될 8가지 성공요인들을 개인적으로 그리고 협력을 통해 성취하고 뒷받침하기 위해 높은 수준의 자유재량적인 노력을 지속적으로 발휘한다.

DI C VE RN G
TH S U L
OF SE V CE

1976년 뉴욕시의 퀸즈 버로우에서 조그만 가구점을 운영하던 나폴레온 배러건(Napoleon Barragan)은 부업으로 다이얼 에이 매트리스 사업을 시작했다. 하지만 1998년이 되었을 때 다이얼 에이 매트리스는 연간 7억 달러의 매출을 올리게 되었고, 본업이던 퀸즈의 가게는 잊혀졌다.

배러건은 1968년 단돈 10달러를 손에 쥔 채 아내와 아이를 데리고 에콰도르에서 뉴욕으로 이민을 왔다. 그는 콜롬비아에서 학교를 운영하며 아이들을 가르쳤지만, 뉴욕시에서는 면허가 없었기 때문에 누구도 가르칠 수가 없었다. 게다가 그의 어눌한 영어 실력은 또다른 장애물이었다. 몇 년 간 작은 공장에서 노동자로 전전하던 그는 1973년 가구점에서 세일즈맨 일을 시작했고, 곧 그곳에서 세일즈 매니저가 될 수 있었다. 이듬해 그는 히스패닉 이민자들이 모여 사는 지역에 자신의 가구점을 냈다. 그 자신이 히스패닉 이민자였기 때문에 그는 다양한 인종이 모여 사는 동네에 가게를 여는 것이 편했다.

배러건의 생활은 훨씬 나아졌지만 머지않아 그는 가게에서 멀리 떨어져 살거나 가게문을 닫는 시간에 쇼핑을 원하는 고객들에게는 물건을 팔 수 없다는 사실을 깨달았다. 배러건이 다이얼 에이 매트리스 사업을 시작하게 된 것은 1976년 9월 〈뉴욕 포스트〉에 실린 다이얼 에이 스테이크의 조그만 광고에서 영감을 얻은 후였다. 다이얼 에이 스테이크는 전화 주문을 하면 40분 안에 당장 먹을 수 있는 스테이크를 가정까지 배달해주는 회사였다. 이거야말로 근사한 아이디어라고 생각한 배러건은 며칠 뒤, 전화로 매트리스를 주문 받아 가정까지 배달해준다는 광고를 냈다. 예전에 쓰던 매트리스까지 무료로 처리해주자 그의 사무실 전화기엔 불이 났고, 이렇게 해서 새로운 사업이 태어나게 되었다.[1]

몇 년 뒤에 배러건은 사업전략을 한층 더 다듬어서 무료 전화(1-800-MATTRES*)를 설치하고, 24시간 연중 무휴에 주문 당일 배달(필요하다면 2시간 이내로) 옵션까지 포함시켰으며, 프랜차이즈를 개설해 뉴잉글랜드, 메릴랜드, 플로리다 등 미국 동부 연안까지 사세를 확장했다. 또한 일반 소매업자들이 다이얼 에이 매트리스의 제품을 진열하도록 협정을 맺어, 소비자들이 전화로 주문하기 전에 제품을 직접 보거나 만져볼 수 있도록 했다. 1988년까지 다이얼 에이 매트리스는 20군데가 넘는 소매업체들과 계약을 맺음으로써 전국적인 판매망을 구축하게 되었다. 즉 다이얼 에이 매트리스가 판매를 담당하고, 지역 소매업자들은 배달과 설치를 담당한 뒤 양쪽이 수입을 나누는 방식이었다. 배

---

* 매트리스의 원래 철자인 Mattress의 마지막 s가 빠진 것은 오타가 아니라 실제 1-800(무료 전화) 번호임. 또한 다이얼 에이 매트리스는 주문자가 철자를 착각해 번호를 잘못 누르는 경우에도 다이얼 에이 매트리스의 콜센터에 접속되도록 했다.

러건은 이 네트워크를 해외로까지 확장하고 있는 중이다.

다이얼 에이 매트리스는 늘 사업 개선을 모색하는 매우 역동적인 기업이다. 하지만 항상 변하지 않는 전략은 소비자들이 상품, 특히 소비자들 사이에 구매하기 까다롭다고 악평이 나 있는 상품을 구매하기 쉽게 해준다는 것이다. 대부분의 소비자들은 침구류 구매에 서툴러 소매업자들의 감언이설에 피해를 입곤 했다.

배러건이 매년 60회의 재고 회전율(업계 평균은 연 10회)을 기록할 수 있었던 것은 양심적인 판매와 무료 전화를 통한 주야간 주문 접수로 구매 편의를 제공한 점, 그리고 고객이 원하는 어떤 시간에도(밤낮을 가리지 않고) 상품을 배달해주거나 30일간의 시용 기간을 통한 고객만족을 제공한 덕분이었다. 이따금 다이얼 에이 매트리스의 배달 트럭에는 두 개의 침대가 동시에 실려 있을 때가 있는데, 이중 고객의 마음에 들지 않는 한 개는 도로 가져오는 것이다. 신규 고객의 30%는 이런 서비스에 만족한 기존 고객들이 끌어들이고 있다.

침구 컨설턴트 루이즈 시라쿠사노(Louise Siracusano)는 "오늘 당장 매트리스를 가져갈 수 있다는 사실에 고객들은 매우 놀라워해요. 게다가 우리가 고객의 돈만 노리는 게 아니라 진심으로 그들을 도우려 한다는 사실에 다시 한 번 놀랍니다. 이젠 고객들의 얼굴에 미소가 번지기 시작했어요. 예전에는 전화 주문으로 침대를 사본 적이 없다면서 말이죠"라고 말한다. 여기에 배러건은 "침대를 산다는 건 그다지 유쾌한 경험이 아닙니다. 정말 곤혹스럽죠. 만약 당신이 고객을 편하게 해줄 수 있다면, 그리고 고객이 원하는 것을 고객이 원하는 방법으로, 고객이 원하는 때에 제공해줄 수 있다면, 당신의 사업은 성공할 겁니다"라고 덧붙인다.

다이얼 에이 매트리스는 다른 샘플기업들에서도 발견되는, 지속적 성공의 한 가지 특징을 잘 보여주고 있다. 전략적 집중(strategic focus)이 바로 그것이다. 매트리스 구매 고객의 구매 만족과 편의성에 있어서 텔레마케팅의 위력을 깨달은 배러건은 부지런히 이 방향으로 매진했다. 그는 침대를 직접 보기 전까지는 구매를 망설이는 고객들을 위해 매장 전시를 추가하는 등의 변화를 통해 꾸준히 전략을 개선, 보완하는 한편, 침대를 구매하기 쉽고 편하게 만들겠다는 기본 취지에서 벗어나지 않도록 노력했다.

배러건이 소매업자였을 때에는 점포 입지야말로 성공의 가장 중요한 요소라고 생각했었다. 하지만 다이얼 에이 스테이크 광고를 보고 난 뒤, 전화를 이용해 매트리스의 판매를 시도하면서 그는 보다 큰 교훈을 얻게 되었다. 그것은 고객들이 전화기를 드는 순간, 점포의 입지란 더 이상 의미가 없다는 것이었다.

샘플기업들은 그들의 비즈니스를 매우 명쾌하게 정의하고 있다. 그들은 고객을 위한 가치 창조에 대해 잘 알고 있으며, 이런 비즈니스의 기본적 개념을 열정적으로 추진한다. 즉 기업의 존재 이유를 규정하는 중심 전략에서 이탈하지 않는 것이다. 이들은 매우 역동적이고 혁신적이지만, 결코 흐트러지지 않는 꾸준한 목표가 있다.

● ● ●
불변의 목표

샘플기업들은 명쾌한 가치 규정에서 뿐만 아니라 뚜렷한 전략을 통해서도 성공을 거두고 있다. 엄밀하게 말하자면, 이 전략은 그런 가치에 의해 비롯되고 또 유지된다고 볼 수 있다. 만약 존중과 정직이라는 가치의 안내가 없었다면 다이얼 에이 매트리스 사업은 성공하지 못했

그림 4-1 가치-전략-실행의 관계

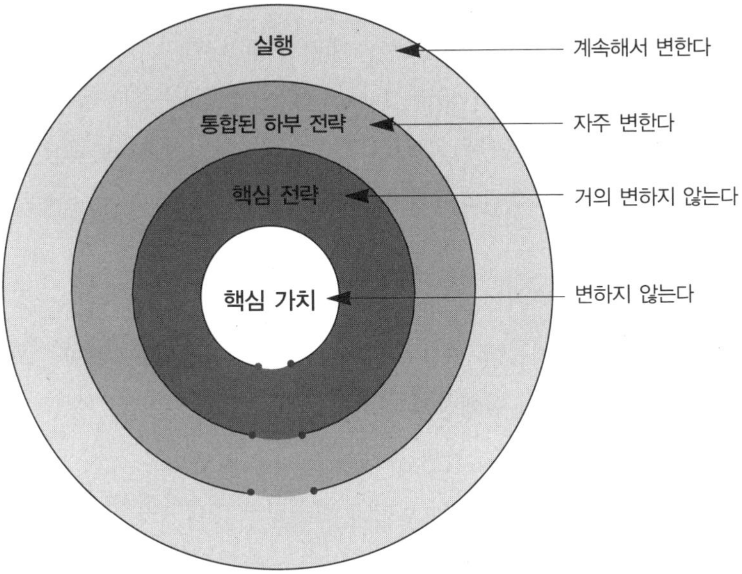

실행 ─── 계속해서 변한다

통합된 하부 전략 ─── 자주 변한다

핵심 전략 ─── 거의 변하지 않는다

핵심 가치 ─── 변하지 않는다

을 것이다. 또한 배러건의 혁신에 대한 열정이 아니었다면 아마 시도조차 하지 못했을 것이다.

핵심 가치와 전략 그리고 이의 실행이 갖는 관계의 중요성은 〈그림 4-1〉에 잘 나타나 있다. 그림에서 각각의 열린 고리는 가치와 전략 그리고 실행의 관계를 나타낸다. 즉 가치는 전략과 실행을 이끌어내며, 반대로 전략과 실행은 가치를 강화시킨다. 이번 장에서 다룰 내용은 두 개의 전략 고리이며, 다음 장에서는 실행 고리에 관해 다룰 것이다.

서비스 업종에서 성공을 유지하려면 영혼을 일깨우고 잠재력을 실현시킬 수 있는 핵심 전략이 요구된다. 비즈니스의 정의(definition of the business)도 바로 이 핵심 전략이며, 이는 거의 변하지 않는다. 이 핵심 전략은 하부 전략들에 의해 지지되는데, 이것들은 핵심 전략을 시장이 요구하는 서비스 혹은 서비스와 상품의 결합—마켓 오퍼(market offer)—으로 만들어내는 역할을 한다. 하부 전략들은 비즈니스 디자인(design of the business)을 구현하는 활동들의 체계가 된다. 비즈니스 디자인은 수시로 변하는데, 이는 기업이 핵심 전략을 보다 효율적으로 추진하기 위해 어떤 활동을 더하기도 하고 빼기도 하기 때문이다.

실행이란 각각의 하부 전략들을 수행하는 것을 의미한다. 경영진과 중간 관리자들이 현상유지를 거부하며 항상 개선을 추구하는 뛰어난 기업에서라면 실행상의 변화는 늘상 있는 것들이다. 콜린스(Collins)와 포라스(Porras)는 탁월한 기업은 지속과 변화를 동시에 다룰 수 있는 특별한 능력이 있어야 한다고 결론짓고 있다.[2] 가치는 절대 불변이어야 하고, 핵심 전략은 명확하고 강력하며 안정적이어야 한다. 반면, 하부 전략과 실행은 탁월함, 혁신 등의 가치가 요구하는 대로 끊임없이 변화해야 한다.

핵심 전략

겉으로 드러난 샘플기업들의 핵심 전략은 매우 달라 보이지만 면밀히 분석해보면 공통점을 발견할 수 있다. 첫째, 샘플기업들의 핵심 전략은 특정 시장의 요구에 맞는 특정 상품을 마케팅하는 데 보다는 그러한 시장의 요구를 수용하는 데 초점을 맞추고 있다. 즉 샘플기업들은 고객의 요구를 충족시키기 위한 지금 당장 인기있는 방법들보다는 고객의 근본적인 요구의 측면에서 비즈니스를 정의함으로써 자신들만의 길을 개척해 왔다. 고객들의 니즈가 변함에 따라 하부 전략들은 함께 변하지만 근본적인 미션은 변함없이 그대로다.

상품 대신 시장의 관점에서 비즈니스를 바라보는 것은 이미 1960년 데오도르 레빗(Theodore Levitt)의 고전적인 논문 〈마케팅 근시 (Marketing Myopia)〉[3]에서 최초로 제기되었다. 레빗은 철도 사업의 실체는 철도가 아닌 운송이라고 주장했다. 철도 여행은 상품이고 운송이 시장의 요구라는 것이다. 즉 상품은 계속해서 변화하지만 시장의 요구는 언제나 그대로다.

기업들이 사업을 재정의해야겠다고 느끼는 흔한 이유 중 하나는 당초 상품에 초점을 맞춰 비즈니스를 정의했기 때문이다. 찰스 슈왑이 그 좋은 예이다. 1995년 이 회사는 20년을 고수해왔던 핵심 전략, 즉 '미국에서 가장 유용하고 윤리적인 중개업무를 투자자에게 제공한다' 는 것을 '전 세계에서 가장 유용하고 윤리적인 금융서비스를 고객에게 제공한다' 는 내용으로 변경했다. 슈왑(Schwab)이 고수했던 비즈니스 정의의 첫 번째 부분(유용함과 윤리성)은 분명히 고객의 요구에 초점을 맞춘 것이었다. 하지만 두 번째 부분(중개업무)은 상품에 초점이 맞춰져 있었다.

효율적인 운영과 윤리적인 서비스 판매를 통해 사람들이 투자가가 되도록 고무하고 격려하고자 했던 그의 비전은 지속되었다. 하지만 변한 것은 사업의 범위였다. 즉 중개업무에서 금융서비스 전반으로 사업 영역을 확장하고, 전에는 하지 않던 투자자문 서비스를 시작했으며, 미국 시장에서 세계 시장으로 범위를 확장한 것이다.

어떤 독자들은 "찰스 슈왑 같은 회사에게 '금융서비스'는 너무 제한적이지 않은가? 그리고 그것 역시 상품에 초점이 맞춰진 것 아닌가?" 라고 의문을 제기할 수도 있다. 그러나 그것은 틀린 생각이다. 핵심 전략이 초점이 맞춰진 경로를 제공하기 위해서는 범위의 확정은 반드시 필요하다. 중요한 것은 변할 수 있는 필요(want)와 변하지 않는 요구

(need)를 구분하는 것이다. 특정한 금융상품에 대한 투자자들의 필요는 변하지만, 투자자들의 금융 서비스 자체에 대한 요구는 변하지 않는다.

둘째, 샘플기업들은 과거에 제대로 충족되지 않았던 시장의 요구에 부응했다. 예외 없이 이 기업들은 해야 할 필요가 있는 일들을 했다. 즉 그들은 소비자들이 이전에는 구하지 못했던, 가치 있는 무언가를 공급함으로써 시장을 개척하고, 성공적인 비즈니스를 수행하고 있는 것이다.

찰스 슈왑은 어떤 주식을 사고 팔아야 할지 알고 있는 고객들에게 투자자문에 대한 수수료를 물지 않고도 거래를 할 수 있도록 기회를 제공했다. 엔터프라이즈 렌트어카는 일시적으로 자가용을 사용할 수 없는 지역 주민들에게 서비스를 집중함으로써 '대체 차량 시장'에서 사업을 구축할 수 있었다. 허츠와 아비스, 내쇼날 카 렌털 등이 여행객들을 타깃으로 삼아 공항 주변의 입지에 주력했다면, 엔터프라이즈 렌트어카는 자동차를 수리점에 맡긴 사람들을 타깃으로 삼아 어느새 미국 내의 어떤 자동차 대여업체보다 큰 규모를 이루게 되었다. USAA는 다른 자동차 보험사들이 기피한 군인들(이사가 잦다는 이유로)에게 서비스를 집중했다. 자동차 보험업체로 출발한 USAA는 군인들에게 원스톱 금융서비스를 제공하는 업체로 탈바꿈해서 오늘날 300만 명이 넘는 고객을 확보하고 있다.

셋째, 샘플기업들은 탁월한 방식으로 자신이 선택한 시장에 서비스했다. 지금까지 이 기업들이 성공을 유지할 수 있었던 중요한 이유 중 하나는 고객들이 이들 기업의 상품이 다른 회사의 것보다 우월하다는 점을 인식했기 때문이다. 단순히 할 필요가 있었던 일을 한 것만이 아니라 그 일을 빼어나게 잘해낸 것이다. 성공은 필연적으로 이를 모방하려는 사람을 낳기 때문에, 어떤 일을 하느냐만이 아니라 그 일을 얼마나 잘하느냐도 중요하다.

취크필애의 음식은 배달주문 음식으로선 대단히 훌륭한 맛을 가지고 있었고, 5점 만점의 품평에서 일반적인 경쟁자들보다 늘 앞서나갔다. 유크롭스는 리치몬드 시장에서 그 어느 때보다 많은 경쟁자와 맞닥뜨리게 되었지만 경쟁자들에 비해 훨씬 훌륭한 음식과 점포, 고객서비스로 최대의 시장 점유율을 구가할 수 있었다.

컨테이너 스토어의 성공에 자극받은 많은 소매업자들이 수납용품 전문시장에 뛰어들었다. 하지만 이들은 결국 실패하고 말았는데 이는 컨테이너 스토어를 흉내내기가 결코 쉽지 않았기 때문이다. 예를 들어 이들 대부분의 후발업체들은 고도로 훈련된 세일즈 요원을 필요로 하는 모듈 방식의 조립식 보관 시스템 같은 복잡한 상품은 팔 의향도 능력도 없었다. 컨테이너 스토어는 미국 시장에서 엘파® 수납 시스템의 2/3를 판매하고 있다. "남들이 기피하는 까다로운 물건의 판매가 우리의 틈새시장입니다"라고 사장인 킵 틴델은 말한다.

종종 과감하게 기존의 틀을 깨는 행동이 탁월한 길로 안내하기도 한다. 기존의 관행을 고수하면서 경쟁자보다 더 뛰어나기는 어렵다. 기회는 관습의 울타리 바깥에 존재하곤 한다. 미드웨스트 익스프레스는 일반석 항공 여행객들을 일등석 손님처럼 대우함으로써 대단한 성공을 거둔 항공업체다. 그들은 아예 가운뎃줄 좌석을 없애버렸다. 그리고 모든 좌석은 일등석처럼 가죽으로 크고 편하게 만들었다. 모든 음식은 도자기 그릇에 담겨 나오며, 심지어는 식사 시간이 아니어도 이 서비스는 계속된다. 게다가 샴페인과 와인, 갓 구운 따끈한 초콜릿 칩 쿠키가 무료로 제공된다. 승무원들이 항상 친절한 것은 두말할 나위도 없다.

미드웨스트 익스프레스는 '하늘에서 최고의 서비스'라는 그들의 핵심 전략에 충실했고, 그 결과 경쟁력 있는 차별화를 이루는 데 성공했다. 미드웨스트 익스프레스가 속한 업종은 일상적인 서비스를 제공하는 분야지만, 이 기업은 특별한 서비스로 독특한 지위를 구축했다.

넷째, 샘플기업들은 핵심 전략에 집중했다. 그 결과 기업은 고객들에게 더 우수한 서비스를 제공할 수 있었다. 전략적 집중은 전략적 경계를 세우게 만들고, 그 경계 안에서 효율의 극대화를 추구하게 한다. 전략적 관점에서는 적은 것에 집중하는 것이 보다 많은 것을 가져올 수 있다. 샘플기업들은 핵심 전략을 선택했고, 최선을 다해 그것을 추구했다. 이렇게 함으로써 하부 전략의 체계를 세우는 데 우선 순위를 분명히 할 수 있었고, 일선에서 그 전략을 실행하는 종업원들도 전략에 대해 잘 이해할 수 있게 되었다. 그리고 그 기업이 무엇을 하는 곳인지에 관한 일관성 있는 이미지를 만들어낼 수 있었다.[4]

많은 기업들이 핵심 전략에 매진하지 못하는데, 그 이유에 대해 마이클 포터(Michael Porter)는 〈전략이란 무엇인가?〉란 논문에서, '배타적 선택(tradeoffs)'과 '사업 영역의 자제(limits)'가 기업의 성장을 제한하는 것처럼 보이기 때문이라고 주장했다. 예를 들어 어느 한 고객 집단에게 서비스를 제공하는 대신 다른 집단을 배제할 경우, 실제로 혹은 인식상 기업의 성장에 제한을 가하는 것처럼 보인다. 따라서 경영자들은 계속해서 생산 라인을 확장하고, 새로운 시장을 찾으며, 새로운 사업에 착수하도록 유혹받는다. 그러나 불행히도 이런 것들은 핵심 전략을 흐리게 만든다. 포터는 "동시에 여러 가지 방법으로 경쟁하려는 것은 혼란을 초래하고 조직의 동기와 집중력을 떨어뜨린다. 전략은 곧 배타적인 선택을 의미한다. 따라서 전략의 핵심이란 무엇을 하지 않을지를 선택하는 것이다"라고 설명한다.[5]

커스텀 리서치의 핵심 전략은 맞춤화된 마케팅 리서치를 통해 의뢰인들이 보다 나은 사업결정을 내리도록 도와준다는 것이다. 이 기업은 의뢰인과 조사 내용의 특수한 요구에 따라 조사일정을 조정한다. 부사장인 다이언스 코칼(Diance Kokal)은 "우리는 공통의 중추를 가진 다양한 맞춤형 서비스들을 제공합니다. 프로젝트들은 모두 제각각이죠. 매년 450개의 서로 다른 프로젝트들을 수행하니까요"라고 설명한다.

1988년에 커스텀 리서치는 한 가지 중요한 결정을 내린다. 즉 한 해에 여러 차례 조사 의뢰를 하는 대기업의 의뢰만을 받기로 한 것이다. 원하는 수준의 맞춤형 서비스를 제공하기 위해서는, 지속적으로 관계를 유지할 의뢰인에게만 관심을 집중하는 게 좋다고 생각한 것이다. 하지만 이 결정은 고객 명단의 절반을 포기하겠다는 의미였다. 그러나 경영진들은 커스텀 리서치를 광고회사에 비교하면서 이런 결정을 내렸다고 한다. 어떤 광고회사도 단 하나의 광고만을 만들어 의뢰인에게 보여주지 않듯이 커스텀 리서치 역시 의뢰인에게 하나의 연구성과만을 제시하는 것은 타당하지 않다. 따라서 커스텀 리서치는 소규모 업체와의 비즈니스를 포기한 것이다. 실무진들은 소규모 업체들의 의뢰를 거절하는 방법을 배워야만 했다. 결국 이 결정은 대성공이었다.

1988년 138개의 의뢰업체로부터 1,090만 달러를 벌어들인 이 회사의 수익은 1997년에는 80개 업체로부터 2,600만 달러로 늘어났다. 보다 적은 수의 의뢰업체와 보다 많은 일을 함으로써 생기는 효율성이 놀랄 만한 수익을 가져다준 것이다. 공동 창업자인 제프 포프(Jeff Pope)는 "대단한 결정이었고, 또 그 결정을 내릴 당시에는 무척이나 망설였었다"고 회고했다.

엔터프라이즈 렌트어카 또한 핵심 전략에 매진했을 때의 위력을 잘 보여주고 있다. 엔터프라이즈 렌트어카는 자동차 대여업 중에서도 대체 차량 대여업(자동차 수리 등으로 인해 일시적으로 차가 없는 사람들에게 차를 대여해주는 비즈니스)에 집중함으로써, 이에 어울리는 잘 조율된 하부 전략 체계를 발전시켰다.

어떤 사람은 엔터프라이즈 렌트어카가 자동차 대여업에 대해 잘 알고 있다면 어째서 공항 근처에서 대여업을 함으로써 사업을 확장하지 않았는가라고 물어볼 수 있을 것이다. 여행객에게 자동차를 대여하는 것과 대체 차량이 필요한 사람들에게 자동차를 대여하는 것은 분명히 다른 사업이라는 것이 그 질문에 대한 대답이다. 즉 대체 차량 시장에서는 전혀 다른 마케팅과 서비스가 요구된다. 엔터프라이즈 렌트어카의 CEO, 앤디 테일러(Andy Taylor)는 고객의 요구 변화에 대해 다음과 같이 설명한다.

> 우리의 비즈니스는 공항에서의 자동차 대여업보다 더 복잡합니다. 공항에서의 렌트카 이용객들이야 여행 계획을 세우고 자동차를 미리 예약했겠지만, 우리의 고객들은 아침에 일어났을 때 자동차 고장을 예상하지도 못했을 뿐더러 당장에 자동차가 필요한 사람들이죠. 우리에게는 운전자뿐만 아니라 자동차 수리공, 보험 외판원들까지가 모두 고객입니다.
>
> 물론 공항에 있지 않다는 것은 문제가 될 수 있습니다. 고객들은 우리를 선호하고, 여행 중에 우리 서비스를 이용하고 싶어하지만 우리는 그곳에 있지 않습니다. 실제로 우리는 국내 100대 공항 근처에 자리하고 있지만, 그것은 부차적인 것입니다. 우리는 도시 가정을 목표 시장으로 보다 나은 서비스를 제공하는 데 집중하려고 합니다. 게다가 이 시장은 빠른 속도로 성장하고 있으니까요.

미국에서 가장 빠른 속도로 성장하는 기업 가운데 하나인 엔터프라이즈 렌트어카는 대체 차량 시장에 집중함으로써 자동차 대여업 분야에서 보다 명확한 목표와 경험과 신뢰성을 가질 수 있게 되었다.

통합된 하부 전략

컨테이너 스토어의 핵심 전략은 1978년 시작 이래 오늘날까지 똑같다. '고객의 보다 나은 삶을 위해 보다 많은 시간과 공간을 제공하는 것'이 바로 그것이다. 이 근본적 발상에서 고객과 종업원, 그리고 판매업자들로부터 존경받는, 수많은 경쟁자들이 끊임없이 모방하고자 하는 미국 최고의 소매 유통망이 탄생한 것이다. 이 근본적 발상의 위력은 놀라울 정도였다. 지금 당장 쓰지 않는 물건을 아무 곳에나 처박아두는 것이 아니라 잘 정돈해두려는 인간의 근본적이면서도 지속적인 욕구를 꿰뚫어본 것이다.

고객에게 보다 많은 시간과 공간을 제공하겠다는 발상은 전략을 가이드할 만큼 세밀하면서, 동시에 무궁무진한 창의력을 포용할 만큼 그 범위가 넓다.

컨테이너 스토어의 공동 소유주이자 머천다이징 담당 부사장인 샤론 틴델(Sharon Tindell)은 "고객은 천성적으로 정리를 잘할 수도, 그렇지 않을 수도 있습니다. 조건부 상황인 거죠. 또 정리하는 방식도 각양각색입니다. 예를 들어 어떤 사람들은 자신의 벨트를 모조리 한 박스에 넣어두는가 하면, 어떤 이들은 스타일과 색깔에 맞춰 따로따로 보관하기도 합니다. 설사 20년 후라 하더라도 우리가 지금의 전략적 초점을 유지하면서 탐색할 사업대상은 무궁무진할 겁니다."

컨테이너 스토어의 비즈니스 정의는 앞에서 언급한 여러 특성을 모두 갖고 있다. 간과되었던 시장의 필요에 부응하고 있고, 탁월한 업무

실행으로 차별화를 꾀하고 있으며, '보다 나은 삶을 위해'라는 가치에 초점을 맞추고 있다. 컨테이너 스토어의 핵심 전략은 강력하다. 이것은 단순히 강력한 아이디어만으로 되는 게 아니다. 비즈니스의 무덤에는 실패한 수많은 강력한 아이디어가 묻혀 있다. 사업이 성공하고 이를 계속 유지하려면 핵심 전략이 효율적인 비즈니스 디자인, 즉 하부 전략들과 효과적인 실행을 통해 집행되어야 한다. 비즈니스 디자인의 실행이 곧 마켓 오퍼(market offer)다. 마켓 오퍼는 또 총체적 산물(기업이 제공하는 서비스, 상품, 서비스의 품질, 설비 등에 대한 고객 경험의 총체)에 직접적으로 영향을 끼친다. 마켓 오퍼는 기업이 시장에 내다놓는 것들이며, 총체적 산물이란 그 기업에 대한 고객들의 경험을 뜻한다. 〈그림 4-2〉는 이 관계에 대한 설명이다.

아이디어만으로는 고객의 문제를 해결해줄 수 없다. 실질적인 상품과 서비스로 구현된 아이디어만이 힘을 갖기 때문이다. 전략을 이루는 요체는 다음 두 가지다. 시장의 수요에 부응하는 아이디어와, 그 아이디어를 가치 있는 마켓 오퍼로 만들어내는 행동들이 그것이다. 여러 행동들이 상호 보완적이고 또한 서로를 강화하도록 통합하는 일은 무척 중요하다. 경쟁우위와 지속적 성공은 이런 행동들의 총합에서 비롯된다. 경쟁사들이 각각의 행동을 모방할 수는 있어도 행동의 총합까지 좇아가기는 어렵기 때문이다.[6] 컨테이너 스토어나 다른 샘플기업들의 성공 유지 비결은 핵심 전략으로의 집중뿐만 아니라 초점이 맞춰진 하부 전략들이었다.

컨테이너 스토어에 램프를 납품하기 위해 여러 차례 시도한 업자가 있었는데, 컨테이너 스토어의 대답은 늘 "불가"였다. 컨테이너 스토어는 아래의 세 가지 기준을 충족시키는 다용도 수납용품 외에 다른 물건은 취급하지 않았기 때문이다.

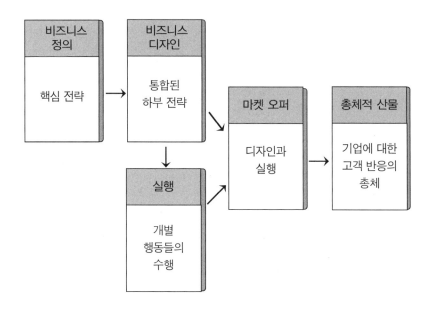

그림 4-2 핵심 전략에서 총체적 산물까지

- 가시성(Visibility): 정리해놓은 물건을 볼 수 있어야 한다.
- 접근성(Accessibility): 정리해놓은 물건을 언제든 꺼낼 수 있어야 한다.
- 맞춤가능성(Versatility): 고객의 특수한 요구사항에 제품을 맞출 수 있어야 한다.

핵심 전략에 부합하는 종류와 품질을 확보하기 위해 컨테이너 스토어는 이에 걸맞은 업체들을 부지런히 찾아다녔다. 예를 들어 옷가방의 품질이 만족스럽지 않자, 컨테이너 스토어는 모든 옷가방들에서 최고의 부품만을 골라 새 옷가방을 만들어내기도 했다. 두꺼운 비닐을 사용한, 더 깨끗하고 맵시 나는, 바느질이 잘 된, 철빔을 넣어 휘어지지 않는 옷가방을 만들어냈다. 컨테이너 스토어의 직원들은 시제품을 집에서 직접 사용해보기도 했다. 무거운 옷을 작업장에 가져올 때면 그 가방에 담아서 강도를 테스트해보았으며, 재봉선을 안 보이게 하려는 시도도 해보았다. 이런저런 테스트를 통과한 후 가방은 매장에 진열되었고, 마침내 날개 돋친 듯 팔려나갔다.

이와 같은 일화는 여러 다양한 상품에서 반복되었다. 컨테이너 스토어는 직접적인 생산업자는 아니었지만 다양하게 상품 생산을 지도했다. 고객의 요구에 맞는 고품질의 제품을 찾아내는 것은 이 기업의 중요한 하부 전략이다.

고객의 요구사항에 딱 들어맞는 제품 사양, 즉 솔루션이 항상 명확한 것은 아니다. 게다가 고객 개인의 생활방식이나 요구, 기호는 제각각이다. 그래서 컨테이너 스토어는 제품 판매 이상으로 솔루션 판매(solution selling)를 강조한다. 매장에는 상품 소개와 솔류션 제안이 가능한 잘 훈련된 판매원을 배치하고 있다. 제품들은 주도면밀하게 정리되어 있는데 각각 부엌, 찬장, 휴지통, 선반, 욕조, 세탁실 그리고 사무실이라고 쓰여 있는 팻말 아래에 놓여 있다. 다용도 상품들은 매장 내의 여러 섹션에 동시에 전시된다.

예를 들어 스웨터 상자가 사무용품 구역에 놓여 있을 수도 있다. 그리고 플라스틱 휴지통은 휴지통으로서 뿐만 아니라 애완견의 밥그릇이나 재활용품 수거함으로 사용될 수도 있다. 각각의 상품들은 제각기 팔리기도 하지만 간혹 묶어서 팔리기도 한다. 아이들의 여름캠프 용품을 사주려는 부모들은 다양한 캠프 용품들이 구비된 가방을 찾을 수 있다. 그 가방 안에 있는 물건들은 모두 따로 팔 수 있지만 가방 전체로 팔 수도 있다.

매장 직원들은 고객이 원하는 것이 무엇인가를 판단하고, 어떤 적합한 솔루션으로 그들을 도와줄 것인가를 배우게 된다. 상품의 기능을 보여주기 위해 장점을 늘어놓기도 하고 들뜬 분위기를 조성하기도 한다. 그리고 세일즈 트레이너들은 직원들의 솔루션 판매 지식과 기술을 지속적으로 개발시키는 임무를 갖고 있다.

자유로운 상상이 가능하도록 많은 품목들이 비포장 상태나 상품명을 붙이지 않고 전시되는데, 이를 통해 세일즈 직원들과 고객들은 그 상품의 용도에 대해 창의력을 발휘하게 된다. 이것은 직원이나 고객 모두에게 무척이나 즐거운 경험이다. CEO, 가렛 분(Garett Boone)은 이렇게 설명한다.

> 소매 유통업에는 무대와 같은 요소가 있습니다. 우리는 매장 안에 들뜬 분위기가 만들어지길 원하죠. 그런 분위기는 매장 안의 직원 간에 그리고 고객들과의 교감을 통해 만들어집니다. 우리는 직원들이 고객들과 이야기를 나누고 맘껏 기분을 내도록 도와주길 원합니다. 크게 이야기하고 고객들을 위해 물건을 조립해줍니다. 그리고 매장 한가운데서도 할 수 있는 일이라면 절대 뒤편의 골방에서 하도록 하지 않죠. 매장은 멋지게 보여야만 합니다. 그러나 더욱 중요한 것은 좋은 느낌이죠.[7]

솔루션 판매란 그 솔루션에 해당하는 물건이 창고에 있을 때에만 판매할 수 있다. 컨테이너 스토어의 전략은 최첨단의 분배와 재고 관리 시스템이다. 창고를 자주 채움으로써 재고 부족 상태를 최소화하는 것이다.

컨테이너 스토어는 교통량이 많고 거리에서 잘 보이는 곳에 점포를 세운다. 매장 내부뿐만 아니라 외부까지 시각적으로 상품화하는 효과를 믿기 때문이다. 그 가운데 휴스턴의 갤러리아 몰 거리는 최고의 입지로 손꼽히고 있다. 이 매장은 교통 흐름의 혜택을 톡톡히 보고 있다. 이 매장 앞 거리로 매일 10만 대의 차량이 지나가면서 연이어 300피트 가량 늘어서 있는 유리 진열대를 쳐다보게 된다. 공동 소유주이자 부동산 담당 부사장인 존 뮬런(John Mullen)은 이 입지를 '거리 기하학(street geometry)'이라고 부른다.

상자와 수납 관련 용품을 판매하는 건 단순한 사업처럼 보인다. 하지만 그 사업이 '고객에게 보다 많은 시간과 공간을 제공해 삶의 질을 개선하는 것'이라면 얘기는 달라진다. 컨테이너 스토어는 경쟁자들이 흉내내기 어려운 상호 연계된 일련의 하부 전략들을 발전시켰고 계속해서 개선해 나가는 중이다. 강력한 가치 체계, 독특한 리더십, 시장의 요구에 기반한 핵심 전략, 통합된 하부 전략들, 그리고 이 모든 것에 대한 끊임없는 개선이 이 기업을 앞서 나가게 하고 있다. 컨테이너 스토어야말로 전략적 집중의 위력을 가장 잘 보여주는 예이다.

● ● ●
전략적 혁신

변화를 추구하면서 동시에 지속성을 유지하는 것은 모든 리더들이 맞닥뜨리는 복잡하면서도 피할 수 없는 도전이다. 전략적 집중이 성공을 유지하게 하는 것이라면, 맹목적인 과거에 대한 집착은 그 성공을 파괴하는 것이다. 모든 산업, 모든 시장에서 변화의 속도가 계속해서 빨라지고 있다. 그 어느 때보다도 빠른 속도로 기술과 신상품이 쏟아져 나오고 있다. 자동차가 발명된 후 전 인류의 4분의 1이 자동차를 갖기까지 55년이 걸렸다면, 전화는 35년, TV는 25년이 걸렸다. 그리고 같은 수준에 이르기까지 개인용 컴퓨터는 단 13년이 걸렸다.

하나의 기술은 다른 기술들을 무서운 속도로 선도한다. 1971년에 선을 보인 마이크로 칩은 자동응답 전화기, 소형 계산기, 캠코더, 휴대용 CD 플레이어, 개인용 컴퓨터, 디지털 카메라, 전자레인지, 호출기, VCR 등 수많은 가전제품의 발명을 이끌어냈다. 시간이 흐르면서 가격은 낮아지고, 디자인이 개선되면서 이 물건들은 급속히 확산되었다. 처음에는 사치품으로 등장해서 필수품으로 변화하기까지는 불과 몇 년이 걸렸을 뿐이다.[8]

성공적인 기업들은 그들이 타깃으로 삼은 시장이 무엇을 어떻게 구매하고 싶어하는지와 자신들이 무엇을 어떻게 팔고 있는지를 잘 일치시킨다. 시장이 변화함에 따라 기업들도 변화해야 한다. 최고의 기업은 새로운 시장 기회를 모색하고, 그에 걸맞은 내부적 역량과 전략을 개발하며, 창의적인 마케팅 능력으로 잠재고객을 끌어들이는 기업이다. 위대한 기업이란 늘 변화의 선두에 있다. 다시 말해. 끌려가기보다는 리드해 나가는 것이다.

전략적 집중은 혁신의 적이 아닌 동지이다. 어느 한 가지에 집중하는 기업은 그에 있어 탁월함을 추구하게 된다. 하나의 과업에 몰두하는 것은 방향을 부여하고 자원을 배분하며, 노력을 고취하고 에너지를 재충전시키는데, 이 모든 것은 탁월함을 달성하기 위해 필요하다. 탁월함은 또한 혁신을 필요로 한다. 왜냐하면 그것은 움직이는 목표이기 때문이다. 오늘 탁월했던 것이 내일은 평범해질 수도 있다.

샘플기업들은 집중화된 동시에 기업가적 모험정신을 갖고 있다. 무엇을 유지하고 무엇을 바꿔야 하는지 아는 것은 샘플기업들의 공통된 핵심 역량이었다. 핵심 전략에 집중하고 핵심 가치에 충실하면서 그들은 전략을 역동적으로 구사한다. 이들 기업들은 전략적인 측면에서 그리고 실행의·측면에서 모두 혁신적이다. 즉 새로운 행동을 추가하고, 기존 행동의 실행을 개선해 나간다. 자신이 선택한 시장에서 최고가 되고자 하는 의욕이 매우 강해, 이것이 내적인 변화를 이끌어낸다.

몇몇 샘플기업들은 성장 과정 중에 핵심 전략을 일부 수정하기도 했다. USAA와 찰스 슈왑은 각각 자동차 보험과 주식 중개업에서 금융서비스 전반으로 핵심 전략을 확장했다. 밀러 SQA는 중고가구를 수리하던 모회사의 전략을 고수하지 않고, 간단하고 빠르며 경제적인 사무용 가구로 핵심 전략을 수정했다. 엔터프라이즈 렌트어카는 1957년 원래 자동차 리스업체로 출발, 1963년에서야 자동차 렌털 서비스를 시작했다. 하지만 핵심 전략 차원에서의 변화는 매우 드문 편이다.

보다 일반적인 변화는 하부 전략 단위에서 일어나는데, 이는 시장이나 소비자 욕구의 변화에 적응하기 위해서다. 미국 내 최대 슈퍼마켓 체인 중 하나였던 유크롭스는 소비자들이 점차 시간에 쫓긴다는 사실에서 기회를 찾아냈다. 직장 여성들은 식료품을 사거나 음식을 준비할 시간이 모자랐다. 이 때문에 1980~90년대에 걸쳐 식료품점들은 음식점들에게 상당히 많은 시장을 빼앗기고 있었다. 빠르게 먹을 수 있는 음식, 제 시간에 먹을 수 있는 음식, 심지어는 차 안에서 먹을 수 있는 음식들이 점차 소비자들의 생활 방식이 되어갔다.

여기에 대응해서 유크롭스는 매장 내에 '음식 아이디어 센터'를 세워 해결책을 제시했다. 맞벌이 부부를 위한 인스턴트 식품코너도 만들었다. 이같은 노력 덕분에 유크롭스는 리치몬드 마켓이나 켄터키 프라이드 치킨보다도 더 많은 닭고기를 팔 수 있었다. 더 나아가, 맛과 다양성으로 차별화를 시도하기 위해 직접 식품 제조센터를 설립했는데, 이는 매우 대담한 결정이었다. 즉석에서 먹을 수 있도록 한 다양한 메뉴와 디저트를 개발하는 유크롭스의 센트럴 키친이야말로 시장에서 품질과 시간 절약을 함께 묶으려는 이 기업의 노력이 가장 잘 드러나 있는 곳이다.

이 회사는 또한 고객편의를 위해 즉석 사진 현상, 드라이 클리닝, 파티 기획, 은행 등 다양한 서비스를 매장 내에서 제공하고 있다. 또한 세계 각국 요리 코너, 애완동물 용품을 한데 모은 애완동물 센터, 요리 시연과 이를 맛볼 수 있게 하는 시식 코너 등 매장 내에 다양한 특별 코너도 마련해두고 있다. 여기에 고객들의 구매 기록을 근거로 해서 할인 혜택도 주고 있다.

혁신을 위한 경청

많은 기업들은 경쟁자보다 한 발 앞서 나가는 것을 혁신이라 생각한다. 그래서 기업들은 완전히 혁신적인 물건을 만들어내기보다는 기존의 상품을 개선하는 투자에 주력한다. 하지만 진정한 혁신은 경쟁이 아닌 고객에게 초점을 맞추는 것이다. 가격 인하와 광고전이 벌어지고 있는 경우 경쟁은 그저 소모적일 뿐이다. 고객들만이 진정 새로운 가치 창조의 방법을 제시할 수 있다. 고객들의 불만족을 채워줄 만한 상품은 아직 존재하지 않기 때문에 고객들은 스스로 그 상품을 묘사하기 어려울 것이다. 게다가 고객 스스로도 자신의 불만사항을 정확하게 풀어내지 못할 수도 있다.

하지만 지금 시장에 주어진 것들 중 무엇이 그들로 하여금 분통을 터뜨리게 만드는지에 대해서는 얘기해줄 수 있을 것이다. 가끔 고객들의 이런 불만 중에 제대로 충족되지 못했던 고객들의 욕구나 희망사항에 대한 힌트가 숨어 있을 것이다. 이런 힌트들을 끄집어내 새로운 상품의 컨셉트로 창의성 있게 변형하기 위해서는, 현재는 물론 미래 고객들과 그 고객을 대하는 직원들의 말을 경청할 수 있는 훈련이 필요하다. 가끔씩 하는 시장조사만으로는 불충분하다. 기업은 시장에 귀를 기울이는 시스템을 반드시 갖춰야만 한다.

이 시스템은 시장에 존재하는 신선한 정보를 캐어다준다. 그리고 기업의 결정에 도움을 주고, 창조적인 사고활동을 북돋아준다. 이 시스템이 효율적이기 위해서는 공식적 · 비공식적 방법이 모두 필요하다. 고객들과 직접 대화를 나누어보기도 하고, 패턴의 변화를 밝혀줄 자료도 활용해야 한다. 관계 자료는 모든 종업원과 공유하고, 작업 그룹 내부에서의 발견은 적극적으로 토론하고 응용해야 한다.[9]

귀담아 들어야 배울 수 있고, 이것이 바로 혁신의 한 과정이다. 직원들이 고객에 대한 상세한 정보를 갖추고 있고, 무엇인가 새로운 것에 도전하는 것을 꺼리지 않을 때(설사 그것이 현재 그 기업이 시장에 내놓고 있는 것과 경쟁 관계에 있는 것일지라도) 그리고 조직의 장기적인 성공을 위해 매진할 때, 진정한 혁신이 일어날 수 있다. 찰스 슈왑은 적극적으로 혁신을 도모하기 위해 매니저들이 성심성의껏 고객의 말을 경청하도록 하는 한편, 혁신을 시도하는 과정에서의 실패는 다음 같은 조건을 충족한다면 용인해주었다.

- 이 한 번의 실패로 회사가 위험에 빠지진 않을 것.
- 실패에 대비한 합리적인 대비를 취했을 것.
- 실패를 통해 얻을 교훈이 있을 것.[10]

찰스 슈왑에게 있어 위의 사항에 해당하는 실패는 보다 강력한 사업 구축을 위해 필수 불가결한 것으로 인식되었다. 슈왑은 소비자 조사 같은 전통적인 마케팅 리서치 기법들도 적극적으로 사용하지만 일대일 상담을 통해 고객의 소리에 귀를 기울이는 것을 보다 강조하고 있다. 찰스 슈왑의 최고 경영진은 비공식적인 자리를 통해 고객과 직접 마주하는 것에 적극적이다. 그리고 직원들은 매주 다른 도시에서 아이디어와 제안과 관심사들을 귀담아 듣는다.

업계의 이단아

찰스 슈왑은 남들이 한 번도 시도하지 않았던 일을 하고, 또 그런 일을 매우 즐긴다는 점에서 다른 기업과 차별화된다. 이 회사는 고객들의 소리에 귀를 기울이려는 남다른 의지를 갖고 있다. 이 기업 상위 레벨의 전략적인 혁신은 바로 이같은 특성에서 비롯된다.

1980년 찰스 슈왑은 많은 투자자들이 선거 결과를 주시하고 있다고 확신하고 선거 전날 밤새 거래선을 열어두었다. 결과는 매우 극적이었다. 밤새 15,000건의 거래가 성사되었고 이것을 통해 찰스 슈왑은 자사 서비스의 가치를 증대시킬 수 있었다. 공동 CEO인 데이비드 포트럭(David Pottruck)은 이렇게 회고한다.

> "우리는 모험을 했고 다음의 사실을 알아냈습니다. 고객들은 퇴근
> 후 집에 들어와 저녁식사를 마친 뒤, 사생활이 보장된 집 안에서 편
> 안한 마음으로 포트폴리오 거래를 하기 원한다는 거였죠. 그 뒤로
> 우리는 매일 24시간 거래선을 개방했습니다."[11]

찰스 슈왑은 1992년 원소스(OneSource)라는 서비스를 발족시키면서 뮤추얼 펀드에 뛰어들었다. 원소스는 고객들이 슈왑을 통해 800개 이상의 노로드(no-load) 뮤추얼 펀드를 수수료 없이 매매할 수 있도록 한 서비스다. 원소스 이전에 뮤추얼 펀드 고객들은 노로드 펀드를 매수할 때 수수료를 내지 않으려면 여러 거래처에서 일일이 매수하는 수

고를 해야 했고, 편리하게 일괄 매수하려면 수수료를 지불해야만 했다. 이에 슈왑은 고객들이 하나의 거래처에서 수수료 없이 일괄 매수하기를 원한다는 것을 간파하고, 뮤추얼 펀드사들에게 거래 비용을 부담하도록 설득함으로써 원소스 서비스를 만들어냈다. 결국 이 서비스는 1997년 말까지 570억 달러를 벌어들였다.

찰스 슈왑은 1996년 인터넷 거래를 도입하는 등 온라인 거래에서도 선구적인 기업이다. 찰스 슈왑은 고객이 원하는 방식으로 서비스를 받을 수 있도록 배려하고 있다. 고객은 각 지점의 담당자와 직접 혹은 전화 통화를 통해 접촉하거나, 인터넷을 통해 스스로 자료를 수집해 거래를 할 수 있다. 찰스 슈왑의 웹사이트를 통해, 투자자들은 주식과 채권, 뮤추얼 펀드, 옵션 등을 거래할 수 있다. 이들은 자산배분 모형을 활용할 수 있고, 주식시세의 확인은 물론, 투자자 개개인을 위해 업데이트된 정보에 접근할 수도 있다. 또한 특정 기업이나 산업, 투자상품에 대한 방대한 양의 정보를 얻을 수도 있다. 찰스 슈왑은 이 웹사이트를 통해 80개가 넘는 정보제공업체들이 모여 있는 전자정보 채널, 마켓버즈와 수백 개의 뮤추얼 펀드에 대해 실시간 정보를 제공하는 뮤츄얼 펀드 원소스에 접속할 수 있도록 하고 있다.

1998년 찰스 슈왑은 당시 최대 경쟁자였던 PC 파이낸셜 네트워크보다 두 배 이상의 온라인 중개 계좌를 보유하고 있었다. 이 기업은 사이버 거래의 선두를 지키기 위해 정보기술에 대한 엄청난 투자(연매출의 11~14%)를 하고 있으며, 높은 마진으로 제공되어 온 기존의 서비스에 도전하고 있다.

찰스 슈왑의 최고 경영진은 사실상 모든 활동적인 투자자들이 컴퓨터를 사용해서 자신의 투자를 관리할 것이라 믿었다. 찰스 슈왑은 "우리는 늘 인간과 기술을 결합시킬 새로운 방법을 찾아다닙니다"라며

"그것은 우리가 3~4년마다 기술 운용을 완전히 새롭게 변혁시켜야 한다는 것을 의미합니다"라고 덧붙였다.[12]

찰스 슈왑에게 있어 가장 중요한 전략 변화는 투자상담 없는 증권 할인 중개업에서 상담을 제공하는 금융서비스 제공자로의 변신이었다. 찰스 슈왑이 1970~80년대에 실시한 대부분의 소비자 조사는 당시 상당수의 독립적인 투자자들은 유료 투자자문을 원치 않았음을 보여준다. 그러나 1980년대 말이 되면서 투자자문에 대한 관심이 늘어나기 시작했다. 상당수가 주식 투자에 초보자들이던 베이비붐 세대가 퇴직 이후의 생활을 적극적으로 계획하고 싶어하면서 자녀와 노부모에 대한 재정적 책임 사이에서 사회보장 체제의 장기적 안정성에 대해 의문을 제기하기 시작했고, 이에 따라 신뢰할 만한 투자상담을 원했던 것이다.

슈왑은 이 신흥 시장을 휘어잡을 수 있는 매우 유리한 위치에 있었지만, 투자자문을 제공하지 않는다는 오랜 전통은 버려야 했다. 이에 슈왑은 특정 상품을 추천하기보다는 투자자에 대한 교육을 강조함으로써 이런 변화를 완성했다.

찰스 슈왑의 혁신에 대한 열정은 편집증적으로 보일 정도다. "잠시도 마음의 여유를 늦출 수 없습니다. 새로운 기술들이 전통적 우위를 와해시켜 기존의 기업들은 그 어느 때보다도 큰 위험에 직면해 있으니까요. 기존의 기업들은 마치 이제 막 시작한 기업들처럼 생각해야 합니다. 신규 업체에게 질 바에야 차라리 스스로에게 지는 게 낫죠. 설사 인터넷 비즈니스가 우리의 다른 사업분야를 잠식하더라도 최소한 그것도 우리 것이니까요"라고 데이비드 포트럭은 말한다.

지금까지 혁신에 대한 이같은 편집증은 이 회사와 주주들에게 엄청난 수익을 가져다주었다. 1988년과 1997년 사이에만 찰스 슈왑의 주식 가치는 30배 이상 성장했으며 1993년과 1997년 사이 고객 자산의 연평균 성장률만 40%에 달했다. 1997년 말을 기점으로 찰스 슈왑은 3,540억 달러의 고객자산을 보유하고 있으며 1997년 한 해에만 120만 개의 새로운 고객계좌를 개설했다. 찰스 슈왑 총 거래의 40%는 고객들의 온라인 거래를 통해 이루어지고 있다. 1971년에 10만 달러의 여신을 받아 기업을 시작한 찰스 슈왑(Charles Schwab)은 오늘날 억만장자가 되어 있다.

■: 핵심 요약

전략적 집중은 지속적 성공을 가능하게 하는 비결이다. 이 책에서 언급한 샘플기업들은 명확한 가치뿐만 아니라 명확한 전략으로부터 이득을 얻고 있다. 샘플기업들은 자신의 비즈니스를 명확하게 정의하고, 그에 맞춰 일련의 활동들을 수행한다. 그리고 여기서 벗어나는 일은 절대 하지 않는다. 이것이 바로 전략적 집중의 핵심이다.

샘플기업들은 역동적이고 혁신적이며, 자신의 마켓 오퍼의 가치를 드높이고, 경쟁자와의 거리를 벌려 나가기 위해 노력한다. 하지만 이들의 역동성과 혁신은 하나의 물줄기를 타고 있다. 지속적인 고객의 필요에 부응하는 핵심 전략에 집중하고 있는 것이다. 샘플기업들은 무엇을 유지하고, 무엇을 변화시켜야 하는지 잘 알고 있다.

멕시코의 라 빠스(La Paz)에 정박되어 있는 시라이언(Sea Lion) 호에 여행자들이 속속 도착한다. 그들은 여행의 피로로 지쳐 있지만, 한편으론 앞으로의 여행에 대한 기대에 차 있다. 스페셜 엑스페디션스의 시라이언 호는 36개의 선실에 70명의 승객을 수용할 수 있는 규모이다. 그것은 먼 곳까지 나갈 수 있을 정도로 크면서도 더 큰 배들이 닿지 못하는 곳에도 갈 수 있는, 적당한 크기이다.

저녁식사 전에 라운지에서 열린 환영회에서, 승객들은 여행 기간 동안 다른 여행객이나 직원들과의 유대감을 높이기 위해 달도록 된 이름표를 받는다. 여행의 리더인 버드 렌하우젠(Bud Lehnhausen)은 마이크를 들고 자신과 생물학자로 구성된 스태프들, 그리고 시라이언 호의 선장인 질 러셀을 소개하고, 이어 선장은 동료 승무원들을 소개한다. 승무원들은 코르테스 해를 여러 번 탐험했지만, 진정으로 그 지역의 귀한 경험을 승객들과 나누고 싶어하는 것처럼 보인다.

다음날 아침 그들은 라 빠스 해안에서 멀리 떨어진 섬을 찾아간다. 모두들 조디악(Zodiac)이라는 상륙용 주정을 이용해서 섬으로 가는 것이다. 인솔자 중 한 사람인 윌리암 로페즈 포르망은 생물학 박사인데, 매우 활발하고 열정적이다.

멕시코 시민인 그는 이날 조국의 아름다운 자연 경관을 자신의 고객들에게 보여주는 것을 즐기고 있다. 그는 여행객들을 바위 사이로 안내하고, 이따금 멈춰서서 특이한 형태의 바위와 식물, 야생 생물 등에 대해 설명해주면서, 자신의 지식뿐만 아니라 자연의 선물을 즐길 수 있는 기쁨을 나누어준다. 그는 사막에서 오팔을 발견하면 그것을 들고 슈퍼볼 트로피처럼 자랑하면서, "이건 그냥 좋은 게 아니라, 완벽해요!"라고 크게 소리친다. 코르테스 해의 사막으로 된 섬들은 사람의 손길이 거의 닿지 않은, 자연 그대로의 장소이다. 유일한 음향 배경은 바람 소리와 야생동물의 소리, 그리고 파도 소리뿐이다. 여기에 있다는 사실 하나만으로도 흥분되지 않을 수 없다.

시라이언 호로 돌아와서 점심을 먹은 후 사람들은 오후의 세 가지 선택사항, 즉 해변에 있는 바위층에서의 격렬한 등반, 가벼운 해변 산책, 스노클링 중 어떤 것을 할 것인지 결정한다. 리 몰(Lee Moll)이 오후의 등반을 이끈다. 생물학자인 그녀는 1989년부터 스페셜 엑스페디션스에서 일하기 시작했다. 다른 생물학자들처럼 그녀 역시 독립적으로 계약을 맺었다. 그녀는 매년 3월에서 5월까지 스페셜 엑스페디션스에서 일하고, 또다른 회사와도 계약을 맺고 있다. 그녀는 환경보호 관련 학위를 가지고 있고, 주 정부와 연방정부에서 환경에 관한 일을 해왔다.

8명의 여행객들이 몰을 따라 바위로 올라갔다. 그녀는 간간이 쉬면서 사람들로 하여금 주위의 식물들에 관심을 갖도록 했다. 그러나 이 운동은 너무 힘들어서, 여행객들 가운데 몇 명은 다음날 근육통을 느 낄 것이다. 발을 한번 잘못 디디면 미끄러지기 때문에, 등반은 절대적 인 집중력을 요한다. 언덕 위에 서서 저무는 태양 아래로 펼쳐진 바다 의 모습을 바라보는 것은 한마디로 장관이다. 몰을 포함한 누구도 이 곳을 떠나고 싶어하지 않는 것 같다. 어둠이 깔리면 그녀는 여행객들 을 이끌고 조디악이 있는 곳으로 내려온다.

라운지에서는 저녁식사 전에 '재생(Recap)'이라는 이름의 야간 의 식이 펼쳐지는데, 이때 생물학자들은 하루 동안의 경험을 간략히 발표 하게 한다. '재생'은 배움과 즐거움을 위한 기회이고, 생물학자들과 승 객들의 유대를 위한 장이다.

다음 며칠 동안 거친 파도 때문에 선장은 배를 계획된 섬들로 이동 시킬 수 없었다. 그래서 이 기간은 스태프의 창의력을 시험하는 시간 이 되었다. 매일 아침 선장과 여행 리더, 그리고 여행 리더와 생물학자 들 간의 회의를 통해 다양한 유형의 하이킹, 스노클링, 일광욕, 해안에 서 조디악 타기 등과 같은 매력적인 대안들이 나왔다.

조디악 타기에서 의미 있는 일이 있었다. 버드 렌하우젠은 다른 방 문자들이 남겨둔 쓰레기를 줍기 위해 두 번이나 조디악을 멈췄다. 스 페셜 엑스페디션스의 스태프들은 그들의 여행객들에게 방문지가 손상 되지 않도록 하는 것이 얼마나 중요한지를 역설한다. 식물과 바위 표 본들은 원상태로 보존되어야 하고, 쓰레기를 남겨서도 안 된다. 스페 셜 엑스페디션스의 직원들이 다른 방문객들이 버린 쓰레기를 줍는 행 동은 여행객들에게 잊을 수 없는 교훈을 준다.

시라이언 호나 스페셜 엑스페디션스의 다른 배들은 편하기는 하지 만 아주 화려하지는 않다. 거기엔 풀장도, 자정의 뷔페도, 가무단이나 코미디 공연도 없다. 그들이 제공하는 가장 중요한 것은 가장 순수한,

그리고 가장 장엄한 상태의 경이로운 자연이다. 승선한 스태프들은 자연의 축복을 숭배하고, 말과 행동으로 그것을 형상화한다. 아름답고 때묻지 않은 자연의 미묘함을 알려주고 그 미덕을 칭송하는 스승과 그런 장소에 함께 있는 것은 여행자가 오락(entertainment)이라는 말에 사로잡히지 않은 채 완전한 상품 경험을 할 수 있게 한다. 여행자들은 자연과 가깝게 상호작용하고, 그런 경험은 때로 그들의 삶을 바꿔놓기도 한다.

수많은 서비스에서 서비스 수행자와 고객과의 만남이 아주 짧게 지속되는 데 반해, 스페셜 엑스페디션스 서비스의 경우 1주일 혹은 그 이상 만남이 지속된다. 그런 서비스에 대한 정서적·감정적 만족도는 아주 높다. 서비스의 경험적 성격은 규격화된 전달을 배제한다. 서비스 수행자와 여행자는 책상이나 카운터에 의해 분리되는 것이 아니라 아주 가까이 있고, 함께 자연을 탐험하고, 조디악을 타고, 식사를 같이 한다.

'확대된, 정서적인, 친밀한 서비스(extended, affective, intimate service)'라고 명명된[1] 이런 종류의 서비스는 전달하기가 매우 어렵다. 직원들은 밤낮을 가리지 않고 무대에 서게 된다. 그들이 열정을 가장하거나 동작만으로 대충 넘어가려 하면 고객은 곧 알아차린다. 서비스의 교환에 있어 수행자는 상업적인 서비스 제공보다는 우정의 성격을 지닌 방법으로 고객과 관계를 맺어야 한다.[2]

스페셜 엑스페디션스의 스태프들은 매주 12시간 이하의 독립적인 여행을 하면서도 확대된, 정서적인, 친밀한 서비스를 훌륭하게 수행하는데, 이같은 능력은 이 기업의 지속적인 성공의 핵심요소이다. 회사에서 실시한 조사 결과는 그러한 총체적 결과의 힘을 확인해준다. 선임 부사장인 파멜라 핑글톤(Pamela Fingleton)은 승객들의 반응에 대해 다음과 같이 논평한다.

승객들에게 실시한 설문 조사를 보면, 그들이 자신들의 경험을 경이롭게 생각한다는 것을 알 수 있습니다. 그 열쇠는 선상에서 강의를 하는 스태프들이죠. 승객들은 승무원들의 정열에 경외심을 보이고, 그들 자신이 이렇게 즐거울 수 있음에 놀라워합니다. 그들은 또 여행 일정이 세심하게 개발되었음을 알아차립니다. 나는 우리가 제공한 여행이 자신이 낸 돈만큼의 가치가 없다고 말하는 승객을 한 번도 본 일이 없습니다. 우리는 종종 이런 애기를 듣죠. "전에 나는 이 값비싼 여행이 그만한 가치가 있을지 의심했어요. 그러나 이제 그 값을 하고도 남는다는 것을 알게 되었습니다."

스페셜 엑스페디션스를 비롯한 다른 샘플기업들은 한결같이 탁월한 실행(executional excellence)을 강조한다. 그들은 전략뿐만 아니라 실행에도 초점을 맞춘다. 그러나 훌륭한 실행만으로는 충분하지 않다. 기업들은 서비스를 구성하는 행동의 끊임없는 개선을 강조한다. 그리고 그들은 경쟁자들보다 명백하게 나아질 수 있도록 최선의 노력을 기울인다.

이 장에서는 탁월한 실행을 수행할 수 있게 하는 접근법과 수단을 살펴보고자 한다. 앞으로 나올 각각의 장들은 탁월한 실행에 기여하는, 지속적인 성공의 요인들(success sustainer)을 설명한다. 〈그림 1-1〉에 나타난 지속적인 성공요인들은 상호보완적이다. 탁월한 서비스의 지속적인 수행은 많은 요인들을 필요로 한다. 앞으로 남은 이 책의 많은 부분은 탁월한 실행과 밀접하게 관련되어 있다.

적합한 인재를 찾기 위한 경쟁

아무리 뛰어나고 초점이 분명한 전략이라도 실행되지 않으면 아무 소용이 없다. 샘플기업들이 실행을 지원하기 위해 실시하는 가장 중요한 일은 서비스를 수행하는 데 적합한 사람을 기용하는 것이다. 노동집약적 서비스업의 경우, 서비스 수행자의 자질은 고객이 경험하는 서비스의 품질에 있어 절대적인 요소이다. 이 책에서 연구된 기업들도 비범한 인재들 없이는 그들의 전략을 실행하지 못한다. 샘플기업들은 단순히 직원을 고용하는 것이 아니라, 재능 있는 인재를 얻기 위해 경쟁한다.

기업이 찾는 적합한 인물이란 기업에서 성공하고 승진할 수 있는 능력뿐만 아니라 필수적인 덕목까지 갖춘 사람을 의미한다. 샘플기업들은 다양한 배경과 일반적인 가치관을 지닌 유망한 인재를 찾는다. 그들은 조직의 가치에 부합하는 가치관을 지닌 사람을 원한다. 지원자가 아무리 다른 재능이 많다고 해도, 그의 가치관이 기업의 그것과 다르다면 채용은 이루어지지 않는다. 다음의 논평들은 가치관의 일치가 얼마나 중요한가를 보여준다.

- "우리는 마음으로부터 진정으로 고객들을 돌볼 수 있는 사람을 찾습니다."—Tamara McClelland, 미드웨스트 익스프레스의 고객만족 담당 관리자
- "우리 매장 운영자들은 다양한 경력을 가지고 있습니다. 반드시 요식업에 종사했던 사람을 필요로 하는 것은 아니죠. 우리는 가족적이며 근면한 노동관을 가진 사람을 원합니다. 그리고 우리의 보수적인 가족 사업에 적합한 사람을 찾습니다. 우리가 원하는 사람은 당신이 자식

들에게 바라는 모습을 가진 그런 사람입니다." — Huie Woods, 취크
필애의 인적자원 담당 부사장

- "우리는 우리 조직에 친근감을 갖고 있는 사람들을 찾고 있습니다."
  — Jan Elsesser, 커스텀 리서치의 마케팅 담당 부사장

절대로 서두르지 않는다

샘플기업들은 모두 인내심을 갖고 직원을 채용한다. 채용의 결정은
비즈니스 수행의 결정적 요소로 여겨지며, 지원자들은 대개 몇 단계의
선발 심사와 복합적인 면접관의 시험을 통과해야 한다. 샘플기업들의
직원 선발 기준은 매우 까다롭다. 예컨대 미드웨스트 익스프레스는 지
원자의 가치관을 알아보기 위해 면접 과정에서 제약 없는 질문을 한
다. 예를 들면 다음과 같은 질문이 주어진다.

- "당신의 일을 미뤄두고 다른 사람을 도우려 했던 때에 대해 얘기해주
  시겠습니까?"
- "당신이 자랑스럽게 생각하는 시기에 대해 얘기해주시겠습니까?"
- "뭔가 다른 방식으로 일을 처리했다면 좋았을 거라고 생각되는 때가
  있나요?"

이런 요청 뒤엔 "그래서, 어떻게 되었습니까?"라는 질문이 이어진
다. 이 인터뷰를 통과한 사람들만이 직업적 기술에 관한 시험을 치를
수 있는 자격이 주어진다. 해당 분야에서 일하고 있는 직원들도 채용
결정에 참여한다. 1998년에 이 기업은 매달 800명 가량의 지원자 중
50~60명 정도를 채용했다.

커스텀 리서치는 자신이 지원한 직위보다 적어도 두 단계는 올라갈

수 있는 잠재력을 지닌 사람을 찾는다. 인적자원 관리부에서 실시한 시험과 인터뷰를 통과한 지원자들은 해당 업무를 맡고 있는 사람들과 개별 면접을 치르게 된다. 면접 팀원들은 그 사람이 지원한 직위와 관련된 다양한 질문을 하고, 지원자의 답변에 점수를 매긴다. 면접팀은 후에 공식 보고를 위해 다시 만난다. 커스텀 리서치의 전형적인 질문들은 다음과 같다.

- "당신이 정말 좋은 결정을 내렸을 때가 있으면, 그 상황과 당신이 고려한 요인들을 말씀해주시겠습니까?."
- "업무상 어려운 상황을 이겨내야 했을 때 그것을 어떻게 처리했는지 얘기해주시겠습니까?."
- "당신의 중요한 성취에 대해서, 어떤 상황이었고 무엇을 했는지 설명해주시겠습니까?

취크필애 레스토랑을 운영하는 개인들은 회사의 피고용인이 아니라 독립적인 계약자들이다. 그들은 5,000달러(사실상의 보증금으로, 취크필애를 떠날 때 돌려받는다)를 걸고 레스토랑의 순이익을 취크필애와 똑같이 나눠 갖는다. 취크필애는 레스토랑을 열 수 있는 돈을 투자하고, 운영자에게 최소한 30,000달러의 수입을 보장해준다. 8장에서 자세히 나오겠지만, 운영자와의 계약은 너무나 매력적이어서 선정 과정도 매우 엄격하다. 매년 80개의 매장을 여는데, 이때 9,000명의 지원자들이 몰려든다.

취크필애가 찾는 사람은 레스토랑 산업에서 진정으로 일하고 싶어하고, 개점하는 지역에 기반을 가지고 있고, 이전의 직업에서 강한 직업윤리를 보여주었고, 취크필애의 기업 가치에 공감하는 사람이다. 지원자가 답해야 하는 10페이지에 달하는 질문지는 개인적 목표와 직업과 관계된 목표, 이전에 이룬 성취, 선호하는 지역, 그 지역의 인구에 대한 정보 등을 포괄하고 있다.

전화 인터뷰는 가장 유력한 후보자들에게 실시되고, 그들 중 합격한 일부가 본부에서 실시하는 면접에 참가하게 된다. 여기서도 복합적 면접과 테스트가 실시된다. 이것을 통과한 후보자들은 현실을 조금이라도 이해하기 위해 며칠간 취크필애에서 일하게 된다. 취크필애는 이 기간 동안 5~6개의 심층적인 신원증명서를 확보하고 또다른 배경조사를 실시한다. 합격한 지원자에 대해서 회사는 두 번째 본부 면접을 준비하고, 이때는 지원자의 배우자도 초청한다. 이 두 번째 방문에서 지원자는 이전과 다른 면접관들로부터 보다 심층적인 면접을 접하게 된다. 회사는 지원자의 배우자가 이 사업을 하는 것과 매장의 위치에 대해 어떻게 생각하는지도 확인한다.

취크필애의 매장 운영자 선발과정과 같이 엄격하게 진행되는 채용은 거의 없다. 이런 체계적인 선발과정 덕분에 취크필애 매장 운영자의 이직률은 매우 낮고, 회사는 각 매장에 대한 투자의 기대이익을 높일 수 있다. 5~6%라는 취크필애의 연간 이직률은 레스토랑 산업, 특히 퀵서비스 레스토랑에서는 경이적으로 낮은 수치다. 게다가 제품과 서비스의 우월함이라는 이 기업의 전략은 일급 매장 운영자를 필요로 한다. 현장운영 담당 부사장인 팀 타소파울로스(Tim Tassopoulos)는 다음과 같이 말한다.

우리가 탁월한 음식을 만들어내는 이유는 한 가지입니다. 우리는 전보다 확실히 맛있는, 혁신적인 음식을 계속 내놓습니다. 인력 자원이 우리의 또다른 경쟁력이죠. 우리의 성공은 근본적으로 우리의 운영자 시스템에 기반합니다. 우리는 뛰어난 운영자들을 끌어들이고, 그들은 훌륭한 직원들을 끌어오죠. 한 매장의 질은 음식과 거기서 일하는 사람들의 질에 비례합니다. 그리고 전체 체인의 질은 각 매장들의 질에 비례하지요.

22년간 섬유제품 소매업에 종사하다가 1987년부터 텍사스 브라이언-컬리지 스테이션에서 취크필애 운영자로 일해 온 크레이그 홀(Craig Hall)은 여기에 한마디 덧붙인다. "취크필애의 시스템은 5,000달러만 투자하면 운영자가 자기 사업을 운영하고 이익을 나눌 수 있게 해줍니다. 이것은 체인점 영업권을 얻기 위해 25만 달러를 필요로 하는 다른 패스트푸드 체인들과 비교할 때, 수많은 잠재력 있는 사람들을 끌어들일 수 있지요."

실행의 제1법칙

샘플기업들이 보여주는 실행의 제1법칙은 기업의 전략을 수행할 훌륭한 인재를 고용하는 것이다. 미드웨스트 익스프레스, 커스텀 리서치, 취크필애 같은 기업들은 선택의 범위가 넓다. 그들의 명성은 보다 많은 지원자를 이들 회사에 몰리게 만들고, 그 이점을 활용해서 적극적으로 인재를 모색한다. 그들은 높은 목표를 가지고 원하는 사람이 나타날 때까지 찾는다. 그들은 서비스 수행자를 채용하는 것이 브로드웨이 쇼의 배역을 짜는 것과 같다는 컨설턴트 론 젬크(Ron Zemke)의 의견에 동의한다. 그것은 천천히 수행되어야 한다.[3]

샘플기업들이 제공하는 매력 때문에 간혹 아주 끈질긴 지원자가 나오기도 한다. 미드웨스트 익스프레스의 예약 담당자들의 얘기는 그 좋은 예이다. 소냐 윌본은 "나는 미드웨스트 익스프레스에서 일하고 싶어서 3년간 이력서를 보냈어요"라고 말한다. 캐리 엘레이는 "언젠가 지원했을 때 나는 '이번에는 사람을 뽑지 않습니다'라는 말을 들었지요. 그래서 경험을 쌓기 위해 학교로 갔고, 나중에 다시 지원해서 이 회사에 입사했습니다"라고 말한다.

● ● ●
서비스 실행 전의 짧은 회합

서비스는 직접 고객에게 혹은 그의 재산에 대해 수행된다. 전자의 예는 건강 서비스업과 교육이고, 후자의 예는 제품의 수선이나 세탁 같은 것이다. 고객에게 직접 수행되는 서비스는 그것을 수행할 때 고객의 참여가 필요하다. 서비스 수행자는 머리를 자르거나 음식을 제공하는 것, 혹은 노래를 부름으로써 고객과 상호작용한다.

고객에게 직접 봉사하는 일은 긴장되고 힘든 일이다. 서비스 수행자는 수많은 다른 질문들에 대한 답을 듣기를 기대하는 고객의 관점에서, 그리고 아무리 무례한 손님에게도 전문가답고 공손한 서비스를 제공하기를 기대하는 관리자의 관점에서 서비스를 수행하면서 "무대에 서 있어야" 한다. 한편 서비스 수행자는 일을 할 때 고도의 활력을 유지해야 하는데, 그것은 그가 같은 날 수행하는 38번째, 아니 138번째 서비스라고 해도 마찬가지다. 그리고 그것은 고객에게는 아마도 새로운 경험이겠지만, 서비스 수행자에게는 지겨운 일상에 불과하다.

무대에 선다는 것은 정신적 긴장감에 육체적 긴장이 더해진다. 항공기 승무원이나 소매상, 호텔 청소원 같은 서비스 수행자들은 하루의 많은 시간을 서서 일한다. 세인트 폴 세인츠 야구팀의 본부 직원들은 홈게임이 벌어지면 아침 8시 30분에 출근해서 게임이 끝나는 밤 11시경에나 업무를 마친다. 사실상 그들은 하루에 두 가지 일을 하는 셈이다. 아침 8시 30분에서 오후 2시까지 그들은 양복을 입고 사무를 본다. 그리고 얼마간의 휴식을 취한 뒤 오후 5시부터는 팀의 유니폼으로 갈아입고 이번에는 경기장에서 일한다. 세인츠의 지역사회 홍보담당자인 조디 뷸리(Jody Beaulieu)는 "오후에 짬을 내서 잠깐 쉬고 다시 유니폼으로 갈아입는 것이 우리에게 정신적으로 도움을 줍니다"라고 말한다. "우린 지쳐 있고, 평범한 직원에 불과하죠. 그러나 게임이 시작되려 하고 팬들과 선수들이 준비를 하고 있으면, 아드레날린이 샘솟기 시작합니다."

항상 느끼는 정신적·육체적 피로를 즉시 없애는 것은 탁월한 서비스를 지속적으로 제공하는 데 결정적으로 중요하다. 서비스에 투입되기 전에 서비스 실행자들을 모아 회합을 갖는 것은 효과적인 방법이 될 수 있다. 스포츠에서처럼, 서비스라는 무대에 오르기 전의 짧은 회합 시간은 팀원들이 공격 계획을 짜고, 더 넓은 목표를 위해 일하며, 서로에게 헌신할 수 있는 기회를 준다. 또한 서비스 수행자들을 함께 모으는 것은 곧 시작될 무대에 대한 안내를 제공해주고 그것을 위한 에너지를 만들어낸다.

패트리어츠 팀의 투숙

페이퍼 밸리 호텔 청소원들의 아침 회합에서는 미소와 웃음이 끊이지 않는다. 청소원 관리자인 폴라 월터스는 비공식 미팅을 주재하면서 새로 도착하거나 떠날 고객의 수를 살펴보고, 호텔의 특별한 이슈나 이벤트에 대해 논의한다.

이날 전국 풋볼 리그의 뉴잉글랜드 패트리어츠 팀이, 다음날 있을 그린베이 패커스(Green Bay Packers)와의 시합을 위해 이 호텔에 묵기로 되어 있다. 가벼운 농담과 질의 응답을 주고받은 후, 월터스는 각자에게 맡아야 할 방 번호를 알려주고 열쇠를 전해준다. 이들은 새로운 손님이 들어오기 전에 14호실부터 16호실까지 청소를 해두어야 한다.

컨테이너 스토어는 아침 9시에 문을 여는데, 모든 직원들은 15분 전부터 모여 회합을 갖는다. 회합에서는 정보를 공유하고, 스킬을 교육하며, 팀워크를 확고히 하고, 뚜렷한 목표를 심어준다. 늦은 5월 무렵인 이 날, 세일즈 교육 최고 담당자인 일레인 후쿠아(Elaine Fuqua)는 직원들이 '예비 대학생'을 위한 프로모션을 준비하는 것을 도와준다. 그녀는 직원들로 하여금 3분 내에 대학생들이 기숙사에서 필요로 할 물건들을 박스 안에 채워 오도록 시켰다. 그들은 곧 흩어져서 못, 테이프, 벽걸이, 기타 다른 물건들을 가지고 돌아온다.

그녀는 직원들에게 왜 그 물건들이 기숙사 방에서 유용한가를 토론하도록 유도한다. 그런 다음 직원들이 빠뜨린 다른 물건들에 대해서 언급한다. 마지막으로 그녀는 직원들에게 그들이 배운 것을 이날 늦게 온 직원들에게 얘기해주도록 부탁한다. 이런 종류의 연습은 매우 건설적인데다, 직원들도 모두 즐겨 하는 것 같다. 그러고 나서 매장 관리자인 다이앤 히긴스는 어제의 판매 실적을 발표하고 오늘과 그달의 판매 목표에 대해 토론한다. 그녀는 "우리는 앞으로 해야 할 일에 대한 공통의 인식이 있어야 해요. 어떤 일이 닥칠지 모른다면 서비스를 제대로 수행할 수가 없기 때문이죠. 이런 사람들은 어제의 결과만을 마음에 두고 있습니다"라고 말한다. 컨테이너 스토어는 폐점 후에도 아침에 불참한 직원들을 대상으로 이전의 회의를 반복한다.

홈구장 시합의 준비

세인트폴 세인츠 팀의 홈경기는 대개 3~6일간 이어진다. 본사 직원들은 첫 게임 전날 혹은 당일 아침에 모여서 경기전 일정표를 다시 점검한다. 오락, 판촉, 지역 자선행사, 경기 스폰서, 특별 초대손님, 구내 매점, 경기장 운영상태 등이 회의의 주제이다. 6,329명의 팬을 6일 연속으로, 동시에 한 곳에 끌어들이는 서비스를 계획하는 건 대단히 힘든 일이다.

세인트폴 세인츠 팀의 경기는 단순히 야구경기만 보여주는 것이 아니라 다른 많은 부가 서비스를 제공한다. 그들은 음식과 음료는 물론 각 이닝 사이에 그라운드에서 볼거리를 제공하고, 확성 장치를 통해 정보와 오락거리를 전달하며, 라디오로 경기를 중계해준다. 세인츠 팀의 직원들은 팀 선수들처럼 정신적으로 시합에 임할 준비가 되어 있어야 한다.

● ● ● 유형의 증거물 활용

미드웨스트 익스프레스가 '하늘에서 최고의 서비스를 제공한다'는 그들의 핵심 전략을 완수하는 방법 중 하나는, 조심스럽게 결합된 일련의 증거들을 이용하는 것이다. 고객들이 항공 서비스를 경험하는 방식은 치약이나 손목시계, 책 또는 자동차 같은 손으로 만질 수 있는 물건의 경우와는 전혀 다르다. 유형의 재화는 '그게 어떻더라' 하는 평가가 쉽게 회자된다.

무형의 서비스 역시 사람들의 입에 오르내릴 좋은 얘깃거리를 만들고자 하는데, 이것은 서비스에 유형의 재화를 결합시킬 때 가장 쉽게 이루어진다. 항공 서비스는 보거나 만질 수는 없지만, 그것과 관련된 유형의 물건들을 통해 구체적인 경험이 가능하다.

이런 서비스를 가장 잘하는 곳이 미드웨스트 익스프레스이다. 승객이 비행기 안에 들어서고 신문을 고를 것을 권유받는 순간부터, 미드웨스트 익스프레스는 승객의 경험을 위해 일련의 유형의 단서들을 사용하고, 하늘에서 최상의 배려를 제공한다는 것을 증명해 보인다.

탑승하는 승객들은 2개씩 놓여진 가죽 의자를 보게 되는데, 이것은 이코노미 클래스 좌석을 마치 일등석처럼 보이게 한다. 3개의 의자가 붙어 있는 다른 항공사의 이코노미 클래스 좌석에 익숙한 승객들은 비행기가 이륙하기도 전에 벌써 서비스의 차원이 다름을 느끼게 된다. 보다 차별화된 서비스는 기내식에서 확인된다. 도자기 그릇, 탁상용 깔개, 모두에게 지급되는 소금과 후추, 천으로 된 냅킨 등이 제공된다. 음식맛은 매우 뛰어나며, 포도주나 샴페인도 얼마든지 마실 수 있다. 승무원들은 냅킨 하나를 집어갈 때도 접시를 이용한다. 그들은 고급 레스토랑에서 일하는 직원처럼 포도주 병을 잡는 법과 커피 따르는 법을 잘 알고 있다. 점심식사가 끝나면 승무원들은 갓 구워낸 초콜릿 쿠키를 가져다주고, 승객들은 기내에서 고소한 쿠키 냄새가 감도는 것을 즐길 수 있다.

가죽 좌석, 좋은 음식, 쿠키 등은 미드웨스트 익스프레스의 승객들에 대한 배려를 잘 보여주는 근거가 된다. 이와 같이 여러 근거들이 결합되면 더 뛰어난 인지효과를 낼 수 있다. 기억할 만한 유형의 단서들의 조합은 서비스 수행자들의 친절한 태도, 훌륭한 능력과 고객에 대한 반응 등과 결합되어 깊은 신뢰를 가져다준다. 그리고 여기에 여러 가지 구체적 증거들이 더해지면, 일관되고 모두에게 인정받는 이미지가 생겨난다.

카본(Carbone)과 헤켈(Haeckel)은 이것을 위해 두 가지 종류의 단서를 제안한다. 기계적인 것은 사물에 의해 만들어지는 광경, 소리, 맛,

감촉, 냄새 등이다. 인간적인 것은 인간으로부터 나오는 단서들이다.[4]
미드웨스트 익스프레스가 기계적인 것과 인간적인 것을 조절하는 능력은 그들의 서비스 수행을 차별화하고 아름답게 만든다.

이런 방법은 비행이 끝난다고 해서 끝나는 게 아니다. 단골고객 관리를 위해 미드웨스트 익스프레스는 마스터 카드와 파트너 관계를 맺고 있다. 단골 회원들은 미드웨스트 익스프레스 마스터 카드를 사용해서 물건을 구매하면 마일리지를 얻을 수 있다. 매년 미드웨스트 익스프레스는 그들에게 초콜릿 쿠키와 함께 감사의 인사를 전한다. 그러면 수백 명의 고객들이 다음과 같은 감사의 답장을 써 보낸다.

친애하는 미드웨스트 익스프레스

이제 당신들이 주는 맛있는 쿠키를 먹기 위해 비행기를 탈 필요가 없겠네요. 우리는 그저 우편함까지 가기만 하면 되니까요. 그렇지만 우린 늘 미드웨스트를 이용할 겁니다. 그보다 더 나은 항공사는 없으니까요. 당신들이 우리에게 제공한 편의와 편안함에 대해 정말 감사드립니다. 쿠키 보내줘서 고마워요.

조심스럽게 관리된 증거물은 고객뿐만 아니라 서비스 수행자에게도 전달된다. 고객에게 그런 것처럼 서비스 수행자에게도 서비스는 형태가 없는 것이다. 구체적인 근거를 통해서 서비스 본연의 정신적 측면을 전달하는 것은 서비스 수행자가 서비스를 보다 잘 수행할 수 있도록 이끌어주는 역할을 한다.

미드웨스트 익스프레스라도 비행시 유형의 재화 없이 높은 수준의 서비스를 지속적으로 제공할 수는 없을 것이다. 이 기업의 가치지향형 리더십은 매우 강력해서, 기내 서비스는 계속 훌륭하게 이루어진다. 승객들이 일등석 같은 느낌의 좌석에 앉아 있을 때, 서비스의 분위기는 승객들뿐만 아니라 승무원들에게도 영향을 미친다. 예컨대 만일 항공사가 쟁반을 사용하지 않는다면, 승무원은 냅킨을 가져갈 때 쟁반을 사용하는 것을 절대 배울 수 없다.

엔터프라이즈 렌트어카 역시 의도적으로 유형의 증거물을 활용함으로써 고객과 서비스 수행자에 영향을 미친다. 자동차 대여업체에서 고객을 만나는 직원들은 으레 편안한 복장을 한다. 하지만 엔터프라이즈 렌트어카의 직원들은 정반대이다. 남자 직원들은 정장을 하고, 여자 직원들은 드레스를 입거나 스커트에 긴 스타킹을 신는다. 단, 지나치게 비싼 보석은 피한다. 고객들은 자동차 수리 차고로 자신들을 안내하거나 사무실에서 고객을 맞이하는 직원들의 전문가다운 복장에 종종 신선한 충격을 받기도 한다. 직원들의 이같은 모습은 고객들에게 좋은 인상을 남긴다.

엔터프라이즈 렌트어카의 복장 규정에 관한 효과는 매우 크다. 회사의 이런 정책은 대학 졸업자들로 하여금 처음에는 별로 기대하지 않았던 자동차 렌털이라는 업종에 매력을 느끼게 한다. 복장 규정은 직업에 대한 그들의 행동으로 구체화된다.

엔터프라이즈 렌트어카의 달라스 포트워스 지역 부사장인 조앤페라티스 웨버는 다음과 같이 말한다. "우리의 복장 규정은 전문 기업의 이미지를 만들어줍니다. 우리는 단순히 일거리를 찾는 사람보다는 이 분야에서 일하고자 하는 사람을 찾고 있습니다. 정장을 하고 넥타이를 매고 있으면 다른 태도를 갖게 되거든요."

● ● ●
융통성 있는 시스템

한 가족이 밸리 인에 도착해서 투숙하려 한다. 5살짜리 여자아이가 애완용 토끼를 데리고 왔는데, 이 호텔은 애완동물 출입을 금지하고 있다. 여자아이의 아버지가 호텔측의 애완동물 금지 방침에 대해 묻자 그들은 다음과 같이 대답한다. "투숙객의 편안함을 위해 애완동물 출입을 막는 것이 저희 방침입니다. 그러나 이것은 어른을 위한 것이고, 어린아이에게는 적용되지 않습니다."

대부분의 호텔은 이 가족과 토끼를 받아들이지 않았을 것이다. 어떤 독자들은 토끼가 호텔 방에 배설할 수도 있기 때문에, 이 호텔도 그들을 받아들이지 말아야 했다고 주장할지도 모르겠다. 그러나 프런트 데스크의 직원은 이 상황에 대해 숙고하고서, 최대한의 융통성을 발휘했다. 대부분의 제품은 생산된 다음에 구매가 이루어지지만, 서비스는 구매를 한 다음에 제공된다. 사람이 수행하는 것이기 때문에 서비스는 이미 만들어진 물건과 달리 다양한 정도의 융통성을 제공할 수 있다. 밸리 인은 토끼를 데려온 가족의 편의를 위해 자신의 원칙을 수정했고, 그 결과 평생의 고객을 얻었다.

최고의 서비스 기업들은 그들이 판매하는 서비스에 내재된 유연성을 활용할 방법을 찾는다. 그들은 분명한 가치관과 얇은 실행 매뉴얼을 가지고 이것을 성취한다. 그리고 잘 선택되고 준비된, 권한을 부여받은 서비스 수행자와, 융통성 있는 실행을 가능하게 하는 시스템이 여기에 동원된다.

맞춤 서비스

융통성 있는 시스템은 기업이 고객의 요구에 맞는 서비스를 만들어낼 수 있게 해준다. 우선 고객의 안전과 보호, 재정적·법적 이유 등으로 인해 엄격히 따라야 할 서비스의 요소들이 정해진다. 그러고 나면 이런 요소들 주위에 "생각할 줄 아는" 서비스 제공자가 재량으로 활용할 수 있는 여지가 남게 된다. 모든 서비스 수행자가 활용할 수 있는 정보의 풀(pool)을 만드는 것은 맞춤 서비스를 창출해내는 데 큰 도움이 된다.

USAA의 이미지 시스템(Image System)은 세계 최대 규모의 데이터베이스로 300만 명이 넘는 회원이 작성한 각종 문서와 메일을 파일로 저장하고 있다. 일주일 중 가장 바쁜 월요일에는 30,000개의 메일이 도착한다. 오전에 이 시스템으로 보내진 메일은 오후까지 각 회원이름의 전자파일에 입력된다. 11,700여 개의 컴퓨터 단말기에 연결된 이 시스템을 통해 서비스 수행자들은 회원이 질문을 해오거나 보험에 들려고 할 때, 혹은 주소를 바꾸려고 할 때 즉각 회원의 파일에 접근할 수 있다.

USAA의 고객인 군인들은 세계 각지에 퍼져 있고 자주 지역을 옮기지만, 보험 내역을 변경하는 것은 어려운 일이 아니다. 고객은 여러 부서에 다시 문의할 필요가 없다. 한번 서비스 요원과 대화하면 모두 해결된다. USAA의 최고경영자였다가 은퇴한 로버트 맥더머트는 "보통 55가지 절차를 거쳐야 하고, 많은 인력과 2주의 기간이 필요한 일을, 당신과 우리의 서비스 요원은 단 5분간의 통화로 해낼 수 있습니다"라고 말한다.[5] 자동화된 공정과 강력한 정보 시스템을 위해 투자하고, 그런 공정과 시스템을 기술적으로 이용할 재능 있는 인재를 양성함으로써 USAA는 복잡한 서비스를 효과적이고 효율적으로 맞춤화한다. USAA와 그 구성원들은 융통성 있는 시스템을 통해 커다란 이익을 보고 있다.

USAA가 맞춤 서비스를 위해 고도의 기술을 이용하는 것처럼, 밀러 SQA는 1:1 시스템을 이용한다. 밀러 SQA의 1:1 시스템은 제품 카탈로그, 제품·가격 정보, 사무실 시스템 디자인 능력, 주문 과정 등을 결합한 것이며, 이는 대리점 세일즈맨의 노트북 컴퓨터에 저장되어 있다. 밀러 SQA는 대리점 세일즈맨들에게 방대하고 계속 변화하는 지식을 가르치기보다는, 지식을 시스템에 집어넣고 그들이 시스템을 이용하도록 훈련시켰다.

1:1 시스템의 가장 혁신적인 능력은 3차원 이미지를 제공하는 소프트웨어다. 세일즈맨과 고객은 나란히 앉아서 고객의 사무실 가구 배치를 3차원 화면을 통해 디자인하고, 그림을 바꿔보기도 한다. 고객은 반복되는 과정을 통해서 여러 "가구를 시도해볼" 수 있다. 그는 다양한 창틀을 살피거나 가구를 이리저리 옮겨보기도 한다. 고객은 디자인팀의 일원이 된다.

고객과 세일즈맨이 주문에 동의하면, 그 소프트웨어는 3차원 이미지를 제작현장으로 전송하기 위한 분해도(part list)로 전환한다. 고객은 가구설치 기한을 2일 이내, 2주 이내, 2주 이상의 3가지 옵션 중에서 선택할 수 있다.

이 기업은 1:1 시스템을 이용해 3차원 이미지를 보면서 고객과 의사소통을 하고, 생산할 품목의 제품 넘버를 가지고 제조 담당자와 의사소통을 하며, 가구 설치 문서를 가지고 설치기사와 의사소통을 한다. 밀러 SQA의 사장인 게리 반 스프론슨(Gary Van Spronsen)은 "우리의 1:1 시스템은 새로운 형태의 예술입니다"라고 말한다. 정교한 기술은 제품을 효과적으로 고객에게 맞추는 것을 돕는 도구이다.

융통성은 그 자체가 하나의 태도이다. 수표를 가져오지 않았더라도 유크롭스의 고객들은 물건을 집으로 가져갈 수 있다. 판매부서 관리자인 로저 윌리엄스는 다음과 같이 설명한다. "우리는 고객들이 정직하다고 생각합니다. 고객들이 수표를 두고 왔다면, 일단 구매한 물건을 집으로 가져가고 나중에 돈을 내도록 합니다. 이것은 우리와 고객의 유대를 강화시켜줍니다."

램보 구장에서 그린 베이 패커스와 시합을 갖는 대부분의 미국 풋볼 리그 팀들은 경기장에서 30마일이나 떨어져 있는 페이퍼 밸리 호텔에 투숙한다. 이 호텔이 인기를 끌고 있는 주된 이유는 다른 지역의 호텔들이 최소 숙박 일수를 이틀로 정해둔 데 비해 이 호텔은 하루만 묵어도 되기 때문이다. 융통성 있는 태도, 우수한 서비스로 인한 명성, 미리 준비된 마케팅 전략 등은 이 호텔로 하여금 고객들을 끌어들일 수 있게 해주는 원동력이다. 이에 대해 딕 버그스트롬(Dick Bergstrom)은 다음과 같이 말한다.

미국 풋볼 리그 팀을 우리 호텔에 유치하는 것은 직원들에게도 즐거운 일입니다. 그들은 선수들을 손님으로 모시는 걸 좋아하거든요. 우리는 선수들에게 각각의 이름을 적은 편지를 보냅니다. 거기엔 이런 말이 씌어 있죠. '이곳은 잠자리나 음식 모두에 별 4개가 붙은 AAA 등급의 풀 서비스 호텔입니다. 당신의 팀을 모시게 되어 영광입니다. 손님께서 원하는 방식으로 봉사하겠습니다.'

1997년에 다이얼 에이 매트리스사에 스위스로부터 전화 한 통이 걸려왔다. 그 고객은 침구 여섯 세트를 급히 런던에 배달시켜야 했다. 다이얼 에이 매트리스는 런던에 배송 시스템이 없었지만, 즉시 그 주문을 받아들이고는 침구를 항공편으로 보냈다. 대부분의 가구 소매상들은 안 된다고 했을 것이다. 다이얼 에이 매트리스는 고객이 원하는 시간에 매트리스를 고객의 집까지 배달해준다. 40% 정도의 고객은 매트리스를 구입한 당일에 보내달라고 한다. 심지어 어떤 사람은 추가요금을 내더라도 매트리스를 주문한 지 2시간 이내에 받기를 원하는 경우도 있다. 낮에 일하는 사람은 매트리스가 저녁이나 주말에 도착하도록 할 것이다. 이때 고객은 4시간 단위로 아무 때라도 물건을 받는 시간을 선택할 수 있다.

나폴레온 배러건(Napoleon Barragan)은 종종 시카고로 새로 이사온 사람의 이야기를 한다. 그 사람은 가구 없는 아파트로 이사 와서는 두 통의 전화를 걸었다. 하나는 음식점에 돼지갈비를 주문하기 위해서이고, 다른 하나는 매트리스를 주문하려는 것이었다. 그런데 매트리스가 돼지갈비보다 먼저 도착했다고 한다.

다이얼 에이 매트리스의 운송부는 배송 기간 중에 기업과 배송기사, 고객 간의 의사소통을 조율한다. 직원들은 무전기와 호출기를 사용해서 배송기사와 연락할 수 있고, 배송기사들은 각 역을 지날 때마다 운송부와 접촉한다. 그러므로 운송부는 고객에게 배송기사가 좀 늦게 도착할 것인지 알려주거나, 배송기사에게 고객이 좀 늦을 것이라는 정보를 알려줄 수 있다. 매일 아침 6시에서 새벽 1시까지 일하는 동안, 운송부는 배송 지시를 변경하거나 마지막까지 변경되는 사항을 해결해야 한다.

전화로 매트리스를 고르는 것에 대해 걱정하는 고객들은 두 개의 매트리스를 주문해서 더 마음에 드는 것으로 하나만 고를 수도 있다. 또 다른 대안은 고객들이 이 기업의 전시관에 들러 이것저것 살펴본 후에 그중 하나를 고르는 것이다. 융통성 있는 시스템은 다이얼 에이 매트리스의 탁월한 실행에 있어서 핵심요소이다.

상황에 적응할 수 있는 능력

서비스 기업이 겪는 공통적인 어려움은 수요 패턴이 매우 유동적이라는 점이다. 3~4월에는 과중한 업무에 시달리는 반면, 나머지 기간에는 일을 충분히 찾지 못하는 문제가 발생한다. 수요가 들쭉날쭉한 것은 제조업의 경우에도 마찬가지지만, 그들은 만들어 재고로 두면 되는 이점을 갖고 있다.

서비스를 수행하는 기업은 대개 이런 선택의 여지가 없다. 파이오니아 인의 청소원은 한 방을 치우면서 동시에 다른 방을 청소할 수 없다. 취크필애 레스토랑의 모든 주문창구에 손님이 늘어서 있으면, 새로 도착한 고객은 차례를 기다려야만 한다.

이같은 서비스의 성질은 불안정한 수요에 대처하는 것을 어렵게 하지만, 융통성 있는 시스템은 큰 역할을 할 수 있다. 유크롭스는 각 매장이 그 날 필요한 만큼의 인력을 나누어 쓸 수 있도록 하는 창조적 일정조정 프로그램(Creative Scheduling Program)을 개발했다. 한 매장에서 인력이 부족하면, 그들은 다른 매장에서 사람을 빌려 쓸 수 있다. 필요하다면 지원센터의 직원들까지 나와 매장 일을 돕는다.

커스텀 리서치는 특정한 고객 그룹에 팀들을 배정해서 서비스를 수행한다. 이 팀들은 늘 복합적이고 마감 시간이 각각 다른 연구조사를 수행한다. 고객들은 때로는 시급히 끝내야 하는 연구조사를 의뢰 하기도 한다. 그래서 한 팀이 너무 많은 프로젝트를 맡아서 정해진 시간 내에 일을 다 끝내기 힘든 경우가 생길 수 있다. 이런 상황이 발생하면 그 팀은 비상회의를 소집한다. 나머지 다른 팀에서는 한 명의 대표를 비상회의에 참석시켜 그 팀을 돕도록 한다. 마침내 고객은 대개 제 시간에 부탁한 연구 결과를 받아보게 되지만, 이러한 일련의 과정은 고객에게도 투명하게 알려진다.

커스텀 리서치는 또한 보다 비공식적인 방법을 사용한다. 인력을 조정하고 분배하는 일은 때로 이메일을 이용한 간단한 요청을 통해 이루어지기도 한다. 예를 들면 "내가 오늘 2시간 동안 인력을 쓸 수 있으면 좋겠는데"라거나 "난 내일 3시간 정도 시간이 남아요. 누구 도움이 필요한 사람 있어요?" 같은 것이다.

스페셜 엑스페디션스의 생물학자들은 독립적으로 계약한 사람들로, 그들은 회사의 특정한 여행 스태프를 뽑는 인력 풀을 형성한다. 생물학자들은 각자의 관심사에 맞고 시간적으로 참여할 수 있는 계획된 여행을 위해 경쟁적으로 지원한다. 이런 시스템은 스페셜 엑스페디션스로 하여금 능력이 뛰어나지만 시간 제약을 받는 인재들을 활용할 수 있게 해준다. 예컨대 그들은 크리스마스와 여름방학 때만 일할 수 있는 대학 교수들도 활용할 수 있는 것이다. 독립 계약자들을 인력 풀로 활용하는 데 내재된 융통성은 예정된 스태프의 불참이나 고객 수요의 변동으로 인해 생기는 최종 단계의 스태프 교체도 원활하게 이루어지도록 해준다는 점이다.

융통성이 중요한 태도라는 것은 1996년 페이퍼 밸리 호텔의 예에서 잘 드러난다. 일부 직원들이 병에 걸려 호텔이 인력부족을 겪었던 짧은 기간 동안, 관리자들의 배우자들이 자원해서 방 청소를 도왔다. 배우자들의 도움 같은 것은 모든 기업에서 기대할 수 있는 것은 아니지만, 모든 샘플기업들은 그런 반응을 불러일으킬 수 있는 융통성을 갖고 있다.

탁월한 서비스 기업은 융통성 있는 시스템의 필요성을 이해한다. 그들은 인간 본성과 비즈니스를 그저 딱딱한 시스템이 아닌 역동적인 상호작용으로 이해하고 있다. 그들은 직관적으로 '숨겨진' 자원을 끌어내려 하고, 무질서에 대해서 심하게 우려하지 않는다. 사실 융통성을 지닌 기업의 경우, 예기치 못한 상황이 최선의 결과를 가져올 때도 있다. 상세한 업무 규정이 탁월한 실행의 핵심요소는 아니다. 규정보다는 일의 본질을 중시하는 태도가 보다 핵심적이다. 융통성은 문서화된 것이 아니라, 하나의 철학이다.

● ● ● 적극적인 의견 청취

서비스의 실행을 지속적으로 개선하려면 무엇을 개선해야 하는지를 알아야 한다. 또한 이를 위해서는 서비스를 이용하는 고객과 서비스를 수행하는 직원들의 의견에 적극적으로 귀를 기울여야 한다.

적극적인 의견 청취의 한 방법은 고객과 서비스 직원 양측으로부터 체계적인 데이터를 모으는 것이다. 이같은 자료수집으로부터 그들의 인식과 기대성향의 변화를 점검할 수 있다. 다양한 의견수렴 경로들을 활용함으로써 각각의 장점을 강화하고 약점을 보완하는 것도 그 한 방법이다. 그리고 정책 결정자들로 하여금 의견 청취 과정과 문제 해결 과정에 참가하도록 하는 것도 적극적인 의견 청취를 가능하게 하는 방법이다. 이렇게 함으로써 목표 달성의 수단이자 개선의 도구인 행동이 촉진된다.

서비스에 대한 의견 청취 시스템

적극적인 의견 청취는 전략의 개선과 실행의 개선 모두를 자극하고 인도한다. 전략의 개선은 4장에서 이미 다루었기 때문에, 여기서는 실행을 향상시키는 방법에 초점을 맞추기로 한다.

〈표 5-1〉은 내가 A. 파라슈라만(A. Parasuraman)과 같이 만든 것으

표 5-1 서비스에 대한 의견 청취 체계 구축을 위한 조사방법

형태	내용	목적	빈도	한계
거래 조사	서비스에 대한 고객 만족도 조사	서비스를 경험한 지 얼마 되지 않은 고객의 반응을 파악해 부정적 측면이 나타나면 재빨리 조치함	계속	고객의 전반적인 평가보다 그들의 최근 경험에만 초점을 맞춤. 고객이 아닌 사람들은 제외됨
미스터리 쇼핑	서비스의 질을 경험하고 평가하기 위해 조사자가 고객 역할을 함	종업원들에 대한 지도, 훈련, 수행평가 ,인정, 보상 등을 위해 개별 종업원들의 서비스 행동을 조사하기 위한 것. 고객 접촉 서비스의 장단점을 체계적으로 파악	분기별	주관적 평가 개입 가능. 고객보다 조사자들이 더 "재판관 같은" 태도를 취할 수 있음. 비용이 많이 들어 자주 활용하기 어려움. 잘못 사용하면 종업원의 사기를 떨어뜨림
고객의 증가와 감소 조사	왜 고객들이 어떤 기업을 선택하고, 구매를 줄이고, 때로 그 기업을 이용하지 않게 되는지 조사	각각의 서비스 질을 평가하고 고객 충성도 등을 조사	계속	기업이 개별 고객에 대한 서비스 관행을 확인, 검사할 수 있어야 함
초점 집단 인터뷰	8~12명 정도의 소집단에게 특정 주제에 관한 질문을 던짐. 고객이나 고객이 아닌 사람, 종업원 집단 모두에 적용 가능	참가자들이 서비스 개선을 위한 의견을 제시할 수 있는 장을 마련. 서비스의 논쟁점에 대한 빠르고 비공식적인 반응을 수용	필요할 때	집단 인터뷰의 역학관계상 어떤 이슈들이 표면화되지 못할 수도 있음. 여기서 나온 정보는 이해관계가 있는 사람들에게 적용되기 어려움.
고객 자문 위원단	정기적으로 기업에 서비스 수행을 비롯한 문제들에 대해 의견을 내고 조언을 해주도록 선발된 고객 집단	경험 많은 고객으로부터 서비스의 질에 대한 심층적이고 시의적절한 의견과 조언을 얻음	분기별 혹은 반년에 한 번씩	서비스에 대한 고객의 전체적인 평가를 조사하지만, 특정 서비스에 대한 평가를 파악하지 못함
고객의 불만, 요구사항 파악	고객의 불만과 기업에 대한 다른 의견들을 파악, 분류하고, 원인을 추적하는 체계	실수의 교정을 위해 통상적인 서비스 실패를 확임함. 서비스 개선과 고객과의 관계 강화를 위한 소통기회 이용	계속	불만을 가진 고객은 대개 기업에 직접 불평하지 않음. 고객의 불만과 논평에 대한 분석은 서비스 상태에 대한 일면만 보여줌

형태	내용	목적	빈도	한계
서비스에 대한 재고	서비스에 대해 토론하고 평가하기 위해 정기적으로 고객을 방문함. 통상적인 질문, 답변의 데이터베이스화, 고객과의 사후 교류 등으로 구성된 공식적인 과정	대면접촉을 통해 고객의 기대, 기업의 서비스 수행에 대한 인식, 개선의 주안점 등을 확인함. 단순히 과거를 분석하는 것이 아니라 미래에 대한 시각을 얻으려 함	일년 혹은 반년에 한 번씩	시간이 많이 걸리고 비용이 많이 듦. 고객과의 지속적인 관계에 기반하고, 복합적인 서비스를 판매 하는 기업에게 적합
전체 시장 조사	기업의 서비스에 대한 고객의 전체적인 평가를 판단하기 위한 조사. 조사는 외부 고객과 경쟁사의 고객, 즉 전체 시장을 포함시켜야 함	기업의 서비스 수행을 경쟁사와 비교해서 평가함. 서비스 개선의 주안점을 확인하고, 시간에 따른 개선 과정을 추적	분기별 혹은 반년에 한 번씩	서비스에 대해 고객이 전체적인 평가를 조사하지만, 특정 서비스에 대한 평가를 파악하지 못함
서비스 종업원 현장 보고	서비스 쟁점들에 대한 현장 종업원의 정보를 모으고, 범주화하고, 배포하는 공식적인 방법	고객의 서비스 만족도에 대한 정보, 그리고 현장에서 모아진 인식을 경영자층에서도 파악하고 공유하는 것	매달 계속	어떤 종업원들은 다른 종업원들보다 양심적이고 효과적인 보고자가 될 수 있음. 종업원들은 대개 관리자들에게 부정적인 정보를 주지 않으려 함
서비스 종업원 조사	종업원들이 제공하고 받는 서비스와 근무 환경에 대한 조사	내부적인 서비스의 질을 평가함. 종업원들이 서비스 개선의 걸림돌이라 생각하는 문제를 파악. 종업원의 도덕심과 태도를 측정	분기별	종업원에 대한 조사의 강점은 한편으로 약점이 됨. 종업원들은 문제의 근본원인에 대한 통찰을 제공할 수도 있지만, 그들의 해석이 늘 객관적이진 않음
서비스 운영 데이터 확보	서비스 반응시간, 서비스 실패율, 서비스 전달비용 등, 서비스 수행운영의 필수요인들을 파악, 분류하고 원인을 추적함	서비스 수행지표를 점검하고 서비스 수행의 개선을 위한 교정조치를 취함. 서비스 수행운영 자료들을 고객과 종업원의 반응과 연결시킴	계속	서비스 수행 운영의 자료가 서비스에 대한 고객의 인식과 관계 없을 수도 있음. 문제의 원인보다는 내용에 초점이 맞춰짐

*출처 : Leonard L. Berry and A. Parasuraman, "Listening to the Customer-The Concept of Building a Service-Qualiy Information System," Slian Management Review, Spring, pp. 67-68.

로, 기업이 서비스에 대한 의견 청취 시스템을 만들 수 있는 11가지 조사방법을 개괄한 것이다. 어떤 기업도 모든 방법을 한꺼번에 다 쓰지는 않는데, 그것은 너무 많은 정보는 자료의 폭주를 가져오고 의미 있는 통찰을 방해하기 때문이다.

반면 각 방법들은 한계를 지니고 있다. 그래서 복합적인 방법을 사용함으로써 고객이 서비스에서 경험한 것과 종업원이 서비스 수행 과정에서 경험한 것, 그리고 기업이 우선적으로 개선해야 할 것 등에 대한 정확하고 완전한 내용을 얻을 수 있다.

〈표 5-1〉에 포함된 4개의 접근법—거래에 대한 조사, 고객의 불만·논평·요구사항 파악, 전체 시장조사, 서비스 종업원에 대한 조사 —은 서비스에 대한 의견 청취 시스템의 핵심요소라고 할 수 있다. 기업은 이 4가지 조사 방법을 결합하여 사용함으로써 현재의 고객과 경쟁자의 고객, 종업원에 대한 것들을 파악할 수 있다. 또 서비스 시스템에서 종종 실패하는 부분을 제거하고, 특정 업무와 전반적인 서비스 모두에 대한 의견을 얻을 수 있게 된다. 이외에 기업이 추가로 사용할 수 있는 방법이 있다면, 그것은 그 기업이 제공하는 서비스의 특성이나 그들만의 전략, 정보 이용자의 특별한 필요에 따른 것이다.[6]

USAA의 'ECHO'에서 유크롭스의 '헬프라인' 까지

모든 샘플기업들은 실행의 개선을 도모하기 위해 적극적인 의견 청취 방법을 이용한다. 그들은 공식적·비공식적으로 그들의 사업에서 들리는 의견들을 자신들만의 방법으로 듣고 있다. 여기서 몇 가지 방법을 살펴보자.

USAA가 의견을 청취하는 주된 방법은 ECHO(Every Contact Has Opportunity)라는 시스템을 통해서이다. 불만, 칭찬, 제안 등이 포함된 회원들의 의견은 즉시 컴퓨터 데이터베이스에 저장되고 실행 관리자(action agent)에게 전해진다. 실행 관리자들은 문제를 검사하고 즉시 조치를 취하거나 다른 사람에게 조처를 부탁한다. 중요 자료의 경향과 변화에 대한 축약본이 매주 관리자들에게 배포된다.

ECHO는 서비스 시스템에서의 취약점을 즉시 확인한다. USAA의 운영 규모와 회원들의 의견을, 단일화·전산화된 데이터베이스에 저장하는 조치는 즉각적인 대응능력을 만들어낸다. ECHO 관리자인 도나 커비는 이렇게 말한다. "ECHO는 우리가 몇 주 동안 모르고 지냈을 수도 있는 일을 즉각적으로 보여줍니다. 이 시스템은 문제의 명확한 근거를 제시하고, 그러한 명확함은 우리가 재빠른 행동을 할 수 있게 해주죠."

게다가 USAA는 회사에 대한 전반적인 평가를 내리기 위해 1년에 30만 명의 회원들을 대상으로 설문조사를 실시한다. USAA에 요구를 제기한 고객들도 그와 관련된 특정 사안에 대한 설문을 받는다.

커스텀 리서치는 새로운 고객의 주된 기대를 파악하고 거기에 따라 관계를 만들어가기 위해 미리 설문조사를 실시한다. 그들의 핵심적인 질문은 이런 것이다. "지금부터 6개월의 시간이 있다고 할 때, 당신을 행복하게 하기 위해 우리가 할 수 있는 일이 무엇일까요?"

커스텀 리서치는 새로운 고객들에 대한 조사결과를 요약해서 고객들에게 보내고, 그 정보가 정확하고 완벽한지를 묻는다. 어떤 고객들은 프로젝트의 모든 것을 알고 싶어하는 반면, 다른 고객들은 자질구레한 세부사항들 때문에 방해받기를 원치 않는다. 어떤 고객들은 문제에 대해서 알기를 바라지만, 다른 사람들은 단지 해결책만을 원한다. 정보만을 원하는 고객이 있는 반면, 뭔가 추천해주기를 바라는 사람들도 있다. 커스텀 리서치는 각각의 고객 성향에 맞게 서비스를 제공할 수 있게 해주는 중요한 정보들을 모은다.

커스텀 리서치가 고객의 프로젝트 하나를 끝내면, 회계팀은 그 수행의 정확도, 시의적절함, 그에 들어간 예산 등에 대해 자체 평가를 실시한다. 그들은 또 프로젝트에 대한 고객의 만족도를 조사한다. 커스텀 리서치의 운영위원회는 서비스 실행을 평가하고 그것을 개선하기 위해 고객과 프로젝트들로부터 정보를 모은다. 또한 선임 관리자는 해마다 고객과의 인터뷰를 실시해서, 고객관계의 전체적인 상황을 평가하고, 개선의 주안점을 확인하며, 고객이 앞으로 무엇을 필요로 할 것인가에 대한 판단을 내린다.

다나 커머셜 크레디트는 각각의 제품 그룹에 대한 고객의 점수표를 이용한다. 점수표는 서비스에 대한 고객의 기대와 회사의 실행에 대한 반응을 간추려내고, 내부적인 수행 분석을 제공하고, 경쟁력 비교를 기록하고, 장단점과 기회, 위협요소 등을 평가한다. 점수표에 사용된 정보는 현장 영업팀, 고객 및 시장에 대한 조사, 그리고 서비스 과정을 계획하고 평가하는 내부 팀들로부터 나온다. 그 점수표는 다나 커머셜 크레디트에 개선을 가져다준다.

의견 청취를 위한 다나 커머셜 크레디트의 노력에서 또다른 결정적인 요소는 그들이 2년마다 실시하는 직원 설문조사로, 종업원들의 직업 만족도와 복지를 조사하는 것이다. 경영진이 조사 영역을 정하면 기능과 소속이 다른 직원들로 이루어진 팀이 스태너드 앤 어소시에이츠 컨설팅 회사에서 제공한 질문 풀(pool)에서 특정 질문을 고른다. 이때 모든 종업원들이 조사에 참여하고, 컨설턴트는 그 결과를 분석한다. 분석 결과는 종업원들에게 알려지며, 스태너드가 지난 5년간 20만명이 넘는 여러 회사의 종업원들을 대상으로 조사한 결과와 비교된다.

이 조사 결과는 기업 내부의 의사소통과 부서간 협조, 부서들과 제품 그룹을 초월한 협동, 그리고 종업원의 발전 기회 등에서 중요한 개선을 이루어냈다. 스태너드 앤 어소시에이츠의 최고경영자인 스티브 스태너드(Steve Stanard)는 다음과 같이 말한다. "다나 커머셜 크레디트는 외부 고객뿐만 아니라 내부 고객 서비스의 질을 개선하기 위해 집중적인 노력을 해왔습니다. 그 결과 이 회사 종업원들의 만족도는 내가 20년간 조직 심리학자로서 보아 온 어느 경우보다도 극적으로 높아졌습니다."[7]

유크롭스는 전화 상담서비스(Helpline), 의견카드, 이메일 등을 통해 매주 고객들로부터 수백 건의 의견을 받는다. 이들의 비평은 불만, 질문, 제안, 칭찬 등을 담고 있다. 전화상담에서 고객에게 답하는 고객보호센터 직원은 고객들이 전화하도록 만드는 문제를 찾아 해결하려고 노력하는데, 대개 적합한 관리자를 연결시켜준다. 유크롭스의 고객보호센터 관리자인 린다 라푼은 다음과 같이 말한다.

> 제 목표는 고객들의 관심사가 확실하게 처리되도록 하는 것입니다. 우리는 고객들의 기대 이상으로 해내고 싶습니다. 예를 들어, 고객한 분이 케이크 하나를 주문했다가 지불하기로 했던 가격보다 4달러를 더 청구받았을 경우, 우리는 그 손님에게 10달러 상당의 상품권을 줍니다. 때로 고객들은 단지 누군가 얘기를 들어줄 사람이 필요해서 전화를 하는 경우도 있지요. 최근에는 아내와 사별한 한 남자가 요리법을 알기 위해 전화를 걸었더군요. 우리는 고객을 도와줄 수 있는 일이라면 무슨 일이든 할 겁니다.

상담전화를 통해 접수된 고객들의 의견 요약본은 매주 간부회의에 올라온다. 여기에는 각각의 불만사항과 회사측에서 대응한 세부적인 내용이 모두 포함되어 있다. 이런 요약본들은 종종 고객들의 불만 패턴을 보여주어, 그들로 하여금 교정 조치를 취할 수 있게 해준다.

● ● ●
개선의 제도화

적극적인 의견 청취는 서비스의 실행을 개선할 수 있는 기회를 준다. 그러나 실제적인 해결책을 집행할 적절한 수단이 없다면 개선은 실현되지 못할 것이다. 탁월한 실행을 추구하는 기업들은 개선을 운에 맡기지 않는다. 그들은 실천적인 개혁을 자극하고 진행하기 위한 제도적인 장치를 만들어낸다. 이같은 제도적 장치들—위원회, 팀, 공식적 프로그램 등—은 지속적인 개선을 장려하고 촉진한다.

일단 한번 해봐라

다나 커머셜 크레디트의 '일단 한번 해봐라(Just Do It)' 라는 구호는 개선을 위한 아이디어라는 보다 넓은 노력의 일부분이다. 개별 직원들은 매달 두 개의 개선 방안을 제안하거나 수행하도록 요구된다. 특히 그들은 자기와 직접 관련된, 주변 25평방미터 이내의 공정을 계속 개선하도록 기대된다. '일단 한번 해봐라' 라는 방안은 직원들이 일단 자신의 아이디어를 실행해보고, 그 결과를 나중에 타 부문의 사람들과 공유한 뒤, 개선을 위한 아이디어로 제출할지 여부를 결정하는 것이다. 타 부문의 사람들에게도 효과가 있을 만한 아이디어는 관리팀에 보내져 승인 절차를 기다리게 된다.

회사는 직원들의 수행평가와 그에 대한 시상이라는 방법을 통해, 의견 제출에 대한 직원들의 참여도를 파악하고 강화한다. 직원들은 평가

기간이 되면 그들이 그해에 회사의 발전을 위해 내놓은 의견 목록을 적어내야 한다. 이런 의견들이 분야별로 분류된 완전한 기록은 모든 사원들이 볼 수 있도록 공개된다.

1997년에 다나 커머셜 크레디트의 직원들은 총 5,790개, 1인당 10개 정도의 의견을 제출했다. 98%의 직원들이 여기에 참여했고, 의견의 78%가 실행되었다. 품질개선 관리자인 도나 마리 릴리는 이렇게 말한다. "모든 사람이 자기 주변 25평방미터 내에서 관리자가 되는 겁니다. 실제로 그 일을 하는 사람보다 그 일에 대해 잘 아는 사람이 누가 있겠어요? 이것이 이 회사 스타일의 핵심입니다." 특별자산 관리부에서 일하는 바니 숀펠드는 다음과 같이 덧붙인다. "나는 은행에서 일하다가 여기로 왔는데, 직원들 각자가 일에 대한 권한을 부여받고 있었죠. 처음에 나는 일이 통제할 수 없이 제멋대로 돌아간다고 생각했어요. 여기서 당신이 어떤 아이디어를 얻고 싶다면, 경영진이 아니라 실무자에게 가야 합니다."

모든 사람을 참여시키기

1991년 페이퍼 밸리 호텔은 16개 전 부서에 문제해결팀을 만들었다. 이 팀들은 2년 동안 한 달에 두 번씩 만났고, 개선 프로젝트의 80%를 성공적으로 완수했다. 그러나 그 과정은 이상적인 것이 아니었다. 모든 의견이 고객을 돕는 데 초점이 맞춰진 것이 아니었고, 경영진에 의해 의견이 반려되면 팀원들은 의기소침해졌다. 어떤 직원은 자기가 그 과정에서 완전히 소외되었다고 느끼기도 했다.

1993년 한 레스토랑 웨이트리스가 스티브 팅크(Steve Tyink)에게 자신이 팀에 참여할 수 있는지 물었다. 품질개선 분야에서 여러 차례 버그스트롬 호텔 상을 수상했던 팅크는 그녀의 요구를 기록하고서는 지금은 빈자리가 없으니 나중에 자리가 생기면 알려주겠다고 대답했다. "그녀는 나한테 화를 냈죠. 그녀는 여기에 오랫동안 있었고, 좋은 의견도 많이 있다고 하더군요. 그때 나는 우리가 뭔가 잘못하고 있다는 걸 알았습니다"라고 그는 말한다. "우리는 호텔 직원의 100%가 아닌 20%만을 참여시키고 있었던 거예요."[1] 얼마 뒤 그는 원래의 방침을 바꿔 모든 직원들이 문제해결팀에 참여할 수 있도록 조치했다.

한편 '개선을 위한 기회(Opportunity for Improvement)' 라는 방법이 페이퍼 밸리, 밸리 인, 파이오니아 인의 세 개 호텔에 추가로 채택되었다. OFI에도 모든 종업원이 참여할 수 있다. 각 호텔은 2주에 한 번씩 모이는 OFI 팀을 운영한다. 팀 구성원은 모든 부서로부터 선출되며, 제안된 의견들 중 15~30개 정도를 고려한다.

모든 직원들은 OFI 제안카드를 받는데, 이것은 제출용 부분과 보관용 부분으로 구성되어 있다(그림 5-1 참조). 개선 아이디어가 있는 직원들은 제안카드의 칸을 채워서 보내고, 보관용 부분은 요구의 결과를 기록하기 위해 보관한다. OFI 팀은 일주일 내로 그 의견을 파악하고, 한달 내로 그것을 수행하거나 계획을 짜거나 폐기한다. 현재 직원들의 문제해결팀과 OFI 팀은 의견을 장려하고 해결책을 찾는 데 있어 긴밀히 협조하고 있다.

급여나 상여, 혹은 개인의 인격에 대한 문제들은 OFI 프로그램에 적절치 않은 것으로 여겨진다. 이런 문제는 다른 채널을 활용하도록 하고, 다음 미팅에서 그것을 보고해야 할 책임이 있다. 어떤 의견이 채택되면 그것을 제기한 직원의 사진이 호텔 게시판에 붙는다. 이 프로그램은 금전적인 방법으로 참여를 유도하지 않는다. OFI 시스템의 정신은 모든 사람의 생각을 파악하고, 소수의 큰 발견보다는 수많은 작은 성취를 장려하는 데 있다.

그림 5-1 개선을 위한 기회(OFI) 제안카드

OFI

이름 _____

■ 개선을 위한 단계

1. 제안카드의 제출용 부분과 보관용 부분을 기입합니다.
2. 제출용 부분을 절취하여 사원 라운지에 있는 OFI 편지함에 넣습니다.
3. 제출용 부분은 당신 팀의 실행위원을 통해 돌려받게 됩니다. 보관용 부분에 '완료됨', '계획중' 혹은 '기각됨' 이라고 기록하십시오.
4. 완료된 제안카드는 OFI의 데이터베이스에 기록됩니다. (OFI 게시판이나 팀 미팅을 통해서 알 수 있습니다.)

■ 적당하지 않은 제안

(이런 문제에 대한 의견은 다른 방법을 통해서 더 잘 처리될 것입니다.)

* 개인적인 일 * 급여 * 복지혜택

■ 응답 시간

* 일주일은 의견 수신을 확인하는 시간입니다.
* 완결되는 일정은 팀 내에서 정해질 것입니다.

날짜 :	이름 : 날짜 :
수신:	OFI 내용 : _____
내용: _____	_____
_____	_____
_____	_____
최종 조치 :	답변 : _____
완료됨/계획중/기각	_____

OFI에 제출된 수많은 의견들이 최근 몇 년 동안 이행되었다. 1997년에는 564개의 의견이 제출되어 293개가 이행되었고, 연말에 94개가 진행 중이었으며 182개가 기각되었다. 다음에 열거하는 것은 프로그램 도입 이후 이행된 직원들의 의견들 중 아주 일부이다.

- 페이퍼 밸리 호텔의 오처드 레스토랑의 조명을 꽃 모양의 조명으로 바꿔 축제 분위기를 연출하면 좋겠습니다.
- 재떨이에 흰 모래보다 검은 모래를 쓰는 게 어떨까요? 더 깨끗해 보이거든요.
- 룸 서비스에 제공되는 파마산 치즈 꾸러미를 작은 것으로 바꿔야 합니다. 대부분의 고객들은 바구니 안의 치즈를 모두 먹는 일이 없어요.
- 고객 중 당뇨병 환자를 위해 사용한 주사바늘의 처리를 위한 통을 따로 마련합시다.
- 급히 필요한 고객을 위해서 호텔 프런트에서 콘택트렌즈 세척을 할 수 있게 준비하죠.
- 밸리 인은 손님을 방으로 안내하는 로비의 표지를 개선해야 합니다.

좋은 의견을 유포시켜라

취크필애의 현장 스태프는 비즈니스 컨설턴트로 불리는데, 그들은 특정 지역의 취크필애 운영자들과 함께 일하도록 임무가 주어진다. 이들은 레스토랑의 운영 상태를 살피기 위해 일정에 따라 각 지점을 방문하지만, 운영자들을 위한 워크숍을 열고 그들에게 좋은 아이디어를 전파하는 데 더 많은 시간을 보낸다. 취크필애의 웨인 후버는 "우리의 주요 업무 중 하나는 지식을 전달하는 것입니다. 예컨대 버밍햄에서 좋은 아이디어를 발견했다면, 그걸 다른 매장에도 전해주는 거지요"라고 말한다.

컨설턴트들은 취크필애와 레스토랑 운영자들을 이어주는 역할을 한다. 그들이 운영자들을 많이 도와줄수록 취크필애는 더 큰 성공을 거둘 수 있다. 컨설턴트들은 기업 본부에 와서 매장 운영자들의 관심사항과 관점을 전달해주고, 새로운 프로그램을 실행하기 이전에 정교화는 작업을 도와준다. 한 컨설턴트는 "우리는 운영자들이 각자의 목표에 도달할 수 있도록 돕습니다"라고 말한다. 다른 한 사람은 "우리는 한 해에 40~50개의 매장을 방문합니다. 매장 운영자는 한 매장에서만 일하기 때문에, 그들은 넓은 시야를 가진 누군가를 필요로 할 겁니다"라고 말한다. 또다른 컨설턴트는 "우리가 치킨 샌드위치 하나에 대해서 그렇게 열정적일 수 있다는 게 참으로 놀라워요"라고 덧붙인다.

▪▪ 핵심 요약

뛰어난 전략만으로는 지속적인 성공을 이루어낼 수 없다. 고객이 기업으로부터 경험하는 총체적 결과는 실행된 전략이다. 전략을 제대로 실행하지 못하면, 경쟁자들이 공공연하게 전략을 흉내내면서 더 잘 실행하고, 결국 사업을 그들의 것으로 만들어버린다.

탁월한 서비스 기업들은 전략뿐만 아니라 실행에도 초점을 맞춘다. 그들은 지속적으로 서비스 수행의 기준을 높이고, 늘 경쟁자에 대한 우위가 인식될 수 있도록 노력한다. 샘플기업들은 복합적인 방법으로 탁월한 실행을 모색한다. 이 장에서 논의된 방법들 — 적절한 인재를 얻기 위한 경쟁, 업무 시작 전의 회합, 유형의 증거물 활용, 융통성 있는 시스템, 적극적인 의견 청취, 개선의 제도화 — 은 탁월한 실천을 이루어내는 데 필수적인 요소들이다. 이후의 장에서 보여질 성공의 원동력들 또한 탁월한 실행에 기여하는 것들이다.

어느 목요일 아침, 캘리포니아 테크놀러지의 시설담당 매니저 메어리 사전트(Mary Sargent)는 새로 이전할 사무실에 많은 가구를 들여와야 한다는 사실을 알게 되었다. 200명에 달하는 이 회사 창구직원들이 한달 내에 새 사무실로 입주할 예정이었다. 그런데 사전트는 상당한 문제가 있다는 것을 알게 되었다. 한 달 안에 가구들을 모두 설치해야 했지만, 200세트가 넘는 사무 가구를 설치하는데 6~9주 정도의 시간이 소요된다는 게 대다수 가구업자들의 말이었다.

하지만 밀러 SQA만은 다른 대답을 해주었다. 바로 다음날 밀러 SQA의 세일즈담당 직원이 노트북 컴퓨터를 들고 찾아와 사전트가 필요로 하는 가구를 선정하고 디자인하고 예산범위 내에서 주문할 수 있도록 도와주었다. 그리고 설치는 2주 안에 완료되게 해주었다.

세일즈 담당 직원과 고객이 함께 앉아 노트북 컴퓨터의 3차원 입체 이미지를 통해 다양한 사무 가구의 조합을 시도해볼 수 있었다. 컴퓨터 상에서 가구를 이리저리 옮겨보면서 가구 배치에 따른 통행의 흐름을 살피는가 하면, 서랍장 같은 다양한 옵션을 넣어가면서 가격표를 일목요연하게 대조하는 것이다. 그리고 최적의 가격 대비 상품 조합이 나오기까지 이 과정은 여러 차례 반복된다. 최종적으로 색깔과 무늬가 정해지면 세일즈 담당 직원은 전자메일을 이용해 밀러 SQA의 공장으로 주문장을 전송하고, 그 즉시 생산이 시작된다.[1]

다른 사무용품 구매자 역시 메어리 사전트의 경우와 마찬가지일 것이다. 그녀는 넓은 공간을 차지하는 고품격 예술 가구가 아니라 내구성이 강하고 편리하며 깔끔하게 만들어진 사무 가구가 필요했다. 그래서 그녀는 신뢰할 만한 업체를 찾았고 예산범위 내에서 가격을 맞추고 싶어했다. 무엇보다 200개의 가구 세트가 당장에 필요했던 것이다. 즉 밀러 SQA에게 있어 그녀는 완벽한 고객이었고, 그녀에게 밀러 SQA는 완벽한 공급자였다.

이와 같이 밀러 SQA는 메어리 사전트 같은 고객을 위한 가치 공식을 새롭게 쓰면서 사무 가구 업계에서 작은 혁명을 이끌고 있다. 제품들은 견고하게 잘 만들어졌지만 장식은 별로 없다. 그 대신 주문처리 과정은 매우 훌륭해서 구매하기 까다로운 물건인 사무용 가구를 간단하고(Simple), 신속하게(Quick), 그리고 적당한 가격에(Affordable) 살 수 있게 했다.

허만 밀러사의 자회사로서 중고 가구를 보수하거나 판매해서 1992년 한 해에 2,500만 달러밖에 벌어들이지 못하던 기업이 어떻게 5년 뒤에 35%라는 연평균 자산 성장률에 2억 달러의 판매고를 올리면서 빠르게 성장하는 산업의 총아가 될 수 있었을까? 또 오랫동안 허만 밀러의 세일즈 업무를 담당하다 1989년 피닉스 디자인(1995년 밀러 SQA로 개명)의 사장으로 선출된 업계의 이단아, 빅스 노먼(Bix Norman)은 어떻게 허만 밀러라는 조직 내에 자유로운 분위기를 조성해 작은 혁명을 이뤄낼 수 있었을까?

"전략을 만들어내는 책임은 우리 스스로에게 있다고 생각합니다." 노먼의 설명이다. "우리의 사업모델은 판매 방법, 기술, 공장으로의 재료 공급에 이르기까지 모든 부문에 대한 변화를 필요로 하는 것이었습니다. 완전히 통합된 사업모델을 만들고, 다듬고, 증명하기까지 많은 시간이 걸렸습니다. 우리는 자유로운 분위기를 지속시키기 위해 뭔가를 해야 한다는 점을 또렷이 인식하고 있었습니다."

피닉스 디자인의 미래를 책임져야 한다고 생각한 빅스 노먼은 주도 면밀하게 경영진을 구성해 자신의 비전을 실행에 옮기도록 했다. 그는 허락을 구하지 않고 자신만의 목표를 세워 사업부문들을 쇄신해 나갔다. 그리고 지금 그 부문들은 과거 모기업이 누렸던 것의 2배에 달하는 성장을 구가하고 있다. 결과적으로 성공은 밀러 SQA가 외부의 간섭을 물리칠 수 있는 요인이기도 했지만, 처음부터 독자적인 노선이 없었더라면 그러한 성공 또한 불가능했을 것이다. 자신의 운명을 통제할 수 있는 밀러 SQA의 능력은 이 기업의 엄청난 성공에 있어 중요한 요인이었다.

스스로의 운명을 통제할 수 있는 기업은 그들의 사명을 방해하는, 원치 않는 요인들을 최소화한다. 또한 전략적 방향을 잘 선정하고, 그 방향을 향해 방해받지 않고 나아갈 줄 안다. 기업의 진로를 결정하는 것은 경쟁자도, 채권자도, 기관투자자도, 언론도, 정치가도, 납품업자도, 노조도, 사회 활동가도 아닌 바로 그 기업의 경영진인 것이다. 따라서 최고경영자들은 조직의 초점을 고객을 위한 가치 제고에 맞춰야 하며 이러한 초점이 조직의 미래를 보장해줄 수 있다.

기업이 자신의 운명을 통제한다는 것은 독립적으로 활동하는 것을 의미한다. 지속적인 성공을 달성하고 있는 기업들은 자신만의 고유하고 가치 있는 것을 시장에 내놓음으로써 명성을 얻게 된다. 혁신적 활동을 가능하게 하는 독립적인 마인드는 그 고유함과 가치를 잠식하는 요인들을 효과적으로 차단해준다. 이것이 바로 자신의 운명을 통제하는 일의 핵심이다.

이 책에서 언급한 지속적 성공의 또다른 견인력들도 모두 기업이 자신의 운명을 통제하는 데 힘을 보태는 것들이다. 강한 가치와 리더십 그리고 전략적 집중은 그 가운데서도 특히 중요하다. 확신과 용기 그리고 명확한 전략은 기업이 나아갈 방향과 이를 실천할 규율을 이끌어낸다.

기업이 자신의 운명을 통제할 수 있기 위해서는 고객을 중심에 놓을 것을 요구한다. 아래에 있는 미드웨스트 익스프레스의 CEO, 팀 훅스마(Tim Hoeksema)의 말을 천천히 곱씹어보기 바란다. 이것을 여러 번 읽도록 하자. 아래의 글은 자신의 길을 개척하는 방법을 제대로 이해하고 있는 가치지향형 리더의 말이다.

우리는 경쟁자에게 과도하게 집착하지 않으려 노력합니다. 우리는 그들이 무엇을 하고 있는지에 대해서는 분명히 알고 있어야 하지만, 그들이 하는 것을 베껴서는 안 됩니다. 대신 우리는 고객이 원하는 것에 초점을 맞춰야 합니다.

90년대 초반만 해도 대부분의 항공사들은 적자를 내고 있었기 때문에 단순화된 서비스가 점차 주류를 이뤄갔죠. 우리 기업 내부나 외부에 있는 사람들 모두가 우리 역시 이러한 추세를 따라야 한다고 얘기했습니다. 우리는 기내식에 상당히 많은 돈을 지출하고 있었고, 비행기 안의 좌석 수도 타사에 비해 훨씬 적었습니다. 하지만 우리는 경쟁사들을 따라가자는 주변의 압력을 뿌리쳤습니다. 대신, 우리는 고객의 욕구에 초점을 맞췄습니다. 경쟁사를 흉내내기는 쉽지만 장기적으로 볼 때 최선의 방법은 아니죠. 음식의 질을 낮추라는 전화 한 통으로 500만 달러를 아낄 수는 있겠지만 그건 고객들이 원하는 바가 아닙니다. 우리에겐 전략과 비전과 계획이 있습니다. 우리는 우리가 누군지 잘 알고 있어요. 우리는 앞으로도 스스로 내린 결정에 충실할 겁니다.

미드웨스트 익스프레스와 밀러 SQA 그리고 다른 샘플기업들은 독자적인 생각과 행동을 하는 전형적인 기업들이다. 그들은 미래에 대한 스스로의 통제력을 약화시킬 그 어떤 것도 받아들이지 않는다. 그들은 그들만의 방식으로 성공을 추구한다. 비록 그 구체적인 형태는 조금씩 다르지만, 샘플기업들은 모두 자신의 운명을 스스로 결정하는 태도를 갖고 있다.

● ● ●
성장보다 탁월함을 강조하기

많은 기업들은 빠른 성장 속에서 미래에 대한 통제력을 상실하곤 한다. 빠른 성장은 기업의 마켓 오퍼를 약화시키고, 이것은 고객의 경험이라는 총체적 산물에 손상을 입히게 된다. 무분별한 성장은 특히 대인관계를 통해 고객가치를 창출하는 노동집약적 서비스 산업에서 심각한 문제가 될 수 있다.

새로운 종업원과 서비스 전달 매체가 급속히 증가하고 경영진이 자주 교체되면, 새로운 직원을 선발할 때의 세심함이 사라지고, 배우고 강화시켜야 할 기업가치는 약화된다. 그리고 그 기업이 추구해야 할 핵심 전략에 대한 열정이 희석되고 급기야 기업은 뒤처지고 만다. 생활 속에서의 서비스를 판매하는 기업들은 성장으로 인해 그 서비스에 대한 열정이 수그러들지 않도록 주의해야 한다.

샘플기업들은 성장을 누리긴 했지만, 성장보다는 운용상의 탁월함을 우선시했다. 일부 기업들에게는 성장만이 최고의 가치로 받아들여진다. 하지만 샘플기업들에게는 탁월함이 최우선이다. 그리고 바로 이 때문에 그 기업들은 자신의 운명을 통제할 수 있는 힘을 키워갈 수 있는 것이다. 찰스 슈왑이나 엔터프라이즈 렌트어카처럼 가장 빠르게 성장하는 기업조차도 운용상의 탁월함을 강조한다. 두 기업 모두 빠른 성장의 와중에서도 효과적으로 시스템을 정비하고 핵심 가치를 강화시켰다.

찰스 슈왑은 1994년에 10억 달러를 벌어들였고, 1997년에는 20억 달러가 넘는 수익을 올렸다. 일반적으로 이렇게 빠른 성장 속도는 실행 능력을 심각히 감퇴시키기 마련이다. 슈왑 내부적으로도 이러한 혼란이 일어나지 않으리라는 보장이 없었다. 그러나 기업의 가치를 공유하는 사람을 채용하려는 노력과, 세일즈 요원과 고객 간의 갈등을 빚어내던 판매수수료 지급의 중단, '타운 홀 미팅(Town Hall)' 같은 내부적 의사소통에 대한 투자 덕분에 이 기업은 빠른 성장에도 불구하고 조직 내에서 균형 감각을 유지할 수 있었다.

엔터프라이즈 렌트어카는 기업 규모와 점포 수에 있어 1994년 허츠를 추월했으며, 이후 계속해서 그 간격을 벌려 나가고 있는 중이다. 1990년대 초반, 이 회사의 CEO인 앤디 테일러(Andy Taylor)는 고객서비스에 보다 더 집중할 필요성을 느끼고, 이것을 최우선 순위에 두었다. 성장세는 꾸준했고 많은 이윤을 벌어들이고 있었지만 그는 회사가 성장과 실행 능력 사이에서 점차 균형을 잃어가고 있다고 느꼈던 것이다. 그래서 새로운 고객만족 측정 시스템이 도입되었고, 이것은 이 회사 포상제도의 핵심적 부분이 되었다.

테일러는 다음과 같이 얘기한다. "우리는 기업가 정신을 가진 사람들의 연합입니다. 우리들끼리 고객만족을 두고 경쟁하기 시작한 것이죠. 고객만족이 높게 나타나지 않고서는 어떤 승진도 기대하기 어렵습니다."

기업의 운명에 대한 통제력을 상실하지 않기 위해, 최고경영진은 전략을 탁월하게 실행할 수 있는 한도 내에서 성장 속도를 조절해야 한다. 컨테이너 스토어는 1년에 기껏해야 점포 몇 개를 늘릴 뿐이다. 경영진은 진입하고자 하는 시장에서 알맞은 매장 입지를 찾을 때까지 필요하다면 몇 년씩이라도 기다리는 것이다.

팽창을 제한하는 또다른 요인은 컨테이너 스토어를 제대로 이끌 수 있는 지식과 기술, 올바른 가치관을 갖춘 직원들을 신중하게 채용하는 것이다. 공동 소유주인 존 뮬런(John Mullen)은 다음과 같이 설명한다. "신규 점포라면 1년에 10개라도 열 수 있습니다. 그러나 우리는 그러지 않기로 했습니다. 컨테이너 스토어의 품질을 유지해줄 사람을 찾고 교육시키는 것 때문입니다. 그래서 지금까지 1년에 몇 개씩만 새 점포를 열어왔던 것입니다." 인사담당자인 낸시 돈리(Nancy Donley)는 "종업원을 고용하는 일은 우리의 업무 가운데 가장 중요한 부분입니다. 우리는 우리에게 가장 적합한 사람을 찾는 데 많은 시간을 할애하고 있습니다"라고 덧붙인다.

미드웨스트 익스프레스 역시 성장을 통제함으로써 자신의 운명을 통제하고 있는 기업이다. 팀 혹스마는 다음과 같이 설명한다.

우리 회사의 성장이 자금사정 때문에 제한받지는 않습니다. 현재 우리 회사의 장부에는 부채가 없습니다. 그리고 우리는 매년 20% 씩 성장하고 있습니다. 하지만 고객에 대한 집중력과 문화를 잃지 않기 위해서라도 과도한 성장은 억제하고 있습니다. 매년 직원을 50%씩 늘려갈 수는 없는 일이니까요. 우리는 매년, 기존 직원 수의 15% 정도만을 신규 채용합니다.

우리는 새 지점을 열 때마다 직원의 30~50%를 기존 직원들로 구성합니다. 우리는 인적 자원, 기반시설, 시스템 전체가 그 성장에 보조를 맞추도록 노력합니다. 경쟁사인 밸류제트의 연평균 성장률이 150%나 되지만 계속해서 유지하진 못할 겁니다. 빠른 성장은 품질관리나 고객에 대한 집중력, 문화 등을 잃게 하니까요.

성장보다 탁월함을 우위에 두는 것은 비단 미드웨스트 익스프레스 CEO들만의 생각은 아니다. 균형을 유지하면서 회사의 특별한 품질을 유지하는 것은 미드웨스트 익스프레스의 조직 전반에 뿌리 내리고 있으며, 이는 아래에 잘 나타나 있다.

- "다른 항공사들은 '전지전능한 돈'에 초점을 맞추고 있지만 관계 구축에는 소홀하죠. 우리는 서비스 제공에 대해 자부심을 갖고 있고 그것이 다른 모든 것에 우선합니다." ―비행기 승무원
- "성공은 농구 시합에 들어가는 것과 비슷하죠. 시합을 시작하기는 어렵지 않지만 그 시합을 계속해서 이끄는 것은 어렵습니다. 외면적인 전략을 흉내내는 것은 쉽겠지만 우리 직원 그룹 전체의 정신을 따라 하는 것은 쉽지 않을 겁니다." ―조종사
- "그저 많은 사람이 필요하다는 이유 때문에 고용에 있어서 선택을 제

한받고 싶지는 않습니다." — 고객 담당자

- "우리는 고통을 키우길 원치 않습니다. 우리는 팀의 느낌을 유지할 필요가 있습니다. 직원 내부가 '신세대', '구세대' 그룹으로 나눠지는 걸 원치 않으니까요." — 고객담당 이사
- "우리는 반드시 높은 수준의 서비스를 유지해야만 합니다. 고객들은 다양한 선택권을 가지고 있습니다. 다른 항공사들이 제공하지 않는 아주 작은 서비스라도 계속해서 제공해야 합니다." — 조종사

다나 커머셜 크레디트의 CEO, 애드 슐츠(Ed Shultz)는 성장을 위한 성장은 하지 않는다는 확고한 신념을 가진 사람이다. 애드 슐츠에게 있어 질 나쁜 성장은 아예 하지 않느니만 못하다. 그는 다음과 같이 말했다. "사업을 하지 않는다는 것은 받아들일 수 있어도, 엉망으로 사업을 하는 것은 받아들 수 없습니다. 우리는 단지 규모나 성장을 위한 거래는 하지 않습니다. 우리의 자산이 매년 성장할 필요는 없다고 생각합니다. 당신이 무조건 성장해야 한다고 생각한다면 그것은 당신이 하지 말아야 할 것을 하고 있는 것입니다. 좋은 사업이 가능할 때, 그때서야 우리는 덩치를 키울 것입니다. 그렇지 않은 때에는 매년 성장하려고 안달하는 기업들에게 자산을 팔아치우는 것만으로도 충분한 돈을 벌 수 있으니까요."

● ● ●
개인회사처럼 행동하기

본 연구의 놀라운 발견 중 하나는 샘플기업들 중 개인회사(private company)들이 개인회사로서의 지위를 적극 활용한다는 것과, 상장된

주식회사들도 마치 개인회사인 양 행동한다는 것이다. 소유 구조에 관계 없이 샘플기업들은 모두 개인회사처럼 행동하고 있다. 그들은 자신들만의 노선을 만들어 따르고 있었다. 장기적인 안목으로 사업을 구축하며 경제적인 이윤뿐만 아니라 사회적 이윤까지도 만들어내는 것이다. 그리고 이미 언급했던 것처럼 그들은 성장보다는 실행 능력을 더 강조하고 있었다.

샘플기업 가운데 상장된 주식회사의 모든 CEO들은 코카콜라사의 회장이었던 로베르토 고에주에타(Roberto Goizueta)의 말에 동의했다. 그는 기업의 모든 이해관계자(고객, 종업원, 사업 파트너, 지역사회 등)에게 혜택을 주는 방법으로 주식의 가치를 높여야 한다고 말한 바 있다. 그리고 그는 장기적으로 주식을 보유할 주주들(shareholders)—주식을 잠시 보유하는 사람들(shareowners)이 아닌—을 위하는 것이 자신의 의무라고 생각했다.[2]

훌륭한 기업을 만들 수 있는 유일한 길은 내일을 강화시킬 수 있는 일을 바로 오늘 하는 것이다. 이는 매우 간단하고 강력한지만 간과되기 쉬운 아이디어이다. 이를 위해서는 단기간의 재무적 성과와 기업의 미래를 위한 장기적 투자, 고된 여정을 감성적으로 풍부하게 만들어줄 행동들 간의 줄타기에서 균형을 유지하는 능력이 필요하다.

이 책에 소개된 개인회사의 소유주 가운데 일부는 수백만 달러의 외부자금을 끌어 쓰지 않고도 그 줄타기 곡예에서 자신이 선택한 방법으로 페이스를 유지한다. 만약 취크필애를 기업공개한다면 소유주인 캐시 트루엣(Cathy Truett)에게 돌아올 혜택은 어마어마한 것일는지도 모른다. 50년 넘게 매년 이익을 내고 있는 취크필애는 전 세계에서 가장 성공적인 퀵서비스 레스토랑 체인점 가운데 하나이기 때문이다.

하지만 지금까지 이 기업은 외부자금 없이도 훌륭히 성장해왔다.

"사람들은 우리에게 왜 주식시장에 상장하지 않느냐고 묻곤 합니다. 이 질문에 대한 제 대답은 늘 '부디 그러지 않길 바랍니다'입니다." 취크필애의 마케팅 담당 부사장인 스티브 로빈슨(Steve Robinson)의 말이다.

"만약 우리가 외부자금을 사용하는 기업이 된다면 우리는 일요일에 쉬지도 못할 것이며, 수백만 달러의 장학금을 대학에 기부할 수 없게 될지도 모르니까요." 인사담당 부사장인 휴이 우즈도 여기에 동조한다. "만약 우리가 외부자금에 종속된 기업이라면 우리는 지금 우리가 하고 있는 일의 절반도 하고 있지 못할 겁니다."

컨테이너 스토어 역시 수백만 달러의 외부자금을 끌어들일 수 있었지만 여전히 개인회사로 남아 있고, 여기에는 전혀 흔들림이 없다. "우리더러 좀더 원대한 구상을 가지라는 얘기를 수도 없이 듣습니다. 우리가 좀더 성장하지 않으면 우리를 모방하는 경쟁자들에 의해 도태될 것이라는 얘기죠. 하지만 우리는 이런 압력에 굴복하지 않습니다. 자금은 절대로 우리를 제한하는 요인이 될 수 없습니다." 공동 소유주인 가렛 분(Garrett Boone)의 말이다. "우리 기업은 다른 사람이 하자는 대로 다 하진 않습니다."

커스텀 리서치와 엔터프라이즈 렌트어카는 가장 성공적인 개인회사들로서 외부자금을 필요로 하지 않을 만큼 스스로의 길을 온전히 개척해 나가고 있다. 커스텀 리서치의 공동 창업자인 제프 포프(Jeff Pope)는 그와 그의 파트너인 코슨(Corson)의 논리를 아래와 같이 설명했다.

우리는 회사 외부의 사람에게 신경 쓰지 않아도 됩니다. 우리는 장기적으로 긍정적 결과가 나올 것으로 판단되면 주저함 없이 착수할 수 있습니다. 그리고 분기별 이익에 대한 보고서를 써내느라 고생할 필요도 없습니다. 우리는 외부요인으로부터 아무 방해도 받지 않고 처음 택한 우리의 노선에 머무를 수 있습니다.

엔터프라이즈 렌트어카의 CEO, 앤디 테일러(Andy Taylor)도 똑같은 논리를 펼친다. "어려운 결정을 내려야 할 때가 되면, 우리는 무엇이 고객을 위한 것인가, 무엇이 종업원을 위하는 길인가라고 묻습니다. 그런 다음에 결정을 내립니다. 그리고 대체로 그런 결정들은 옳았다는 게 판명되었습니다. 개인회사이기 때문에 우리의 철학에서 벗어나지 않을 수 있고, 외부 요인에 의해 휘둘리지도 않습니다. 덕분에 저는 제 시간을 투자자가 아닌 종업원과 접촉하는 데 더 많이 사용할 수 있습니다."

비록 개인회사로 남는 것이 외부의 간섭을 막아준다고 해도, 독립을 위해서는 상당한 금융자산이 필요하다. 그리고 많은 기업들이 이같은 현금 수요를 충족시키기 위해 외부 투자자에게 기댄다. 물론 주식을 공개했다고 해서 뛰어난 직원을 끌어모으지 못하는 것도, 그들에게 동기를 부여해 탁월한 성과를 일궈내지 못하는 것도 아니다.

리더가 회사를 잘만 이끈다면 어떠한 소유구조 하에 있더라도 최고의 실력을 발휘할 수 있는가? "그렇다"는 것이 미드웨스트 익스프레스, 찰스 슈왑과 같은 상장 주식회사와 밀러 SQA, 다나 커머셜 크레디트 등 상장회사의 계열사들에 대한 연구 결과이다. 물론 이것은 탁월한 리더십이 있어야만 가능한 것이다.

1995년 이후 기업을 공개하고서도 확고하게 자신의 길을 고수하고 있는 미드웨스트 익스프레스는 기업의 성장에 대한 통제력을 유지하는 것이 경영태도이자 경영철학임을 보여주고 있다. 기업공개 후에도 이 기업은 기존의 태도와 철학을 바꾸지 않았다. 외형적 성장에 집착하지도, 매 분기별 경영실적에 골몰하지도 않았다. 그리고 단기 실적을 부풀리기 위해 필요한 투자를 미루지도 않았다.

미드웨스트 익스프레스의 경영진들은 주식 공모를 위한 로드쇼 중에 투자자들을 향해 이 기업은 장기적 안목을 갖고 경영될 것이며 통제되고 안정적인 성장을 지향할 것이라고 충고했다. 그리고 그들은 만약 투자자들이 빠른 성장을 원한다면 다른 회사의 주식을 살 것을 권유했다. "기업을 공개하기 전에 우리가 했던 의사결정들은 적절했습니다. 그리고 오늘날에도 그와 같은 의사결정을 내리고 있습니다"라고 팀 혹스마는 설명한다. 지금껏 탄탄한 기반을 유지하고 있는 이 회사의 재무상태는 어느 누구도 이 회사의 경영에 이론을 제기할 수 없도록 하고 있다.

● ● ●
고객가치 창조의 통제

샘플기업들이 자신의 운명을 통제하는 가장 주된 방법은 품질과 가치에 대한 고객들의 인식에 직접적으로 영향을 주는 과정들을 통제하는 것이다. 밀러 SQA는 독립적인 딜러들을 통해 판매하지만, 딜러가 고객을 대할 때 이 회사의 1:1 지식시스템을 활용하도록 하고 있다. 이렇게 함으로써 모든 판매요원이 회사의 역량을 공유하는 것이다. 1,000명이 넘는 판매요원들의 노트북 속에는 1:1 소프트웨어가 깔려 있다. 밀러 SQA는 이들 세일즈 요원들의 머릿속이 아닌 기술 시스템 안에 가치창조의 지식을 축적해 나감으로써 자신의 길을 지켜가는 것이다.

유크롭스는 뛰어난 품질의 음식과 탁월한 고객서비스 덕분에 강력한 경쟁자들을 제치고 시장에서 주도권을 쥐고 있다. 경영진들은 어떻게 하면 고객을 위해 차별화된 가치를 만들어내고 우연성을 배제할 것인가를 명확하게 이해하고 있다. 비교적 작은 기업이지만 유크롭스는 필요한 스펙의 상품을 자신의 브랜드로 생산할 수 있는 능력을 갖추고 있다. 유크롭스가 제공하는 쇠고기는 직영 농장에서 도축 110일 전부터 고급 사료만을 먹인 소에서 나온 것이다. 이 회사는 온두라스에 새우 어장이 있으며, 커피 원료는 캘리포니아에 있는 계열사로부터 들여온다.

고객들도 유크롭스 상표가 붙은 상품들의 탁월한 품질을 인정한다. 소매 운영 담당 이사인 로저 윌리암스(Roger Williams)는 어째서 유크롭스가 직접 소를 키우기로 결정했는가에 대해 다음과 같이 설명한다. "우리는 유통되는 쇠고기의 품질에 충분히 만족하지 못했습니다. 품질이 일정하지 못했으니까요. 그래서 우리는 계열 농장의 농부들에게 우리의 기준에 맞는 소를 사육하도록 지시했습니다. 우리는 유전자에서 사료까지 모든 과정을 관리합니다. 이 모든 것들이 우리가 경쟁자와 다른 제품을 시장에 선보일 수 있게 하는 것입니다."

유크롭스는 늘 고객을 위한 고유한 선택사양을 찾아다니는 기업이다. 높은 품질의 음식을 생산해내기 위해 센트럴 키친과 센트럴 베이커리에 쏟는 투자와, 생산업자들과 맺는 전략적 제휴는 유크롭스가 자기만의 길을 지켜가려는 의욕을 보여주는 것이다. 유크롭스의 한 매장에서 파는 레몬파이는 다른 지역 매장의 레몬 파이와 똑같은 맛을 가지고 있다. 이것은 모든 레몬파이가 센트럴 베이커리에서 만들어졌기 때문이다.

컨테이너 스토어는 납품업자가 매장에 물건을 직접 보내지 못하도록 하고 있다. 납품업자가 직접 운송하면 상품은 아무 때나 도착할 테고 이것은 직원들의 주의를 분산시켜 고객 서비스를 방해하게 된다. 또한 매장이 문을 연 시간 동안 물품을 들여와 정리하는 것은 고객들에게 좋지 못한 시각적 인상을 남길 것이다.

컨테이너 스토어는 자체 배급센터를 통해 전체 매장의 유통을 관리한다. 새벽 5시에 트럭이 매장에 도착하면 개점하기 전까지 상품들을 내리고 진열한다. 어떠한 사전 작업도 매장이 아닌 배급센터에서 이루어진다. "매장에서는 배급에 관계되는 어떠한 행위도 허용하지 않습니다." CEO인 가렛 분의 말이다. "우리는 매장 직원들이 고객들을 서비스하는 데만 최선을 다해주기 바라니까요."

샘플기업들은 고객가치 창조에 영향을 미치는 것에 대해서는 가능한 한 아웃소싱을 자제한다. 그들은 다른 기업의 손에 기업 운명의 통제권을 맡기기를 거부한다. 미드웨스트 익스프레스와 비슷한 규모의 다른 항공사들은 항공기 정비, 예약, 공항서비스 등을 아웃소싱했지만 미드웨스트 익스프레스는 품질관리를 위해 이 모든 기능들을 직접 관리했다. 미드웨스트 익스프레스는 아웃소싱을 절대적으로 필요한 분야에만 국한시켰다.

아웃소싱에 대해 매우 부정적인 스페셜 엑스페디션스의 운영담당자인 매기 하트(Maggie Hart)는 고객가치 창조를 관리하는 것의 핵심을 다음과 같이 설명한다. "우리에게 아웃소싱은 매우 어려운 일입니다. 우리는 어떤 것에 대한 통제력도 잃고 싶지 않거든요. 그리고 우리를 차별화시키는 것이 무엇인지를 파트너에게 설명한다는 것도 쉽지 않은 일입니다. 우리는 우리가 가는 장소에 대해 아주 잘 이해하려 노력하고 세세한 부분에 대해서까지 고민합니다. 우리는 그곳들을 사랑하고 그 감정을 고객들과 함께 나누고 싶기 때문입니다."

자신과의 경쟁

샘플기업들은 모두 치열한 경쟁에 노출됐지만 진정한 의미에서 그들의 가장 험난한 경쟁상대는 바로 그들 자신이었다. 그들은 늘 현재의 수준을 넘어서고, 기존의 서비스 실행을 개선하며, 이미 있는 것보다는 미래에 가능한 그 무엇을 추구했다.

사실상 샘플기업들은 더욱 앞으로 나아가려 노력했고, 이것은 이 기업들로 하여금 스스로의 운명을 통제하는 데 도움을 주었다. 찰스 슈왑의 데이비드 포트럭(David Pottruck)은 지금까지 단 한 번도 마음이 편했던 적이 없었다고 고백한다. 이는 1997년 6월 그와의 인터뷰에 잘 드러나 있다. "매주 7억 달러의 자산이 늘어납니다. 올해 상반기에만 우리 자산은 2,520억 달러에서 3,030억 달러로 늘어났지만 오늘 아침에만 해도 어째서 더욱 잘하지 못하는가에 대한 회의를 가졌습니다. 이것이 바로 우리 기업문화의 일부입니다."

모든 홈경기의 입장권이 매진되는 세인트폴 세인츠는 시즌 티켓을 원하는 수많은 팬들의 명단을 확보하고 있다. 세인츠는 프로야구를 매우 창의적이면서도 호소력 있는 가족오락으로서 선사한다. 이 기업의 노력은 앞으로도 수그러들 것 같지 않다. "우리는 계속해서 팬들의 충성심을 확보해야 합니다. 그리고 쉴새없이 혁신을 시도해야 하고요"라고 마이크 벡(Mike Veeck)은 말한다.

많은 기업들이 어려움에 처할수록 더욱 공격적이고 혁신적이 된다. 살아남고자 하는 것이 행동을 촉발시키는 것이다. 하지만 샘플기업들의 적극성과 혁신에 대한 지향은 항시적이다. 고객들은 늘 변하기 때문에 기업도 그래야만 한다는 것이 이들의 생각이다. 탁월함이나 혁신과 같은 핵심 가치들은 행동을 요구한다. 훌륭한 기업은 보다 나아지기 위해 부단히 움직인다.

엘파® 수납 시스템의 제작 및 판매, 배달 과정을 개선하려는 컨테이너 스토어의 끊임없는 노력은 모든 샘플기업들이 끊임없이 움직이고 있음을 보여주는 한 예이다. 엘파® 수납 시스템은 강한 철사로 만들어진 선반과 서랍으로 이루어져 있으며 벽에 고정되도록 만들어진 수납장이다. 이 수납장은 각 고객들의 취향과 공간 요구를 수용하기 위해 맞춤형으로 디자인되어 있다.

1990년대 중반 컨테이너 스토어는 상품의 개선을 위해 공급업체 두 곳과 협력한 일이 있다. 당시 엘파® 수납 시스템의 판매가 호조를 보이긴 했지만 고객들이 그 시스템을 직접 설치한다는 것은 쉽지 않았을 뿐더러 디자인의 유연성도 제한되어 있었다. 그리고 다른 매장에서 구입할 수 있는 상품들과 크게 차별화되어 있지도 않았다. 특히 선반은 올리기가 힘들 뿐만 아니라 균형을 맞추기도 어려웠고, 선반의 각 창살은 서로 다른 나사 구멍을 가지고 있었다. 컨테이너 스토어 역시 보다 유연한 디자인을 바라고 있었다.

협력 결과 컨테이너 스토어는 설치와 변형이 쉬운 '이지 행(Easy Hang)' 시스템을 만들어냈다. 이 시스템을 이용할 경우, 고객은 단지 몇 개의 나사 구멍만 뚫으면 되었다. 그리고 서랍은 원하는 위치 어느 곳에나 설치할 수 있었다. 고객들이 가장 꺼리고 힘들어하는 작업이 아주 간단해진 것이다.

그러나 컨테이너 스토어의 엘파® 수납 시스템에 대한 개선 노력은 여기서 멈추지 않았다. 컨테이너 스토어는 매년 크리스마스 이후 6주 동안 엘파® 정기 세일 행사를 개최한다. 이 세일은 컨테이너 스토어의 연중 세일즈 활동 중 가장 큰 규모의 행사로, 크리스마스 시즌만큼의 판매고를 올릴 수 있게 해준다. 이것은 매우 영리한 영업전략인데,

실제로 컨테이너 스토어는 하나가 아닌 두 개의 크리스마스 특수를 누리는 셈이다.

하지만 정기세일 기간의 엘파® 물량이 크기 때문에 창고 저장에 문제가 발생했다. 수납 시스템을 판매하는 것은 저장되어 있는 제조 상품을 파는 것과는 상당히 다르다. 개별 고객의 수납장은 맞춤형으로 디자인되어 있고, 트랙과 선반과 받침대는 고객의 특정한 요구에 맞춘 크기로 절단되어 있다. 50~100개까지 각각의 서로 다른 부품들이 조립되고, 준비되고, 개별적으로 검사되는 것이다.

1996~97년 세일 때는 전반적인 공정을 개선하기 위해 컨테이너 스토어는 매장 뒤편에 절단 전용공간을 마련했다. 1997~98년 세일 때는 검사 장소 역시 매장 뒤편에 마련했다. 이러한 개선은 고객들이 계산대 줄에서 20분 이상씩 발이 묶여가면서 수납장 시스템을 살펴볼 필요가 없도록 했다.

지난 몇 년 동안 컨테이너 스토어의 엘파® 판매는 매년 30% 이상 증가해왔다. 특히 1997~98년에는 컨테이너 스토어 역사상 최고의 판매고를 기록했다. 그러나 1998년 3월, 이 회사는 어떻게 하면 엘파®의 판매를 늘릴 것인지에 대해 끊임없이 회의를 열고 있었다.

:: **핵심 요약**

기업이 스스로의 운명에 대한 통제력을 유지한다는 것은 상당 부분 태도에 관한 문제다. 확고한 의지만 있다면 기업은 자신의 미래를 다른 누군가의 손에 넘길 필요가 없다. 성장의 유혹에 넘어가 업무의 효율성을 해치지 않는다면, 고객을 위한 탁월한 가치창조에만 집중할 수 있다면, 현재보다 더 나아지기 위해 쉬지 않고 노력한다면 그 기업은 자신의 미래를 장악할 수 있다. 이에 대해 커스텀 리서치의 공동 창업자 제프 포프(Jeff Pop)는 이렇게 말한다.

"우리는 우리 자신의 운명을 스스로 결정합니다. 이것은 무엇보다도 마음먹기에 달린 문제죠. 주디와 나는 늘 우리가 최대한 열심히 일하기만 한다면 어떠한 난관이나 장애도 극복할 수 있다고 믿어왔습니다. 우리는 작은 기업이지만 작다고 해서 움츠러들지는 않습니다. 우리는 어떤 일도 해낼 수 있을 만큼 영리합니다. 자신의 운명을 스스로 결정한다는 것은 재치 있게 사는 것과 같습니다. 돈은 다 떨어질 수 있지만 재치는 어떤 상황에서도 고갈되지 않을 수 있습니다."

"팬들은 마법과 같은 존재입니다." 세인트폴 세인츠팀 단장 빌 패닝 (Bill Fanning)의 말이다. "우리의 임무는 팬들에게 재미있고 친밀한 분위기를 제공해, 그들이 소속감을 느낄 수 있도록 하는 것입니다. 우리는 팬들이 이기건 지건 간에 얼굴에 웃음을 띤 채 경기장을 떠나기를 바랍니다."

세인트폴 세인츠 팬들은 자신의 팀을 높이 평가하는데, 그것은 이팀이 팬들을 소중하게 여기기 때문이다. 경기 티켓과 주차, 매점, 팀 관련 캐릭터 상품의 값은 합리적이다. 그리고 가족단위 팬들을 위한 오락거리를 끊임없이 제공한다. 게임 자체는 이들이 내놓는 마켓 오퍼 (market offer)의 일부에 불과하다. 구장 휴게실에 전시된 예술품, 입구에서의 밴드 연주, 입장할 때 비눗방울을 팬들에게 뿌려주는 기계, 게임 전 경기장에서의 사인회, 확성기를 통해 전체 과정을 지휘하는 아나운서의 목소리, 팬들에게 목 마사지를 해주는 요원들, 심판에게 공과 물을 가져다주는 마스코트 돼지, 매 게임에 부여된 특별한 주제 등이 그들의 패키지에 포함되어 있다. 지금까지 세인츠 최고의 행사 주제 중 하나는 7월의 할로윈이었다. 그들은 가장 멋진 옷을 입은 팬에게 상을 수여하고, 어린이들에게는 사탕을 나눠주었다. 할로윈을 위해서 지역의 흉가를 관리하는 세인트폴 JCs(St. Paul JCs)가 운동장을 장식했고, 경기장에서 할로윈 음악까지 연주했다.

세인트폴 세인츠는 신뢰를 바탕으로 관계를 구축한 좋은 예이다. 그들은 새로운 경기장 건설과 같은 팬들에게 영향을 줄 수 있는 중요한 결정을 내릴 때 그들에게 발언권을 주고, 팬들이 시간과 돈을 투자한 만큼 그들에게 많은 것을 제공해준다. 구체적인 업태로서 프로야구를 선택했을 뿐, 결국 가족오락 산업에 몸담고 있는 이 기업은 신뢰를 바탕으로 한 관계를 통해 성공을 거두고 있다.

신뢰를 바탕으로 한 관계는 지속적인 성공을 거두고 있는 샘플기업들의 주요 특징 중 하나다. 어떤 특정한 경험들이 그 자체로 따로 떨어진 것이 아니라 과거의 경험에서 발전했고 미래에도 계속될 것이라고 생각한다면, 관계란 존재할 수밖에 없다.[1] 반대로 불연속적인 업무 비용과 이익에 대한 평가는 과거의 경험이나 앞으로의 일에 관계없이 개별적으로 이루어진다.

관계는 미래의 고객, 미래의 종업원, 미래의 파트너 등 미래와의 연결 고리이기 때문에 기업에게 매우 중요하다. 종업원과의 관계, 그리고 납품업자나 독립적인 매장 관리자와 같은 비즈니스 파트너와의 관계는 기업이 고객과의 관계를 만들어내는 데 도움을 준다. 관계는 강하면 강할수록 쉽게 끝나지 않는다. 관계에 가치가 스며들면 그것은 더욱 공고해진다. 나아가 그러한 관계는 기업이 자신의 운명을 통제하는 데 도움을 줄 뿐만 아니라 기업의 수명을 연장시킨다.

신뢰는 종업원과의 관계, 비즈니스 파트너와의 관계 설정에 있어서도 똑같이 중요하다. 고객과 마찬가지로 종업원 역시 자신이 믿지 않는 기업은 버린다. 보다 심각한 것은, 실제로는 직장에 남아 있지만 마음이 완전히 떠난 경우이다.

기업은 고객에게 하는 것처럼 종업원에게도 약속을 한다. 다나 커머셜 크레디트가 직원들에게 그들의 보너스가 엄격하게 회사에 대한 기여에 의거해서 지급될 것이라고 약속하는 것은 다이얼 에이 매트리스가 당장 침대를 필요로 하는 고객에게 침구세트가 그날 안에 도착할 것이라고 약속하는 것만큼이나 진지한 것이다.

약속을 지키는 것은 또한 비즈니스 동반자 관계에서 핵심적인 부분이다. 철스 슈왑과 연결된 5,000명 이상의 독립된 금융 어드바이저들은 찰스 슈왑이 믿을 만한 후방 지원과 괜찮은 금융 상품들을 제공해 줄 것이라고 믿는다. 슈왑 역시 이 어드바이저들이 도덕적이고 효과적인 방법으로 고객에게 봉사하고, 슈왑의 방식대로 일해줄 것으로 믿고 있다. 상호신뢰가 없으면 동반자 관계는 성립될 수 없다.

이 장은 〈그림 7-1〉에 제시된 모델을 중심으로 설명한다. 기업의 경쟁력과 공정함에 대한 인정은 모든 관계 형성의 근간이 되는 신뢰감에 직접적으로 영향을 준다. 또한 기업이 종업원, 비즈니스 파트너와 맺는 관계는 기업-고객 관계에 영향을 미친다. 이런 관계 속에서 신뢰가 커지면 커질수록 관계에 대한 헌신도 더욱 높아진다.

● ● ●
인정된 경쟁력

나와 내 동료 파라슈라만(A. Parasuraman)과 발레리 자이사믈

그림 7-1 신뢰를 바탕으로 한 관계 모형

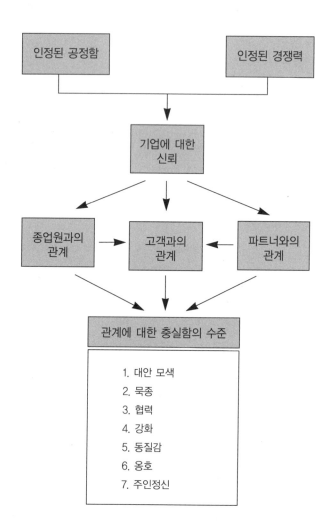

* 이 모델의 요인들은 다음 글에서 영향을 받은 것이다. Robert M. Morgan과 Shelby D. Hunt의 "The Commitment -Trust Theory of Relationship Markering," *Journal of Marketing*, July, 1994, pp. 20-38. 그리고 Neeli Bendapudi와 Leonard L. Berry, "Customer Motivations for Maintaining Relationships with Service Providers," *Journal of Retailing*, Spring, 1997, pp. 15-37.

(Valarie Zeithaml)이 수행한 일련의 연구에 따르면, 고객들이 서비스의 질을 판단하는 가장 중요한 잣대는 서비스가 믿을 만하냐 하는 것이었다. 이같은 연구 결과는 자동차 보험, 은행업, 소매업, 컴퓨터 부품산업, 제품 수리, 보증 중개업 등 다양한 서비스 업종에 대한 분석을 통해 얻어진 것이다.[2]

이 연구를 통해 우리는 서비스 기업의 경쟁력이 고객의 신뢰를 확보하는 데 관건이 된다는 것을 알았다. 무형의 재화를 구입하는 데 내재된 위험은 믿을 수 있는 서비스를 통해 고객의 신뢰를 얻고 있는 기업에게는 오히려 경쟁우위를 가져다준다.

다른 연구자들도 신뢰 형성에 있어 기업의 경쟁력이 중요한 역할을 한다는 것을 밝힌 바 있다. 스미스(Smith)와 바클레이(Barclay)는 공동 판매 파트너 관계를 형성하는 데 있어 3가지 요인, 즉 성격, 업무 경쟁력, 판단력이 핵심적인 역할을 한다고 주장했다.[3] 무어맨(Moorman)과 잘트만(Zaltman)은 마케팅 조사 서비스 이용에 관한 연구에서 조사자의 전문적 기술이 고객의 신뢰를 얻는 중요한 요소임을 보여주었다.[4] 크로스비(Crosby), 에반스(Evans)는 보험 판매인의 경쟁력이 고객 신뢰의 중요한 척도임을 보여주었고[5], 도니(Doney)와 캐넌(Cannon)은 바이어가 납품업체와 그들 자신의 판매요원에 대해 가지는 신뢰에 관한 연구에서 그와 비슷한 결론을 얻었다.[6]

그러나 고객이 서비스의 경쟁력을 쉽게 가늠할 수 있는 것은 아니다. 키브니(Keaveney)는 왜 고객이 서비스 제공자를 바꾸는가에 대한 연구로 상을 받았는데, 그녀에 따르면 연구대상 중 44%가 서비스의 중요한 실패가 고객 외면의 주된 원인이었다. 서비스의 중요한 실패에는 실수와 서비스와 관련된 기술적인 문제가 포함되어 있었다.[7]

서비스의 신뢰를 쌓는 데는 특별한 위험들이 도사리고 있다. 대부분의 상품이 생산 후에 유통되어 팔리고 사용되는 반면, 대부분의 서비스는 우선 팔리고 난 후에 생산되고 소비된다. 재화를 사는 고객들은 그 물건이 생산되는 공장을 방문할 일이 거의 없지만, 서비스는 많은 경우 고객이 서비스가 만들어지는 과정을 목격한다. 제트여객기, 유람선, 소매업소, 호텔, 보건소, 레스토랑 등은 서비스 공장이라 할 수 있다. 고객이 이런 시설들에 있으면서 서비스 과정에 참여하기 때문에 서비스의 실수는 고객에게 노출될 수 있고, 고객에게 즉각적인 느낌을 전달한다.

게다가 고객의 참여가 필요한 서비스를 제공하는 기업들은 고객과 가까이 있어야 한다. 이 말은 곧 그들이 성장을 원한다면 다수의 공장을 보유해야 함을 의미한다. 유크롭스는 훌륭한 슈퍼마켓 체인이지만, 고객들이 주 경계선을 넘어서까지 찾아가려고 할 정도로 엄청난 건 아니다. 세인트폴 세인츠를 제외한 모든 샘플기업들은 여러 서비스 공장의 서비스의 질을 관리하고 경쟁력을 보여주어야 한다.

서비스의 경쟁력을 지속적으로 보여주는 데 있어 가장 큰 문제는 많은 서비스가 노동집약적이라는 점이다. 인간은 기계보다 훨씬 가변적인 서비스를 전달한다. 이것이 인간이 처한 현실이다. 서비스를 전달하는 사람들은 서비스에 대한 태도와 기술에 있어 서로 차이를 보일 뿐만 아니라 똑같은 서비스 제공자라도 특정 고객의 태도, 서비스에 요구되는 복잡성, 육체적 피로, 개인적 문제 등의 이유로 고객에 따라 다른 수준의 서비스를 제공할 수 있다. 요컨대 노동집약적 서비스는 가장 실패하기 쉬운 취약점을 지닌 셈이다.[8]

방금 묘사된 상황은 공통적이다. 많은 기업들이 고객들이 방문하는 복수의 서비스 공장에서 노동집약적 서비스를 제공하고 있다. 경쟁력 있는 서비스를 쉽게 찾을 수 없다는 것을 알기 때문에 고객들은 그런 경쟁력을 발견하면 꼭 잡으려고 한다. 서비스 경쟁력은 기업이 약속을 지킬 것이라는 고객의 믿음을 공고히 해준다.

서비스 경쟁력은 종업원과 파트너의 기업에 대한 신뢰에도 영향을 미친다. 서비스 일선에 있는 종업원들은 기업과 고객을 연결하는 사람들이다. 그들은 서비스가 실패했을 때는 고객의 실망이나 분노를 견뎌내야 한다. 그들은 기업 내의 다른 사람이 그 원인을 제공했다고 해도 자기가 문제를 해결해야 하는 상황도 종종 맞게 된다. 이런 서비스 제공자의 현실은, 경쟁력 있는 기업에서 일하는 것이 그렇지 못한 기업에서 일하는 것보다 쉽고 만족스럽다고 느끼게 한다.

비즈니스 파트너들 역시 기업의 경쟁력에 영향을 받는다. 무능력은 양자가 의지하는 동반자 관계의 파멸을 불러올 수 있다. 다이얼 에이 매트리스는 고객들에게 당일 배달 보장제를 실시한 이후 사업을 상당히 강화했다. 당시 배송체계는 그것을 감당할 수 없었기 때문에 회사 간부들은 사주인 나폴레온 배러건이 제정신이 아니라고 생각했다. 그러나 그가 구상한 방법은 독립적인 트럭 회사와 제휴하여 배달체계를 자체 설계하는 것이었다. 이것은 트럭 회사와 다이얼 에이 매트리스 간에 상당 수준의 신뢰 구축을 필요로 하는 것이다.

다이얼 에이 매트리스와 제휴한 4개의 배송사들은 처음에는 1대의 트럭으로 일을 시작했는데, 지금은 모두 10대가 넘는 트럭을 쓰고 있다. 배송사들은 다이얼 에이 매트리스가 판매에 성공하리라 믿고 있으며, 다이얼 에이 매트리스는 배송사들이 침구들을 약속된 시간에, 고객에게 편리한 방법으로 배달해주리라 믿고 있는 것이다.

이런 체제는 경쟁력과 파트너들 사이의 신뢰관계가 없으면 불가능하다. 실제로 고객들과 마주치는 다이얼 에이 매트리스의 유일한 대표자는 다이얼 에이 매트리스의 직원이 아닌 배송기사이다.

인정된 공정함

사람들은 중요한 결정을 내리기 전에 종종 "상대방이 약속을 지킬수 있을까?", "상대방이 약속을 지키려 할까?"라는 두 가지를 자문하곤 한다. 마케팅 리서치를 대행해줄 회사를 찾는 기업, 마케팅 리서치회사에 취업을 고려 중인 장래의 직원, 리서치 기업과의 전략적 제휴를 고려하고 있는 장래의 비즈니스 파트너 등 3자 모두에게 위의 두 질문은 핵심적인 것이다.

첫 번째 질문은 경쟁력에 관한 것이며, 두 번째 질문은 공정함에 관한 것이다. 경쟁력과 공정함은 직접적으로 신뢰에 기여하고, 신뢰는충성심으로 이어진다. 신뢰는 위험과 취약성을 상쇄하기 때문에, 모든의미 있는 관계의 기반이 된다.

기업의 공정함은 그 기업이 얼마만큼 공정하게 행동하는지에 대한개개인의 인식을 말한다. 그간 공정함은 소비자나 종업원, 또는 비즈니스 파트너와 관계된 주제로서는 별로 부각되지 않았다. 공정함에 대한 인식—긍정적이든 부정적이든—은 다음 두 가지 상황 하에서 두드러지게 나타난다. 첫째, 개인이 스스로 취약한 상태에 있다고 느끼고, 둘째, 기업의 행위가 공정 혹은 불공정에 대한 인식을 자극할 때이다. 이미 언급했다시피 서비스와 고용, 파트너십에 있어 약속의 역할이 중요하다는 사실은, 다른 한편 이들의 취약성을 보여주는 것이기도 하다. 무형성(intangibility)은 구매의 위험을 배가한다.

개인은 정보와 전문성, 자유로움, 의지할 만한 대상이 없을 때 스스로 취약하다고 느낀다. 공정함이 문제가 될 경우는, 기업의 행위가 공정함에 대한 개인의 기대나 일반적인 기준들을 깨뜨렸을 때이다. 이 기준들은 정의에 대한 사회심리학자들의 용어 규정을 참고하면 보다 쉽게 이해할 수 있다.

- 분배상의 정의는 어떤 결정에 따른 특정한 결과에 관한 문제다.
- 절차상의 정의는 어떤 결과를 야기한 결정의 과정과, 그 과정에서 개인들을 어떻게 다루었는가에 관한 문제다.[9]

〈표 7-1〉에 요약된 정의의 범주들은 고객, 종업원, 비즈니스 파트너가 공정함에 대해 가지는 인식과 연결되어 있다. 분배 혹은 절차상의 정의가 훼손될 가능성은 늘 잠재되어 있다. 서비스가 불공정하다는 인식은 커다란 잘못 때문에 생기는 것만은 아니다. 그리고 다음의 세 가지 상황은 고객의 반응을 더욱 격렬하게 만들 수 있다. 심각한 결과(잘못의 대가가 큰 경우), 문제의 재발(과거에도 똑같은 문제가 생겼었던 경우), 통제 가능한 행위(다분히 의도적인 행위였을 경우)[10]가 그것이다.

공정함이 문제가 될 때, 개인들은 종종 즉각적이고 격렬하게, 그러면서도 지속적인 방식으로 대응한다. 불공정 행위 하나가 관계를 영원히 깨뜨릴 수도 있다. 반대로, 공정한 행위는 매우 두드러지고 오랫동안 기억될 수 있으며, 그로 인해 신뢰를 바탕으로 한 관계가 정착될 수 있다. 어린 소녀에게 애완용 토끼를 호텔 방에 데리고 들어가도록 허락했던 밸리 인의 경우를 떠올려보자. 토끼를 호텔에 데리고 들어올 수 있도록 허락한 것은 특별한 상황 하에서 내려진 결정이었고, 매우 현명한 판단이었다. 어린 소녀의 아버지는 그 지역 기업의 간부였고, 그때 이후 수많은 직원들이나 손님들이 필요할 때 그 호텔을 이용하게 했다.

공정함은 법규의 엄격한 적용을 뜻하는 것이 아니다. 이 점은 1997년 62개 미국 기업에 대한 컨퍼런스 위원회의 조사를 통해서도 알 수

표 7-1 **정의의 범주와 원칙**

정의의 범주	원칙	
분배의 정의 (결정, 혹은 분배에 따른 결과)	· 등가성	참가자들에게 거래에 기여한 만큼 보상
	· 동등함	참가자들이 결과에 대해 똑같은 권리를 가짐
	· 필요성	참가자들에게 필요에 따라 보상
절차의 정의 (결과를 야기한 결정 과정이나 체계)	· 일관성	전 기간의 모든 과정에 걸쳐 똑같이 처신
	· 편견의 억제	이기심의 배제
	· 정확성	정보 오류의 최소화
	· 교정 가능성	결정에 대한 항의와 결과 번복의 허용
	· 대표성	모든 소집단의 뜻을 반영하는 가치
	· 도덕성	도덕적 가치와 합치

* 출처: Kathleen Seider and Leonard L. Berry, "Service, Fairness: What It is and Why It Matters," Academy of Management Executive, May, pp. 8-20.

있다. 이 연구에서, 경영에 대한 불신과 낮은 사기가 종업원과 경영층 사이의 관계에 가장 심각한 영향을 주는 요인으로 꼽혔다.[11]

14개 기업에서 250명 이상을 인터뷰하면서 나는 경영 불신의 흔적을 발견하지 못했다. 이 기업들은 엄격한 법규의 적용보다는 높은 행동 규범을 통해 운영되고 있었고, 이것이 불신을 없애준다. 일의 경중을 막론하고 모든 결정은 공정함과 신뢰의 원칙에서 이루어진다.

미드웨스트 익스프레스가 1995년 기업공개를 할 때, 100만 달러 상당의 주식을 연공서열에 따라 직원들에게 나눠준 것은 법적 의무에서가 아니라 최고경영자 팀 혹스마(Tim Hoeksema)의 주장에 따른 것이었다. 주식을 직원들에게 분배하는 원칙은 최고경영자나 다른 고위 관리자들에게도 똑같이 적용되었다. 미드웨스트 익스프레스의 임원 댄 스위니(Dan Sweeney)는 직원들에게 주식을 나눠준 것을 이 기업의 전환점으로 생각하고 있다. "직원들의 고된 노동에 의해 우리가 여기까지 올 수 있었다는 것이 경영진의 생각이었습니다."

기업에 대한 신뢰

한 기업의 진정한 힘은 그들이 고객, 직원, 비즈니스 파트너, 그리고 다른 이해관계자들과 맺고 있는 관계의 탄탄함에 의해 측정될 수 있다. 관계의 탄탄함은 이해관계자들이 기업과 관계를 맺는 기간과 그 질에 관계된다. 모든 기업의 목표는 자원을 조직하고 이용해서 기업 자신과 이해관계자들을 위한 부가가치를 만들어내는 것이다. 기업에 수익을 가져다주는 고객, 노동을 제공하는 종업원, 금융자원을 중개해주는 금융기관, 원료와 장비를 공급해주는 회사들 같은 이해관계자들의 협력이 없다면, 기업은 가치 창출이라는 그들의 목표를 실현하지도 못할 것이고, 결국 살아남지도 못할 것이다.

신뢰는 기업이 이해관계자들을 위한 부가가치를 만들어내는 데 있어 자원을 효과적으로 조직하고 이용할 수 있게 하는 접착제 구실을 한다. 남들이 믿어주지 않으면 살아남을 수조차 없는 기업들에게 신뢰라는 보이지 않는 힘은 엄청난 위력을 지닌다. 물론 기업들은 계약서로 신뢰를 대체할 수 있다. 그러나 계약은 신뢰만큼 이해관계자들의 충성과 참여를 이끌어낼 수 없다. 계약서는 의무와 제약을 열거하지만, 신뢰는 헌신을 이끌어낸다. 계약서는 법 적용의 문제지만, 신뢰는 마음의 문제다.

모건(Morgan)과 헌트(Hunt)는 이렇게 쓴 바 있다. "신뢰는 거래 당사자들이 상대방을 믿을 만하고 정직한 사람이라고 확신할 때에 비로소 싹트는 것이다."[12] 무어맨(Moorman)과 잘트만(Zaltman)도 신뢰에 대해 비슷한 견해를 피력한다. 그들은 신뢰를 "자신의 파트너에게 기꺼이 의지하려는 것"이라고 본다.[13] 이같은 해석은 신뢰를 "어떤 이의 말을 항상 믿을 만하다고 여기게 되는 일반화된 기대(generalized expectancy)"라고 정의한 로터(Rotter)의 견해와 잘 들어맞는다.[14]

신뢰는 확신이다. 상대방을 신뢰한다는 것은 그 상대방이 명시적 혹은 암묵적 약속을 지킬 능력과 의지가 있다고 확신하는 것을 말한다. 이 책에서 연구된 기업들은 신뢰를 통해 그들의 성공을 유지한다. 신뢰는 그들의 가장 엄청난 무기일지도 모른다. 이들은 주요 이해관계 집단들과 지속적이고 탄탄한 관계를 만들어온, 높은 신뢰도를 지닌 기업들이다. 관계의 강도는 상호 이익과 주고받음, 개방적이고 정직하며 빈번한 의사소통, 그리고 가치관의 일치에서 나온다. 좋은 의도는 의심받을 리 없다.

서비스와 고용, 파트너십의 본질적인 무형성은 신뢰를 바탕으로 한 관계의 중요성을 부각시킨다. 신뢰할 만한 기업은 불확실성과 취약성을 감소시키기 때문이다.

신뢰의 중요한 이점은 관용이다. 내 동료들과 나는 서비스의 질에 대한 고객의 기대에 두 가지 수준이 있음을 발견했다. 그것은 바로 '바

그림 7-2 **관용의 영역**

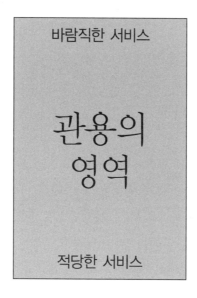

람직한(desired)'것과 '적당한(adequate)'것이다. 바람직한 수준은 고객이 서비스에 대해서 '가능하다'고 생각하는 것과 '이렇게 되어야 한다'고 생각하는 것이 혼합된 것이다. 적당한 수준은 고객이 받아들일 수 있는 최저 수준의 비스를 말한다. 서비스에 대한 이 두 개의 기대수준을 분리하는 것이 〈그림 7-2〉에 그려진 관용의 영역(zone of tolerance)이다. 관용의 영역 위쪽은 뛰어난 수준으로 만족의 영역에 속하고, 그 아래쪽은 받아들일 수 없는 수준이다.

관용의 영역은 고객에 따라, 혹은 같은 고객이라도 각각의 거래마다 다양하게 나타난다.[15] 신뢰는 고객, 종업원, 파트너들 간의 관용 영역의 크기를 결정하는 데 있어 중심적인 역할을 한다. 신뢰의 강화는 실수에 대한 관용을 증대시킨다. 신뢰하는 상대편의 실수나 실패는 단순한 착오로 여겨질 가능성이 더 많다. 신뢰는 상대방의 호의를 쌓아, 어려운 일을 당했을 때 재건과 회복, 재시도의 기회를 부여받을 수 있게 해준다.

종업원과의 관계

서비스를 수행하는 행위가 곧 상품인 서비스 기업들은 그 수행자(종업원)들을 신뢰하고 그들의 신뢰를 받기 위해 기꺼이 투자해야 한다. 종업원들과 신뢰에 바탕을 둔 관계를 맺지 못한 노동집약적 서비스 기업은, 고객과도 그런 관계를 만들 수 없다. 종업원의 행위가 곧 기업의 상품인 서비스 기업에서, 기업-종업원의 관계는 기업-고객의 관계에 영향을 미치기 때문이다.

높은 이직률은 기업의 관계 마케팅(relationship marketing)에 방해가 된다. 지나치게 높은 이직률은 기업과 개인적 관계를 발전시키려는 고객의 노력을 무시하는 것이다. 그 경우 고객들은 매번 다른 서비스 종업원과 대면해야 하기 때문이다. 게다가 직원들이 떠나면 투자에 대한 보상을 얻지 못하므로, 이직률이 높을 경우 기업은 직원들의 기술이나 지식 발전에 투자하는 것을 꺼린다.

종업원들에 대한 투자가 부족하면 그들은 기술이 부족하고 탁월한 서비스를 제공할 심정적 준비가 안 된 상태에 놓이게 되고, 그러면 그들은 회사를 그만두거나 파면당한다. 높은 이직률이 더 많은 투자에 방해가 된다. 경험이 없고 준비가 안 된 새로운 종업원들에 의해 서비스의 질과 고객 유치가 엉망이 되기 때문에 이익 가능성은 적어지고, 이것은 직원들의 성공을 위해 투자할 자원을 더 줄게 된다. 높은 이

직률은 슐레징거(Schlesinger)와 헤스킷(Heskett)이 말한 '실패의 순환'의 주범이다.[16]

고객과의 관계 구축에 있어 직원들의 이직률보다 더 파괴적인 영향을 주는 것은 자리에 남아 있지만 심정적으로는 마음이 떠난 직원들이다. 서비스는 감정(emotional) 노동이다.[17] 서비스를 탁월하게 수행하기 위해서는, 의견을 경청하고 서로 돕고 돌보는 과정이 필요하다. 또 실망과 피로, 고객의 부적절한 행동 등이 한바탕 휩쓸고 지나가더라도 매일 매일 높은 수준의 서비스를 수행할 것이 요구된다. 개인의 리더십, 그리고 모든 방법이 막혀 있을 때 고객을 돕기 위해 위험을 무릅쓰고 길을 찾는 정신도 필요하다.

다나 커머셜 크레디트의 CEO, 에드 슐츠(Ed Shultz)는 서비스 비즈니스에 있어 신뢰를 바탕으로 한 종업원들과의 관계 구축이 절대적으로 필요하다는 것을 잘 알고 있다.

> 나는 다나 커머셜 크레디트를 한 가정처럼 운영합니다. 전혀 차이가 없어요. 우리는 750명의 직원이 있습니다. 사실 그들 대부분이 한 가정의 가장이지요. 그들은 정당하게 대우받을 권리가 있고, 배려를 받을 자격이 있습니다. 내 스스로 그렇게 대해주려고 노력합니다. 만약 당신이 어떤 단기적 이익을 얻기 위해 부당하게 행동하고 다른 사람의 경력에 해를 입힌다면, 당신은 신뢰를 잃을 겁니다. 그리고 당신이 주변 사람들과 신뢰감 있는 관계를 만들지 못한다면, 그들은 (당신을 위해) 모험을 하지 않을 것입니다.

산드라 로빈슨(Sandra Robinson) 교수는 고용자가 약속을 지키지 않는 데 대한 종업원들의 인식이 기업에 대한 그들의 기여도에 끼치는 영향을 연구했다. 그녀는 2년 6개월 동안 비즈니스 스쿨 졸업자의 집단을 세 차례에 걸쳐 조사했다. 그녀는 종업원의 신뢰를 깬 기업에서는 종업원들이 기여하는 바가 더 적다는 것과, 출발부터 기업에 대해 높은 신뢰도를 가진 직원들은 그렇지 못한 직원들에 비해 처음 1년간 배신감을 훨씬 적게 느낀다는 것을 발견했다. 이 연구는 종업원들이 처음에 가진 신뢰감이 신뢰가 깨지는 데 대한 그들의 반응에 어떤 영향을 주었는가도 분석했다. 신뢰가 명백하게 깨졌음을 느꼈을 때, 처음부터 낮은 신뢰도를 가졌던 종업원들이 높은 신뢰도를 가졌던 종업원들보다 훨씬 큰 배신감을 경험하는 것으로 나타났다.[18] 로빈슨 교수의 이같은 발견은 앞에서 제안한 관용의 영역 효과와 일맥상통한다.

샘플기업들은 자신을 믿을 만한 대상으로 만드는 데 상당한 주의를 기울임으로써, 신뢰를 바탕으로 한 관계를 발전시켜왔다. 다나 커머셜 크레디트의 에드 슐츠는 여기에 대해 이렇게 말한다. "당신은 당신과 관련된 사람들에게 당신이 정직하다는 것을 확신시켜야 합니다. 그리고 그렇게 하는 가장 좋은 방법은 정직한 사람이 되는 것입니다." 그 크기를 막론하고 샘플기업들은 대가족처럼 행동한다. 가족적 행동 양식은 샘플기업 내부의 신뢰를 쌓는 기초가 되고 있다.

가족 모임

건전한 가족의 구성원들은 정기적으로 모여 서로 소식을 교환하고, 마음을 나누고, 축하하고, 문제를 해결하고, 위로하고, 돕고, 즐긴다. 건전한 조직의 구성원들도 마찬가지이다.

엔터프라이즈 렌트어카는 1년에 한 번씩 매니저들의 모임을 갖는데, 이 모임은 공식 회의이기도 하면서 연회이기도 하다. 이 모임의 목적은 기업의 문화와 가치, 가족의식을 강화하는 데 있다. 오너인 잭테일러와 앤디 테일러는 직원들과 악수를 하기 위해 전 연회장을 걸어서 돌아다닌다. 그들은 1997년 3,300명의 참석자와 악수를 했다. 취크필애는 레스토랑 운영자들과 본부의 풀타임 직원, 그들의 배우자들을 위해 4일간의 모임을 매년 열고 그 비용을 모두 부담한다. 축하, 최고 직원에 대한 시상, 연간 사업방향 설정, 기업 가치관의 강화 등이 모임의 주된 목적이다.

찰스 슈왑은 매년 여는 '타운 홀(Town Hall) 미팅' 때 모든 직원들을 초청한다. 고위 관리자들은 회사의 방향에 대해 토론하고, 기업의 가치를 강화하며, 각종 질문에 대답한다. 모임은 몇 달 동안 3~6개도시에서 열린다. 직원들은 직접 참석하기도 하고, 위성 비디오나 화상전화를 통해 참여하기도 한다. 수석 부사장 마크 톰슨은 "찰스 슈왑에서의 인간관계는 가치의 공유를 통해 만들어진다고 믿습니다"라고 말한다. "얼굴을 맞댄 만남은 우리 기업의 가치를 영구히 지속하는 강력한 방법이죠."

유크롭스는 매년 창업자인 조와 재클린 유크롭의 농장에서 동업자들을 위한 피크닉 행사를 연다. 이 행사는 정말 가족적인 분위기에서 치뤄진다. 종업원들은 배우자, 아이들, 조부모, 고모나 삼촌 등을 데려오고, 1997년에는 5,400명의 사람들이 참가했다. 피크닉에 온 사람들은 소프트볼, 배구, 테니스, 골프 등을 즐긴다. 밴드가 음악을 연주하고, 아이들은 게임을 한다. 고객과 납품업체의 인정을 받아 상을 받은 이들의 퍼레이드가 펼쳐진다. 피크닉은 즐거운 축제이며 기억할 만한 가족모임이다. 인사담당 매니저 셰럴 조지(Cheryl George)는 이렇게 설명한다. "우리의 창업자인 유크롭 부부는 천막 안에 앉아서 모든 조합원들에게 인사를 하지요. 제임스와 보비 유크롭 역시 모두와 악수를 합니다. 모든 조합원과 그 가족들이 모여 같이 기도하고 식사하는 장면을 그려보면 될 겁니다."

유크롭스는 또 1년에 4~6차례에 걸쳐 매니저들을 한 자리에 모아 리더십, 비즈니스, 개인적인 문제 등에 대해서 토론하는 원탁회의를 개최한다. 이때 140명 이상의 매니저들이 이 모임에 참여하는데, 이들은 한 명의 사회자가 배정된 작은 그룹들로 편성된다. 평소 업무 성격상 서로간에 영향을 줄 일이 없는 사람들이 한 그룹으로 배정받는다. 소매 운영관리 책임자인 짐 블랙웰(Jim Blackwell)은 유크롭스에서 30년 이상을 일해왔다. 그는 특히 기억에 남는 원탁회의를 이렇게 회상한다.

> 자기가 제일 좋아하는 어린시절의 영웅과, 그 까닭을 쓰라고 하더군요. 모든 사람이 거기에 대해 얘기하고 그 영웅이 기여한 바를 말하는 걸 듣는 것은 재미있었습니다. 그것은 우리로 하여금 모든 것이 단순하던 시절로 돌아갈 수 있게 해줬죠. 그리고 나서 우리는 어린시절의 가장 소중한 추억에 대해서 얘기했습니다. 이것은 방 안의 모든 사람들이 가까워질 수 있게 만듭니다. 그래서 의견의 불일치가 생길 때도 서로를 더 잘 이해할 수 있죠. 그것은 전체와의 연결고리를 강화시켜주고 팀의 결속력을 증대시켜줍니다.

미드웨스트 익스프레스의 팀 미팅에는 '체크 인(Check-In)'이라고 하는 시간이 있다. 참가자들은 스트레스를 받는 일이나 그들이 몰두하는 개인적 이슈들을 함께 나눈다. 이 모임은 상호이해, 동지의식, 팀워크, 그리고 신뢰를 증대시킨다.

1997년 스페셜 엑스페디션스는 관리직과 현장 근무자들의 리더십을 위해서 3일간의 특별 워크숍을 열었다. 이들은 늘 배를 타고 세계를 돌기 때문에 서로 만나서 의견을 나누기란 쉽지 않다. 그러나 1997년 말, 회사는 워싱턴 주에서 가족모임을 열었다. 이 기업은 에콰도르인 파트너와 함께 갈라파고스 섬 여행 같은 새로운 시장에 뛰어들고, 골프 투어와 같은 새로운 개념을 시험하고 있었다. 그들은 다른 배들보다 큰, 110명의 승객을 태울 수 있는 '칼레도아닌 스타(Caledoanin Star)' 라는 배를 새로 구입했다. 그러자 현장에서는 회사가 본래의 사명을 잊어버린 것 같다는 걱정이 늘어갔다.

스페셜 엑스페디션스의 환경문제 감독관 톰 오브라이언(Tom O' Brien)은 오너인 스벤 올로프-린드블라드에게 모임을 제안했고, 그도 거기에 협조적이었다. 스페셜 엑스페디션스 '가족' 인 경영진, 여행 지도자, 생물학자, 선장들이 모임에 참가했다. 참가자들은 각자 자신을 소개하고 맡은 일을 설명했다. 이때 현장 스태프들의 독창성과 동료의식은 너무나 분명하게 나타났다. "그건 한 시간 반 동안의 마술 같았습니다" 라고 오브라이언은 말한다.

다음날 아침 스벤 올로프-린드블라드는 스페셜 엑스페디션스의 자세한 역사와 탐사여행 사업에 대해 설명하고, 회사와 사업의 미래에 대해 토론했다. 이것 역시 중요한 순간이었다. 오브라이언은 "모두들 스벤이 자기들과 같은 곳에서 출발했다는 걸 알았습니다. 그들은 회사가 믿을 만한 사람의 지도 하에 있다는 것을 깨달았습니다" 라고 덧붙인다. 마지막날 밤 스태프들 중 몇몇이 작별의 노래를 만들었다.

오브라이언에 따르면 이것은 "영원히 스페셜 엑스페디션스의 문화의 부분이 될, 참으로 중요한 결속의 순간"이었다.

가족간의 친밀감
건전한 가정의 경우에는 자식이 부모에게 쉽게 다가갈 수 있다. 그들은 벽에 걸려 있거나 주주명부 속에 있는 사진이 아니라 실제 인물이다. 그들과 같이 있는 것은 쉽고도 편안하다. 관계는 개인적이고, 진실되며, 사랑스러운 것이다. 건전한 조직의 경우도 마찬가지다. 리더에게 쉽게 접근해서 가까이 지낼 수 있으며, 그들은 다른 사람을 돌보려는 마음을 지녔다. 상호존중이 충만하고, 조직의 신뢰가 길러진다.

샘플기업들은 "성이 아니라 이름을 부르는" 친근한 조직이다. 컨테이너 스토어에서 가렛 분은 누구에게나 '가렛'으로 통하고, 킵 틴델은 '킵', 샤론 틴델은 '샤론'으로 불린다. 다이얼 에이 매트리스에서 나폴레온 배러건은 일반적으로 '냅'이라 불린다. 애틀랜타에 있는 취크필애의 본부나 전국 매장에서 종업원들과 운영자들은 사이좋게 '트루엣'에 대해서 얘기한다. 다나 커머셜 크레디트의 에드 슐츠는 '에드와 함께 점심을'이라는 모임을 연다. 그는 여기서 직원들에게 회사의 전략에 대한 질문이나 버섯수프를 어떻게 만드는가(그는 직접 요리도 하는 식도락가이다) 하는 등의 다양한 질문을 할 기회를 준다. 엔터프라이즈 렌트어카의 세인트루이스 본부에서는 피교육생 모두가 최고경영자의 사무실에 들어갈 수 있다. 지점 관리자인 스콧 맥도널드도 훈련받고 있을 때 그렇게 했었다. "나는 세인트루이스에 가서 바로 앤디의 사무실로 걸어들어갔어요."

미드웨스트 익스프레스의 승무원들은 기업 내에 형성된 높은 수준의 신뢰도에 대해 이렇게 얘기한다. "그것은 팀(Tim) 같이 최고 경영진에 있는 사람을 개인적으로 안다는 데서 나옵니다. 개인적인 관계는 서류에 사인을 하는 것보다 훨씬 좋은 겁니다. 우리는 팀이 원래 좋은 사람이고, 사업 때문에 스스로의 믿음을 깨는 일은 절대로 하지 않을 거라고 확신합니다." 미드웨스트 익스프레스에서 항공기 트랩부 요원으로 경력을 시작한 프랭크 브레너는 이렇게 덧붙인다. "출근 첫날, 회장이 악수를 청하면서 '우리 함께 최선을 다해서 일해봅시다'라고 말하더군요. 그건 놀라운 경험이었어요.

가족에 대한 신의

샘플기업들은 조직의 구성원들을 믿음으로써 조직의 신뢰를 강화시킨다. 그들은 신뢰함으로써 신뢰를 만들어내는 것이다. 가족들이 자기 가족이 속임수를 쓸 거라고 생각하지 않는 것처럼, 신뢰도가 높은 기업은 종업원들이 회사를 속일 것이라고 생각하지 않는다. 어떤 종업원들이 속임수를 쓰는 경우도 있지만, 그런 것들은 이례적인 일로 여겨진다. 관리자들이 그런 일로 모든 직원을 조사할 필요는 없다.

밀러 SQA 공장의 종업원들은 시간 기록계를 사용하지 않는다. 그들은 자동적으로 일주일에 40시간 일한 것으로 간주되어 급여를 받는다. 그들이 일을 빼먹을 때는 그 시간을 스스로 컴퓨터에 기록해 놓는다. 종업원들은 1년 중 24시간을 병원 진료와 같은 개인적 용무를 위해 쓸 수 있게 되어 있으며, 추가로 사용되는 시간은 종업원들의 저장 시간 (bank)에서 공제된다. 이 계산은 스스로 하는데, 이것이 바로 신의 시스템(honor system)이다.

다이얼 에이 매트리스의 세일즈 코치이자 침구 컨설턴트인 제니퍼 그라사노(Jenifer Grassano)는 일주일 중 며칠은 회사에 나와 일한다. 같은 회사에서 일을 하는 그녀의 남편은 아내가 직장에 나가 있을 때는 자기가 대신 집에서 일한다. 이들 부부는 회사에서와 마찬가지로 집에도 칸막이가 쳐진 개인용 책상을 가지고 있다. 몇몇 다른 사내 커플도 이와 같은 방식으로 일을 한다. 전형적인 패턴은 배우자 중 한 명은 오전 8시에서 오후 4시까지 일하고, 다른 한 명은 오후 4시에서 자정까지 일하는 것이다.

이런 방법은 명백하게 회사의 신뢰가 있어야만 가능한 일이다. 이렇게 하는 주된 목적은 부모들이 일을 하면서 아이를 키울 수 있게 하려는 것이다. 제니퍼는 이렇게 말한다. "일하러 멀리 나가지 않아도 되고, 아이들 학교 갈 준비도 해줄 수 있어서 좋아요. 내가 일하면서도 아이들 곁에 있을 수 있다는 것은 정말 훌륭한 일이죠. 게다가 이것은 아이들에게도 도움을 주는 경험이에요. 단지 아이들이 잠옷을 입은 채로 일하러 가도 된다고 생각진 않았으면 좋겠지만요." 그녀는 이렇게 덧붙였다. "부모는 늘 아이들을 위해 존재하고, 직원은 늘 다이얼 에이 매트리스를 위해서 존재하죠."

신뢰를 주는 단 하나의 행동도 지속적인 효과를 거둘 수 있다. 커스텀 리서치의 수석 부사장인 크리스틴 샤렛(Christine Sharratt)은 다음과 같은 기억을 가지고 있다. "내가 실수를 해서 회사가 30,000달러를 내야 했지요. 그것 때문에 너무 속이 상했어요. 그러나 회장은 한번도 내게 와서 "당신 도대체 무슨 짓을 한 겁니까?"라고 말하지 않았지요." 시간이 지나면서 회장인 포프는 그 일을 잊었겠지만, 샤렛은 잘 기억하고 있다. 기업주의 믿음은 그녀에게 깊은 인상을 남긴 것이다.

가족의 공정함

공정함, 일관성, 공평함은 건전한 가족과 신뢰도 높은 기업을 증명하는 요소들이다. 기업들은 관리직과 비관리직 직원들에 대한 평등한 대우를 통해서 조직의 신뢰를 구축한다. 평등하게 대할 수 없는 경우, 더 많은 부담을 져야 하는 쪽은 비관리직이 아닌 관리직 사람들이다. 엔터프라이즈 렌트어카의 회장이자 CEO인 앤디 테일러는 이렇게 말한다. "우리는 관리자와 직원, 본부 직원과 현장 직원 사이에 어떤 이중적 기준도 갖고 있지 않습니다. 우리 모두 똑같은 대우를 받지요."

샘플기업들은 주로 내부승진을 실시한다. 외부인사보다는 회사가 오늘의 성공을 거둘 수 있도록 최선을 다해온 직원들이 노력의 결실을 거두는 경우가 많다. 이 기업들은 가치관을 공유하는 사람들을 선발하고 그들을 내부에서 승진시킨다.

이 기업들은 또한 성과에 대해 대가를 지불한다. 컨테이너 스토어 직원들의 봉급은 특정한 일보다는, 회사에 그들이 기여한 가치에 따라 산정된다. 그러므로 직원들은 돈에 연연하지 않고 자기에게 가장 잘 맞는 업무를 맡을 수 있다. 페르난도 라모스(Fernando Ramos)의 경우가 여기에 해당된다. 그는 3년 이상 매장 관리자로 일했지만, 관리업무는 그의 적성에 맞지 않았다. 그는 현장에서 물건을 팔고 싶었다. 그래서 그는 판매와 훈련을 위한 자리를 배정받았다. 그는 "나는 새로운 매장을 개장할 때마다 찾아가, 새로운 사람들에게 어떻게 열정을 불러일으키는지 가르쳐줍니다"라고 말한다. "나는 책상에 가만히 앉아있는 게 싫어요. 내가 있을 곳은 현장입니다. 급여는 똑같아요. 왜 걱정을 합니까?"

다나 커머셜 크레디트의 보너스 프로그램은 철저하게 성과에 기반을 둔다. 종업원들은 매년 연말 평가를 받고, 사업에 대한 그들의 기여도에 따라 보너스를 받는다. 경영진은 종업원의 수행평가와 보너스 배분 과정을 진지하게 실행하는데, 여기에 참으로 많은 시간을 쏟아붓는다. 각 종업원에 대한 보너스 추천은 직속상관이 하고, 생산 매니저와 운영위원회를 거쳐 경영진에게 올라간다. "우리 직원들은 보너스를 받기 위한 최고의 방법이 다나 커머셜 크레디트의 가치 (고객만족, 혁신, 서비스 전달을 위한 보다 나은 방법의 개발 등)를 실현하는 것임을 알고 있습니다"라고 CEO, 에드 슐츠는 말한다. "우리 경영진은 3일간에 걸쳐 종업원 명부에 올라온 모든 직원들을 검토합니다. 이렇게 하는 주된 목적은 보너스가 보다 정확하게 성과를 반영하도록 하려는 것이죠."

커스텀 리서치는 1996년 말콤 볼드리지 국가품질상을 받기로 한 이후 한 가지 딜레머에 빠졌다. 제프 포프와 주디 코슨은 이전에 커스텀 리서치가 상을 받게 되면 모든 직원을 워싱턴 D.C.에서 열리는 시상식에 데려가겠다고 약속한 바 있었다. 그들은 각 수상 기업의 초대 손님이 50명까지 제한되어 있다는 사실을 미처 몰랐던 것이다.

이때 두 사람은 가족간의 공정성 원칙을 적용했다. 그들은 회사 전체가 시상식에 참여한다는 인식을 확신시키기 위해 각 지역과 각 직급에서 참가권을 걸고 제비뽑기를 실시하게 했다. 시상식에 참여하지 못한 직원들은 시상식 당일에 별도의 특별 축하행사를 가졌다. 시상식은 위성을 통해 사무실로 생중계되었고, 직원들은 주문 배달된 도시락을 나눠 먹으며 시상식 장면을 함께 시청했다. 그리고 나서 사무실을 닫고 모두가 일찍 퇴근했다. 워싱턴에 간 직원들은 같이 오지 못한 직원들의 대형 사진을 들고 갔다. 오드리 옴리드(Audrey Omlid)가 그 행사를 기획했는데, 그 이후 커스텀 리서치의 전 직원들은 그녀를 세계적 수준의 행사 진행요원으로 인정하게 되었다.

가족의 즐거움

건전한 가족의 구성원들은 함께 있고 싶어하고, 성공이나 성취를 축하하는 것을 좋아한다. 가족은 함께 재미있는 시간을 보내는 데 시간과 돈을 투자하는데, 신뢰도 높은 기업들 역시 마찬가지이다. 재미와 즐거움은 신뢰를 쌓아가는 중요한 요소이다. 상대방을 배려할 줄 아는 기업만이 종업원들로 하여금 자신의 업무에 대해 재미를 느낄 수 있도록 투자한다. 종업원들의 즐거움과 미소를 위해 투자함으로써 그들의 힘든 노동에 감사하는 것이다.

이 책에서 연구된 기업들은 모두 '열심히 일하고, 높은 성과를 올린다' 는 기업문화를 가지고 있다. 그러나 거기엔 늘 즐거운 분위기가 따라다닌다. 커스텀 리서치는 희소식의 날, 애완동물의 날, 실내 골프 대회 등을 열고, 여러 종류의 간식을 작업장에 비치해둔다.

유크롭스는 매년 기업 내 올림픽을 개최한다. 기업 전체에서 6명씩으로 구성된 팀들이 나와 금, 은, 동메달을 놓고 재미로 경쟁을 한다. 우승팀의 사진은 매장의 정보센터에 걸린다. 1998년 회사는 볼링과 골프 시합을 후원하고, 처음으로 시상식과 버라이어티 쇼를 개최했다. 서비스 수상자를 위해 만찬도 마련해준다. 매년 열리는 피크닉에서 상을 받은 직원들은 1년에 몇 차례씩 '우승자 행렬' 때 입었던 셔츠를 입고 출근한다. 유크롭스 지원센터의 인사담당자인 데비 마한(Debbye Mahan)은 "우리는 어떻게 종업원들에게 감사할 것인가 생각해요. 많은 돈을 투자할 필요는 없어요. 중요한 건 우리가 그들을 소중히 여긴다는 걸 보여주는 거죠"라고 말한다.

컨테이너 스토어에는 실제로 오락위원회가 있는데, 이것은 사무실 규모가 확장된 이후에 만들어졌다. 경영진은 큰 건물에 있기 때문에 직원들이 서로 접촉할 기회를 잃고 있다고 느낀 것이다. 오락위원회는 본사 건물을 제품 사진과 상품 전시로 장식하고, 각 회의실 이름을 회사의 창업 원칙에 따라 지었으며, 재미있는 점심 시간을 위한 계획도 세웠다. 위원회는 또 할로윈 기간 동안 본부에서 매년 열리는 칠리 요리 콘테스트를 후원한다. 이때 각 부서는 정교하게 장식된 부스를 설치하고, 칠리 요리를 만들며, 음식의 주제와 관련된 의상을 갖춰 입는다. 1997년에 회계부서는 호박을 주제로 해서 칠리와 옥수수빵, 디저트를 호박을 이용해 만들고, 호박 모양의 복장을 하고, 가판대를 호박밭처럼 꾸몄다. 직원들은 컨테스트 당일 아침까지 그들의 주제를 비밀에 부친다. 이때 심판은, 재판관들이 입는 길고 검은 법복을 입고 나와 최고의 음식, 최고의 의상, 최고의 판매대에 대한 시상을 한다.

인사담당 이사인 낸시 돈리(Nancy Donley)는 오락위원회의 의미에 대해 이렇게 설명한다. "오락 활동은 각기 다른 직급에 있는 사람들이 서로를 알 수 있는 기회를 마련해주고, 신입사원들로 하여금 기업문화를 익힐 수 있게 해주며, 회사가 더욱 크게 성장하더라도 우리만의 문화를 지킬 수 있도록 도와줍니다."

미드웨스트 익스프레스의 단골고객 담당부서 사무실은 본사 건물 1층 창문가에 있다. 건물 밖은 사람들이 다니는 인도다. 어느 날, 랜디 베레스라는 한 직원이 보도 위에 뭔가를 써, 창문을 통해 볼 수 있게 하자는 아이디어를 냈다. 그후 직원들은 보도 블럭 위에다 뭔가를 쓰거나 그림을 그려서 그들의 생각을 표현했다. 부서 매니저인 스티브 매스위그는 자신의 얼굴을 그려 넣고는 이렇게 썼다. "안녕하세요. 일하러 온 것을 환영합니다." 베레스는 이렇게 말한다. "의견을 피력하고 또 그것을 받아들이는 과정을 재미있게 만드는 것은 의미 있는 일입니다. 그래야 오랫동안 다른 사람들의 말에 귀기울일 수 있으니까요."

종업원들과의 관계

노동집약적인 서비스 기업을 위한 중요한 교훈은 종업원과의 관계 구축이 고객과의 관계 구축에 선행한다는 것이다. '단지 일자리를 원하는 종업원(just-a-job employee)들은 자기의 일과 기업을 위해 헌신적으로 일하지 않으며, 고객의 마음을 끌 수 있는 정도로 서비스를 수행해내지 못한다. 하지만 샘플기업들은 단지 일자리를 원하는 종업원보다는 기업과 관계를 맺은 종업원(relationship employee)들을 훨씬 많이 보유하고 있고, 이것은 그들에게 상당한 경쟁우위를 제공해준다.

신뢰는 기업과 종업원의 관계를 포함한 모든 관계의 기반이 된다. 신뢰 수준이 높은 기업은 탄탄한 대가족처럼 행동할 수 있다. 결국 신뢰가 가장 중요한 것이다.

● ● ●
파트너와의 관계

납품업자나 독립적인 매장 관리자와 같은 기업의 파트너들은 기업-고객과의 관계 형성에 있어 종업원과 비슷한 역할을 한다. 기업-고객의 관계는 고객이 그 관계를 유지함으로써 이익을 얻을 수 있을 때 유지된다. 파트너들은 고객이 그와 같은 이익을 얻을 수 있도록 돕는 역할을 맡고 있다.

다이얼 에이 매트리스의 마켓 오퍼는 전화를 이용한 침구 구매와 신속한 배달이다. 이같은 마켓 오퍼는 이 회사의 현재 시장뿐만 아니라 세계적으로도 매력을 지닌 것이다. 그래서 다이얼 에이 매트리스는 자사 소유의 지점을 확대하거나 프랜차이징, 소매상과의 제휴 등의 방식을 통해 배송망을 국내외로 확대하고 있다. 소매상과의 제휴는 다음과 같은 방식으로 이루어진다.

지역 시장의 독립적 소매상은 다이얼 에이 매트리스를 위해서 침구를 전시하고 배달하는 협정을 맺는다. 이 파트너는 다이얼 에이 매트리스의 1-800 전화번호를 광고해야 한다. 지역의 소비자들은 다이얼 에이 매트리스에 전화를 걸어 원하는 제품을 구매한다. 그러면 지역 소매상은 자기들 목록에 있는 제품을 소비자에게 배달한다. 이때 지역 소매상은 판매가의 80%를 가지고, 다이얼 에이 매트리스가 나머지 20%를 가진다. 이 과정은 다른 방식으로도 이루어진다.

한 고객이 다이얼 에이 매트리스의 자체 배송망이 있는 지역으로 이사를 갔을 경우, 이사 가기 전 지역의 소매상은 다이얼 에이 매트리스에게 이 사실을 알려주고, 다이얼 에이 매트리스가 침구를 팔았을 때 수익의 20%를 나눠 받는다.

지난 수년간 다이얼 에이 매트리스는, 광고를 보고 듣거나 입소문을 통해 이 회사에 대해 알고는 있지만 자체 배송망이 없는 지역에 사는 잠재적 고객들로부터 수천 통의 주문 전화를 받았다. 또 다이얼 에이 매트리스는 그들의 가시적 성공으로 인해 자신들의 주요 시장에서 극심한 경쟁에 직면하고 있다. 1998년 뉴욕 지역이 침구시장에서는 38개의 경쟁회사들이 1-800 전화를 통해서 다이얼 에이 매트리스와 똑같은 브랜드의 침구들을 팔고 있었다. 회사 확장의 기회와 필요성은 분명한 것이다.

다이얼 에이 매트리스에게 핵심이 되는 것은 자기들이 하는 것처럼 능력껏, 그리고 윤리적으로 일할 소매상 파트너를 선정하는 것이다. 소매상과의 제휴는 개념적으로는 간단하지만 실천하기는 복잡하다. 전화를 통해 매트리스를 팔 때 중요한 것은 약속을 지키고 신뢰를 얻는 것이다. 다이얼 에이 매트리스는 그들의 가치관을 공유하는 직원을 뽑는 것처럼, 그들과 같은 가치관을 지닌 소매업 파트너를 찾아야 한다. 그렇게만 한다면, 이 회사는 미국 침구시장의 10%를 점유하겠다는 그들의 목표를 실현할 수 있을 것이다.

몇 가지 연구들은 신뢰를 바탕으로 한 파트너 관계의 장점을 잘 보여주고 있다. 쿠마르(Kumar), 히바드(Hibbard), 스턴(Stern)은 대규모 자동차 대체부품 생산업체와 429개의 소매상과의 관계를 연구했다. 연구 결과 그들은 생산업체에 대해 높은 신뢰를 보이는 소매상들은 관계 유지에 보다 적극적이고, 다른 생산업체와 공급계약을 맺으려는 시도를 적게 했으며, 생산된 제품의 판매를 훨씬 많이 늘린다는 점을 확인했다. 그들은 또 신뢰가 관용을 증대시켰다는 것을 발견했는데, 그것은 앞에서 언급한 관용의 영역 효과와 유사하다.[19] 니르말야 쿠마르(Nirmalya Kumar)는 이렇게 쓰고 있다.

> '신뢰감 있는 관계'와 '서로 불신하는 관계'를 판가름하는 것은 상대방에 대한 믿음을 계속 키워갈 수 있느냐 없느냐 하는 것이다. 신뢰감 있는 관계를 형성한 사람들은 각자가 상대방의 상황에 관심을 갖고, 상대방에 대한 영향을 고려하면서 행동할 것이라고 믿는다. 때로 한 사람이 상대방의 입장에서는 공격적으로 느낄 수 있는 행동을 하는 수가 있는데, 신뢰는 이런 경우에도 관계를 유지할 수 있게 하는 '친선의 저장소'를 만들어 놓는다.[20]

다이어(Dyer)와 추(Chu)는 일본, 한국, 미국의 최대 규모의 자동차 생산업체 8개와 그 기업들의 435개의 부품 제조업자에 대한 연구에서 신뢰의 경제학(economics of trust)을 연구한 바 있다. 이들은 부품 제조업자들이 자동차 생산업체를 얼마나 신뢰하는가를 연구하고 불신의 비용을 측정했다. 그 결과 세 국가의 경우 모두 높은 신뢰도가 양측 모두에게 훨씬 적은 비용부담을 준다는 것을 보여준다.

부품 제조업자와의 관계에서 전반적으로 가장 낮은 신뢰가 나타난 미국의 경우, 가장 낮은 신뢰도를 지닌 자동차 생산기업은 부품 공급자와 직접 만나는 시간의 거의 절반을 가격이나 계약을 협상하거나 발생한 문제의 책임 소재를 따지는 등 부가가치가 없는 행위에 소비했다. 반면, 가장 신뢰도가 높은 기업은 1/4 정도의 시간을 그런 문제에 사용했을 뿐이다. 후자의 구매담당 직원들은 신뢰도가 가장 낮은 기업에 비해 금액 면에서 두 배 이상 더 많은 제품을 거래했다. 조사자들은 또한 신뢰가 수요자, 공급자에게 정보와 의견을 공유하는 길을 마련해 주었다는 것을 발견했다. 이들이 내린 결론은, 신뢰는 자원의 공유를 촉진시키기 때문에, 관계에 있어 비용을 절약해줄 뿐만 아니라 가치를 창출한다는 것이다.[21]

파트너들은 기업이 보다 효과적으로 활동할 수 있도록 도울 수 있다. 그들은 기업이 고객에게 더 잘 봉사하도록 도울 수 있고, 새로운 고객을 데려올 수도 있다. 그러나 관계는 양측에 모두 이익이 되는 것이어야 한다. 건전한 관계는 서로 인정하고 상호이익이 되는 것이다.[22] 기업의 경쟁력과 공정함은 신뢰를 만들어내고, 신뢰는 협동을 가능케 해 효과적인 파트너십을 구축한다. 관계를 마케팅하는 서비스 기업들은 고객을 유치하기 위해 파트너들과 협력해야 한다.[23]

도넛 전략

매주 엔터프라이즈 렌트어카 직원들은 고객의 소재를 알려줄 만한 주요 정보 제공자들을 찾아다닌다. 이 회사는 대체용 자동차 대여에 초점을 맞추고 있다. 따라서 각 지점들은 자동차 판매 대리점, 차체 수리공장, 보험회사, 호텔 등 잠재적인 고객의 소재를 귀뜸해줄 수 있는 지역 사업체들과 부지런히 관계를 만들어 나간다.

어떻게 하면 상대방을 귀찮게 하지 않으면서 매주 그런 방문을 할 수 있을까? 이를 위해 엔터프라이즈 렌트어카는 방문지의 직원들을 위해 도넛, 베이글, 과일 등을 준비한다. 날씨가 더울 때에는 아이스박스에 콜라나 아이스크림 샌드위치를 넣어 자동차 대리점의 서비스 부서에 나타나기도 한다. 이 회사는 아이스크림 트럭을 임대해 타고 다니며 주요 정보 제공자에게 간식을 나눠주는 것으로 유명하다.

이들의 주 메뉴는 도넛으로, 종종 엔터프라이즈 렌트어카의 로고가 새겨진 상자 안에 그것을 넣어가기도 한다. 달라스 포트워스 지역의 부사장, 조앤 페라티스 웨버는 1997년 한 해 동안 27개 지점에서 도넛을 사는 데만 총 50,000달러의 비용을 지출했다고 한다. 그녀는 이같은 투자를 일종의 거래라고 생각한다. "이런 방식으로 우리는 고객을 일상적으로 접할 수 있게 됩니다. 정보 제공자들에게 새로 들어온 직원을 자연스럽게 소개하는 방법이기도 하고요. 우리가 도넛을 가지고 방문하는 건 방해라고 할 수 없어요. 오히려 그들은 우릴 보고 기뻐하는 걸요. 물론 간식은 그들에게 감사를 표하는 저렴한 방법이기도 하지요."

새로 들어온 직원들은 재빨리 회사의 마케팅 전략을 익히게 된다. 잠재적 고객의 소재를 알려주는 정보 제공자들을 당연하게 생각하지 말고, 자료를 준 것에 대해 늘 감사하라는 것이다. 다른 대여업체들도 엔터프라이즈 렌트어카의 방법을 흉내내보았지만 똑같은 효과를 내지는 못했다. 단지 도넛은 가치 있는 관계의 상징일 뿐이다.

엔터프라이즈 렌트어카는 판매 대리점이나 차체 수리공장, 보험업체, 호텔이 그들의 고객을 기쁘게 하는 것을 도와준다. 그들은 보험대리점에서 차가 언제 준비되는지 알 수 있도록 수리공장에 전화를 걸어준다. 그들은 렌트카가 필요한 고객을 태우기 위해 수리공장으로 가기도 한다. 어떤 고객이 오클라호마에서 렌트카가 필요한데 텍사스 지점으로 전화를 했더라도, 텍사스 사무소는 모든 일을 처리해준다.

그런 마케팅 전략은 엔터프라이즈 렌트어카가 정보 제공자들의 연장선상에서 역할을 수행하고, 공통의 고객에게 봉사하는 동안 그들을 대표할 것을 요구한다. 도넛은 수행의 결과로 만들어지는 파트너십과 신뢰감을 상징한다. 엔터프라이즈 렌트어카의 부사장인 딕 쟈니키

(Dick Janicki)는 이렇게 말한다. "당신이 무엇을 팔건 상관없습니다. 우리는 우연히 차를 대여하게 되었지만, 실제로 그게 중요한 건 아닙니다. 어떤 사업이든지 가장 중요한 건 사람입니다. 우리는 우리에게 중요한 사람들과 친구가 됩니다. 그건 서로가 협력해서 앞으로 나아갈 수 있기 때문이지요."

투자상담 전략

찰스 슈왑은 증권 매매를 원하는 사람들에게 효과적이고 저렴하며 분쟁 없는 방법을 제공하겠다는 취지로 설립된 기업이다. 투자상담을 필요로 하지 않는 투자자들은 돈을 지불하지 않아도 됐다. 중개인들은 금전적 이해관계에 좌우되지 않도록 수수료 대신 월급을 받았다. 이와 같은 독창적인 전략은 증권 중개업에 대변혁을 가져왔다.

그러나 1980년대 이 기업의 자체 시장조사 결과는 투자상담을 원하는 투자자의 비율이 늘고 있다는 것이었다. 이같은 추세는 투자상담을 제공하지 않는 이 회사에게 큰 도전이 되었다. 투자상담을 필요로 하는 투자자들을 외면하는 것은 그들을 슈왑이 '복마전(lion' s den)'이라 부르는 세계로 보내는 것을 의미했다.

이 기업의 대응은 일정 수수료를 받는 독립적인 투자상담사들의 네트워크를 만들어 투자상담을 필요로 하는 고객들을 이들에게 소개하는 것이었다. 이런 파트너십의 구상은 너무나 잘 돌아갔다. 그로 인해 찰스 슈왑은 슈왑 인스티튜셔널(Schwab Institutional)이라는 독립적 투자상담사들의 네트워크에 5,000명 이상을 확보할 수 있게 되었고, 이들이 슈왑의 계좌로 들어온 1,000억 달러를 관리하고 있다.

이 네트워크에 속한 대부분의 투자상담사들은 대부분 소규모 업체에서 근무하고 있다. 슈왑은 투자상담사들에게 고객명단뿐만 아니라 업무보조 및 자료관리 시스템을 제공하며, 모든 업무보조는 한 군데서 다 받을 수 있다. 투자상담사들의 입장에서 이것은 턴키 방식의 운영 체제이며 원스톱 쇼핑과 같은 것이다.

사실상 찰스 슈왑은 도매업자이고, 투자상담사들은 소매상인 셈이다. 그 도매업자의 '선반' 위에는 투자상담사들이 고객의 포트폴리오 구축을 위해 골라낼 수 있는 다양한 투자상품들이 들어 있다. 양측은 모두 이러한 관계를 통해 이익을 얻는다. 찰스 슈왑은 투자상담을 원하는 투자자들에 대한 접촉을 확대하고, 이를 통해 현 자산의 1/3을 얻었다. 한편 투자상담사들도 찰스 슈왑으로부터 유익한 지원을 받는다. 그들도 파트너를 가지는 것이다.

그러나 이같은 체제 구축이 결코 쉬운 것은 아니다. 이런 크고 복잡한 파트너십 네트워크에서 신뢰를 관리한다는 것은 매우 힘든 일이다. 슈왑은 거대한 회사이고, 네트워크에 속한 회원사들은 소규모 사업체들이다. 슈왑은 자문위원회, 지역·전국 단위 모임 등을 통해 정기적으로 회원사들과 교류함으로써 신뢰를 구축한다. 매년 열리는 슈왑 인스티튜셔널 컨퍼런스는 미국에서 가장 큰, 수수료가 아닌 일정 요금을 받는 투자상담사들의 회의이다.

슈왑은 금융서비스 시장에 관한 정보를 투자상담사들과 체계적으로 공유하기 위해서 '개방적 구조(open architecture)'라는 정책을 취한다. 예를 들어 찰스 슈왑은 10만 달러 미만의 소액 투자자들 중 투자상담을 원하는 사람이 얼마나 빨리 늘고 있는지 추적해왔으며, 지점들에서 그러한 고객들이 활용할 수 있는 컴퓨터 소프트웨어 모델을 개발했다. 이 소프트웨어 모델은 모든 지점에서의 투자상담을 표준화한다.

찰스 슈왑이 이 일에 발을 들여놓자 투자상담사들은 바짝 긴장했는데, 찰스 슈왑이 상담사들과 경쟁하려는 것처럼 보였기 때문이다. 그러나 찰스 슈왑의 시장정보 공유 시스템이 많은 소액 투자자들로 하여금 투자에 도움을 얻을 수 있는 다양한 방법들을 찾아 나서게 함으로써 이같은 긴장은 완화되었다. 하지만 나중에는 다른 문제들이 발생할 것이다. 그와 같은 문제들은 복잡한 조직구조 하에서는 불가피하다. 결국 독립적인 투자상담사들과의 신뢰관계를 어떻게 유지해 나가느냐 하는 것이 찰스 슈왑의 미래의 성공 열쇠 중 하나이다.

● ● ●
고객과의 관계

기업은 종업원과 파트너들의 행위를 통해서, 그리고 기업의 전략과 정책을 통해서 신뢰를 바탕으로 한 고객과의 관계를 구축한다. 고객이 다시 찾아오면 기업은 활력을 얻는다. 아일랜드의 성공한 음식 유통업자인 피어걸 퀸(Feargal Quinn)은 이에 대해 이렇게 말한다. "부메랑의 원칙이라고 하죠. 비즈니스의 주된 업무는 고객이 다시 찾아오도록 하는 것입니다."[24]

비즈니스의 시작은 새로운 고객을 끌어들이는 것이다. 최고의 기업들은 고객을 끌어오는 것을 장기간의 관계를 발전시키고 강화시킬 수 있는 시발점으로 본다. 기업들이 시장점유율을 높이는 방법에는 다음의 세 가지, 즉 새로운 고객을 유인하는 것, 현재의 고객을 대상으로 사업을 확장하는 것, 그리고 현재의 고객을 지키는 것이 있다. 현재 고객과의 관계를 구축하는 것은 세 가지 방법 중 두 개와 직접 연결되고, 첫 번째 방법과는 간접적으로 연결된다.

관계 구축은 기업뿐만 아니라 고객에게도 이익이 된다. 이것은 서비스 고객에게 특히 잘 적용된다. 일반적으로 서비스는 요금지불 후에

행해지고, 그 제공과정에 사람이 참여하며, 제공자에 따라 그 품질이 다양하게 나타난다는 특징을 갖는다. 그렇기 때문에 고객도 관계를 중시하게 된다. 대부분의 서비스는 위와 같은 성격의 일부 혹은 전부를 가지고 있다. 금융 서비스, 전문가 서비스, 교통 서비스, 건강관련 서비스 등은 이런 성격을 가진 수많은 서비스의 일부에 불과하다. 고객들은 이런 서비스를 구매하여 만족스런 경험을 했을 경우에는 계속해서 고객으로 남아 있으려고 한다. 자동차 수리업체만 충직한 고객을 찾는 것이 아니라, 고객 역시 자신의 충성심을 불러일으키는 자동차 수리업체를 찾고 있는 것이다.[25]

고객은 위와 같은 성격을 지닌 서비스 기업과 관계를 형성함으로써 위험부담을 줄이고, 시간을 절약하며, 사회적 편익 등을 얻을 수 있다. 그위너(Gwinner)는 연구를 통해서, 신뢰 즉 불안의 감소와 서비스 수행자에 대한 믿음 자체가 고객이 서비스 기업과의 관계 유지를 통해 얻는 가장 중요한 이득임을 밝히고 있다. 종업원들이 자신을 알아주고 그들과 친교를 맺는 등의 사회적 편악은 고객이 얻는 두 번째로 중요한 이익이다.[26]

다른 연구자들도 비즈니스 관계에서 사회적 이익의 중요성을 되풀이해서 강조한다. 발로우(Barlow)는 "일대일로 고객에게 서비스를 제공하는 것은 사람들에게 매우 강한 호소력을 갖는다"라고 쓰고 있다.[27] 잭슨(Jackson)은 관계 마케팅이란 자신이 중요한 사람이라고 느끼고 싶어하는 욕구를 다루는 것이라고 주장한다.[28] 체피엘(Czepiel)은 서비스에서의 접촉도 사회적 만남이기 때문에, 서비스 제공자와 고객의 지속적 접촉은 자연스럽게 전문적인 차원과 개인적 차원을 포괄하게 된다고 말한다.[29]

기업과 관계를 형성한 고객은 이미 자신에게 서비스를 수행한 경험이 있는 기업이 보다 많은 정보를 갖고 더 좋은 기술로 자신을 맞아줄 거라고 기대한다. 고객과 기업의 지속적인 접촉은 고객의 선호에 더 잘 맞춘 서비스를 가능하게 한다.

고객과의 굳건한 관계를 확립할 수 있는 서비스 기업은 큰 이익을 얻게 된다. 가격경쟁은 이 책에서 연구된 모든 서비스 분야에 만연되어 있는 현상이다. 고객과의 진정한 관계는 가격경쟁에 맞서 싸울 수 있는 최상의 방법이다. 다이얼 에이 매트리스의 창업자인 나폴레온 배러건은 이렇게 말한다. "나는 이 도시에서 어떤 가격(할인)도 물리칠 수 있다는 광고를 내곤 했지요. 나는 운좋게도 서비스를 가지고 경쟁하는 방법을 발견했고, 그래서 보다 합리적인 가격을 책정할 수 있었습니다."

고객은 기업과의 탄탄한 관계를 통해 비금전적 이익도 얻기 때문에, 이런 관계를 구축한 기업은 자사 상품의 가격을 타사에 비해 다소 높게 유지할 수 있는 가격완충역을 가질 수 있다. 관계를 고려하는 고객이 구매하는 것은 서비스라는 상품 그 자체만이 아니다. 가격완충역은 비록 얇을지라도, 탄탄한 관계를 통해서 만들어지는 것이다. 수천 명의 단골고객과 탄탄한 관계를 형성해온 미드웨스트 익스프레스도 자신들이 가격경쟁력을 가질 필요가 있다는 것을 알고 있다. 그러나 경영진은 또한 자신들이 모든 경쟁자들의 가격 인하에 대응할 필요가 없다는 점도 알고 있다. 무조건 값이 싼 것을 고르는 고객들은 대부분의 시장에서 소수에 지나지 않는다.[30] 그리고 이들은 애시당초 관계 마케팅의 대상이 되지 못한다.

라이할트(Reichheld)는 여러 서비스 업종들에 대한 연구를 통해, 기업이 고객에 대한 의무 불이행을 줄일 때 이익이 급속히 올라간다는 사실을 보여주었다. 그들은 24개 업종, 100여 개의 기업 분석을 통해 기업이 의무 불이행을 5%만 줄여도 25~85%까지 이익을 신장시킬 수 있다는 사실을 발견했다. 충성스런 고객들은 시간이 지날수록 더 많은 수익을 내게 해주고, 불만을 느끼고 떠나는 고객의 빈자리를 새로운 고객으로 대체하는 비용이 줄어들어 비용도 절감할 수 있기 때문이다.[31]

고객에게 뛰어나고 공정하게 봉사하고, 신뢰를 확립하는 기업은 시장점유율을 늘리기 위한 세 가지 방법을 모두 사용한다. 그들은 현재의 고객을 대상으로 더 많은 사업을 하고 그들을 더 오래 붙잡아둘 뿐만 아니라, 적극적이고 대면접촉을 통한 의사소통으로 새로운 고객을 끌어들인다. 신뢰에 기반을 둔 가장 탄탄한 고객과의 관계는 일반적으로 세 가지 특성을 지니고 있다. 제도화된 해법, 우정의 법칙, 지속적인 학습이 그것이다.

제도화된 해법

다른 기업이 제공하지 못하는 값진 혜택을 고객에게 줄 수 있을 때, 기업은 고객과의 관계를 유지, 강화할 수 있는 견고한 기반을 마련하게 된다. 굳건한 관계는 고객의 중대한 문제를 실질적으로 해결해줄 수 있을 때 형성된다. 제도화된 해법은 개별 서비스 종업원의 개인적인 기술이 아닌, 기업의 서비스 제공 시스템 속에 제도화된 해결방식을 말한다. 제도화된 해법은 고객에게 기업—기업을 떠날 수도 있는 특정한 서비스 종업원이 아닌—을 직접 연결시켜준다.

미드웨스트 익스프레스의 남다른 서비스, 즉 가운데 좌석을 없앤 것(이코노미 클래스의 좌석도 의자를 2개씩만 놓은 것), 도자기 그릇에 담긴 식사와 기내에서 직접 구워낸 초콜릿 쿠키 등은 제도화된 것이다. 이코노미 좌석의 승객들도 일등석에 앉은 경험을 하게 된다. 이것은 소중하고 차별화된 서비스이다. 비행하는 것을 귀찮아하면서도 자주 비행기를 타야 하는 승객에게는 더더욱 그렇다.

우정의 법칙

마이클 아가일(Michael Argyle)과 모니카 핸더슨(Monica Henderson)은 우정(friendship)의 몇 가지 기본 법칙을 정의한 바 있다. 여기에는 감정적 지지를 보내주는 것, 사생활을 존중하고 신용을 지키는 것, 다른 사람과의 우정을 존중해주는 것이 포함된다.[32]

신뢰를 바탕으로 한 고객과의 관계에는 이런 우정의 법칙이 적용된다. 탁월한 서비스 기업들은 서비스 수행을 효과적으로 개인화하고, 고객들이 종종 기업과의 관계에서 경험하는 익명성을 제거한다. 좋은 관계를 만들려는 기업(relationship company)은 친구가 다른 친구에게 하는 것처럼 고객을 기쁘게 하고, 그들을 위해서 뭔가 특별한 것을 해줄 방법을 찾는다. 그들은 고객을 존중하고, 공경하고, 신뢰한다. 그들은 고객과의 관계를 가치 있게 생각하고, 그것을 강화하기 위해 시간과 노력과 돈을 투자한다.

샘플기업들은 우정의 법칙을 반영하는 수많은 예를 보여주고 있는데, 여기서는 그중 몇 가지만 소개하려 한다. 리치몬드에 강한 눈보라가 쳤을 때, 얼음이 유크롭스의 지붕에서 미끄러져서 고객의 차에 손상을 입혔다. 그것은 일종의 천재지변이었기 때문에 유크롭스에게 법적인 보상 책임은 없었다. 그러나 이 회사는 차의 수리비용을 지불했다. 유크롭스는 식료품을 배달하지 않는다. 그러나 한 고객이 전화를 걸어 상을 당한 이웃집에 음식을 배달해줄 수 있는지 물었다. 그러자 부지배인이 직접 음식을 배달해주었다.

커스텀 리서치는 고객들의 기대를 한 차원 넘어서기 위해서 '경탄과 기쁨'이라는 계획을 수립한다. 예를 들어, 커스텀 리서치는 과정의 중복을 피하고 고객의 시간과 노력을 아끼기 위해 전체 조사과정의 지도를 그려준다. 또 표로 작성된 자료만을 요청한 고객에게도 추가비용 없이 발표용 차트를 만들어준다.

1997년 아메리칸 항공사의 파업이 임박한 것으로 보였을 때, 스페셜 엑스페디션스는 그들의 여행을 예약한 고객들 중 파업의 영향을 받을 수 있는 모든 고객들과 접촉해서 대체 가능한 비행기표를 보냈다. 스페셜 엑스페디션스는 고객들에게 필요하면 그 표를 사용하고, 사용하지 않을 경우 나중에 되돌려 보내달라고 얘기했다. 파업은 일어나지 않았지만, 승객들은 스페셜 엑스페디션스의 사전대처 능력과 깊은 관심에 감동을 받았다. 스페셜 엑스페디션스의 영업담당 관리자 매기 하트(Maggie Hart)는 그들의 배, 시라이언 호가 조타 문제로 어려움을 겪었던 당시의 이야기를 들려준다.

기술자들이 밤새 수리를 했지만 배가 밴쿠버에 도착해서 승객들을 태우기에는 시간이 너무 늦을 것 같았다. 이때 이 기업의 소유주 린드 블라드는 친구인 로버트 베이트만(Robert Bateman)에게 전화를 걸어, 바다가 내려다보이는 풀포드 항구에 있는 그의 집을 빌렸다. 여행객들은 밴쿠버에서 페리를 타고 풀포드 항구로 향했고, 베이트만의 집에서 맛있는 저녁식사와 재미있는 오락을 대접받았다. 시라이언 호가 이곳에 도착해서 여행객들을 승선시켰을 때는 자정이 훨씬 지났지만, 사람들은 여전히 활기에 넘쳐 있었다.

지속적인 학습

고객들은 그들이 어떤 서비스를 받고 싶어하는지를 기업에 알려 줄 수 있다. 고객과의 관계를 중시하는 기업들은 이러한 정보를 잘 찾아내어 활용하기 때문에, 고객들은 이 기업을 떠나고 싶어도 떠날 수 없게 된다. 페퍼스(Peppers)와 로저스(Rogers)는 다음과 같이 말한다. "누구든 어떤 고객을 가장 잘 알고 있는 사람은 그 고객과의 관계에 있어 우위를 지닌 것이다."[33]

고객에 대한 지속적 학습은 고객서비스를 계속 나아지도록 해준다. 커스텀 리서치는 개별 고객의 요구에 맞는 서비스를 제공하는 데 도움이 되는 정보를 입력한 '고객 수첩(client books)'을 갖고 있다. 이 수첩은 개별 프로젝트에 대한 고객의 반응과 전반적인 관계를 담고 있는 살아있는 자료이다. 커스텀 리서치의 직원들이 고객에게 봉사하는 방법을 아는 데 도움이 되는 모든 정보는 이 고객 수첩에 기록된다.

이 고객 수첩은 커스텀 리서치에 다양한 방식으로 도움을 준다. 이것은 고객을 담당하는 새로운 직원들의 학습곡선을 가속화하고, 고객을 방문할 준비를 하거나 제안서를 쓰는 직원들을 위한 참고자료 역할을 한다. 또한 고객이 어떤 방식의 서비스를 원하는가에 대한 고객의 반응과 다른 정보들의 창고이자 관계의 건전성, 탄탄함, 진화에 대한 서면 기록이기도 한다.

커스텀 리서치의 부사장 얀 엘세서(Jan Elsesser)는 이렇게 설명한다. "오늘 고객의 기대를 뛰어넘는 것이라도, 내일이면 그 기대를 충족시키는 정도에 그칠 것입니다. 이는 우리가 계속해서 고객의 반응을 수집하는 이유입니다."

IT기술은 고객에 대한 효율적인 학습과 주요 관계 마케팅 과제의 수행을 용이하게 한다. 그것은 다음과 같은 방법을 통해 가능하다.

- 기존 고객의 구매 패턴과 전반적인 관계를 추적한다.
- 서비스와 판촉, 가격책정을 고객의 특정한 요구에 맞춘다.

- 한 고객에게 수행되는 여러 건의 서비스들을 조정하고 통합한다.
- 기업-고객 간 쌍방향 의사소통 채널을 제공한다.
- 서비스의 실수와 실패의 가능성을 최소화한다.
- 가치 있는 부가 서비스로 핵심 서비스를 강화한다.
- 서비스 경험을 상황에 맞게 개인화한다.[34]

유크롭스는 1987년 미국에서 처음으로 단골고객을 위한 프로그램인 유크롭스 가치고객(Ukrop's Valued Customer) 프로그램을 도입했다. 이것은 이 기업이 관계 마케팅에 들이는 노력의 기초가 되는 것으로, IT기술을 통한 지속적 학습뿐만 아니라 제도화된 해법과 우정의 법칙까지 보여주고 있다.

고객들은 물건을 구입한 후 계산을 할 때 바코드가 부착된 UVC 회원카드를 이용함으로써 돈을 절약할 수 있고, 유크롭스는 가계의 구매를 추적할 수 있다. 회원카드는 세 가지 종류로 만들어졌는데, 일반 신용카드처럼 지갑에 넣는 카드, 작은 열쇠고리형 카드, 퍼스트 마켓 뱅크에 의해 발행된 은행 직불카드가 그것이다. 유크롭스와 내셔널 커머스 뱅코퍼레이션이 공동 소유하고 있는 이 은행은 유크롭스의 매장에 지점을 두고 있다.

고객의 이익은 카드 사용량이 많아질수록 커진다. 그들은 월간 소식지와 다른 편지들을 통해, 계산할 때 카드를 사용하는 사람들만 받을 수 있는 할인정보를 얻는다. 매장의 한켠은 매달 나오는 UVC의 특별제품을 위해 할애된다. 회원들은 UVC 카드를 이용해 물건을 구매함으로써, 구매 금액의 일정비율을 특정 자선단체에 기부하도록 지정할 수도 있다. 회원들은 카드를 사용함으로써 자동적으로 상품이 걸린 정기적인 판촉행사에 참여하게 되고, 추수감사절 몇 주 전부터의 소비실적에 따라 공짜 칠면조를 얻을 자격이 생긴다. 회원들은 다른 지역사업가들로부터 할인혜택을 받기도 한다.

개별 가계의 구매 패턴에 대한 끊임없는 학습을 실제로 응용해보는 능력은 이 프로그램의 가장 강력한 면모 중 하나이다. 월간 소식지의 특별 선물은 개별 가구가 필요로 하는 물건으로 준비되는데, 예컨대 요구르트를 계속 사먹는 고객은 공짜 요플레 요구르트 쿠폰을 받게 된다. 유크롭스는 UVC 카드를 이용해 100달러어치의 유아용품을 구매하는 고객에게 10달러짜리 상품권을 제공하는 프로그램에 베이비 클럽을 통합시켰다.

UVC 프로그램은 식료품 쇼핑에서 익명성을 제거했다. 충성스런 고객들은 매장 종업원들과 개인적인 관계를 발전시키고, 나아가 기업과도 컴퓨터를 통한 전자적 관계를 발전시킨다. 이 프로그램은 유크롭스가 1998년, 12주 동안 UVC 카드를 이용했던 거의 30만에 이르는 가정들(household)과 대화하기 위한 방법이다. 유크롭스는 2년에 한 번씩 회원들을 대상으로 한 고급 잡지를 펴내는데, 여기에는 요리법, 판촉 행사, 전자쿠폰 선물, 알레르기 대책 등과 같은 계절별 내용들이 포함되어 있다.

UVC 프로그램의 이익은 엄청난 규모이다. 그것은 1997년 버지니아 주의 프레드릭스버그에서 유크롭스의 새 매장이 문을 연 지 2주 동안, 89%의 판매가 UVC 카드를 통해 이루어진 까닭을 말해준다. 1998년 유크롭스 고객의 30%가 전체 판매액의 71%를 구매했다. 이에 대해 판매 및 마케팅 담당 부사장 스콧 유크롭(Scott Ukrop)은 다음과 같이 말한다. "우리는 이 30%를 잘 관리할 필요가 있습니다. 우리에게 와서 물건을 구입하는 최고의 고객들을 지켜야 하기 때문입니다."

관계에 대한 충실함의 수준

고객, 종업원, 파트너들은 다음의 두 가지 이유로 인해 기업과 지속적으로 관계를 맺는다. 하나는 그들이 자발적으로 관계를 원해서이고, 다른 하나는 적당한 대안을 찾기 못했기 때문이다. 관계에 대한 충실함의 수준은 관계의 형성이 외적 제약보다 자발적으로 이루어진 정도가 강할수록 높아진다.[35]

관계에 대한 충실함은 대안 모색부터 주인정신에 이르기까지 그 범위가 넓다(〈그림 7-1〉 참조). 다른 기업의 서비스가 너무 비싸다거나 다른 기업들이 사원을 뽑지 않는 것과 같은 어쩔 수 없는 이유로 인해 떠나지 못하고 관계를 지속하는 고객이나 종업원, 파트너들은 언젠가 그 같은 제약이 사라지면 미련 없이 떠나버릴 것이다. 이런 관계는 필요는 하지만 가치 있는 것은 아니다.

묵종(acquiescence)이란 관계의 한 당사자가 다른 한쪽의 요구에 순응하는 수준을 말한다.[36] 이는 관계를 유지하기 위한 수동적 동의를 의미한다. 외적 제약과 자발적 헌신 모두 묵종을 가져올 수 있다. 협력(coopertaion)이란 관계의 당사자들이 공동의 목표를 달성하기 위해 함께 일하는 것을 말한다. 적극적인 참여로 특징지워지는 협력은 관계를 원활하게 만들어준다. 왜냐하면 협력은 신뢰에 바탕을 둔 관계의 자연스런 결과이기 때문이다.

강화(enhancement)는 현재 상태보다 관계를 더 탄탄히 하기 위해 관계를 확대하고 깊이 있게 하는 것을 의미한다. 기업으로부터 추가로 서비스를 구매하거나 기업의 마케팅을 돕는 행위 등이 그 예이다. 관계를 중단하고 싶어하는 쪽에서는, 거기서 벗어나는 데 장벽을 만들지도 모를 강화에 힘쓰지 않을 것이다.

강화와 밀접하게 연결되어 있는 것이 동질감(identity)이다. 동질감은 한 당사자가 하나의 팀으로서 관계에 대해 생각하고,[37] 상대방에 대해 자신의 것인 양(예를 들어, 내 항공사, 내 상담사) 여기는 수준을 의미한다. 옹호(advocacy)는 기업의 옹호자가 되고, 다른 사람들의 지지를 이끌어내며, 필요하다면 비난자들로부터 기업을 방어하려는 의지를 뜻한다.[38]

기업에 대한 주인정신(emotional ownership)은 관계에 대한 충실함의 수준이 가장 높은 단계로, 협력, 강화, 동질감, 옹호의 확장이자 결합이다. 신뢰는 한 기업이 고객, 종업원, 파트너들과 매우 굳건한 관계를 맺도록 하여 그들로 하여금 기업의 주인처럼 느끼고 행동하게 한다. 그리고 그들은 실제 주인(financial owner)이 될 수도 있다. 이같은 경우는 이 책의 샘플기업들에서 실제로 일어나고 있다. 주인정신에 관한 논의는 다음 장에서 계속될 것이다.

고객의 입장에서 본 주인정신은 제리 스콧(Jerry Scott)이 전하는 다음의 이야기에 잘 묘사되어 있다. 그는 이스턴 에어라인(Eastern Airlines)에서 일하다가 미드웨스트 익스프레스로 옮겨와서 고객서비스 훈련을 감독하게 되었다. "저는 미드웨스트 익스프레스에 와서 문화적 충격을 받았어요. 예를 들면 이런 거죠. 어느 날, 한 고객이 뉴욕의 영업사무소로 급히 달려왔어요. 그래서 전 마음을 다잡았어요. 이스턴에서 일할 땐 영업소로 달려오는 대부분의 사람은 낭패를 겪은 고객이었기 때문이죠. 그런데 그 고객은 단지 승객들을 잘 돌봐준 데 대해 미드웨스트 익스프레스 측에 감사 표시를 하려고 왔던 거예요. 나에게 그 일은 미드웨스트 익스프레스에서 받은 세례였고, 나의 경력에 중요한 영향을 미쳤습니다."

신뢰는 강력한 힘을 지녔다. 가치를 창출하기 위해 인간의 행위에 의존해야 하는 서비스 기업들은 신뢰 없이 지속적인 성공을 거둘 수 없다. 서비스 기업은 고객, 그리고 고객을 위해 일하는 종업원이나 파트너들과 지속적이고 헌신적인 관계를 맺으려 노력하는데, 신뢰는 이러한 노력의 토대가 된다.

고객과 종업원, 파트너에 대한 믿음은 서비스 기업의 가장 가치 있는 자산이다. 이것은 약속을 판매하며 살아가는 서비스 기업에게는 엄연한 현실이다. 약속을 지키지 않는 기업은 살아남을 수 없다. 훌륭한 서비스 기업은 높은 신뢰도를 지닌 기업이다.

코라 그리피스(Cora Griffith)는 위스콘신 애플턴에 있는 페이퍼 밸리 호텔 오처드 카페의 웨이트리스다. 그녀는 고객과 동료 직원들로부터 우수한 종업원으로 인정받았을 뿐만 아니라, 그녀만의 단골손님을 많이 유치하기로 유명하다. 그녀는 애리조나에서 웨이트리스로 일하다가, 1985년 위스콘신의 오처드 카페로 옮겨왔다. "나는 처음으로 웨이트리스가 되던 날을 기억해요. 사실 떨려서 혼났어요. 부끄러움을 많이 타거든요. 하지만 웨이트리스가 되고 나서 달라졌어요."

애리조나에서 일하기 전 그녀는 위스콘신 코쿠나에서 살면서 9년 동안 기업 간부의 비서로 일해왔다. 그녀가 다시 위스콘신으로 되돌아왔을 때는 편안하게 느낄 수 있는 일을 하고 싶었고, 레스토랑 서비스 일이 자신에게 적격이라는 생각이 들었다.

코라는 자신의 일을 사랑한다. 그녀가 적격이라고 믿는 일에 종사하고 있다는 사실이 그녀를 편안하게 만든다. 고급호텔 레스토랑 크리스티스의 채용소식을 듣고도 지원하지 않을 만큼 그녀는 오처드 카페의 자유로움이 좋았다. 그녀는 "오처드 카페에서는 자유롭게 웃을 수 있고 맘껏 얘기할 수 있어요. 그리고 무엇보다도 마음이 느긋해지죠"라고 말한다.

코라는 9가지 성공 원칙을 실천하고 있다.

첫째, 고객을 가족과 같이 대한다. 처음 방문한 고객일지라도 편안함을 느낄 수 있게 해준다. 그녀의 장점은 발랄하면서도 따뜻한 미소, 테이블의 어떤 손님도 소외시키지 않는 대화 매너이다. 어린아이들도 어른처럼 대하며 손님의 이름을 불러준다. "나는 손님들이 집에서 식사하는 것 같이 느꼈으면 해요. 손님들이 환영받는다는 느낌을 갖기 원하고, 편안하고 느긋한 상태에서 식사를 즐겼으면 합니다."

둘째, 고객의 말의 경청한다. 코라는 고객의 주문 내용을 받아 적지 않고도 기억할 정도로 경청하는 기술을 익혔다. 주문을 받아 적지 않는 시간에 고객에게 더 많은 관심을 보일 수 있다. 세심하게 듣고 손님이 원하는 서비스를 제공한다. 손님이 바쁜지의 여부, 특별히 싫어하는 음식, 조리 방식 등 손님의 기호를 물어보고 고객의 기대에 맞추려고 노력한다.

셋째, 미리 예상한다. 그녀는 빵과 버터를 제공하고 음료수를 리필해주면서 미리 손님의 요구를 예상할 수 있도록 노력한다. 커피에 꿀을 넣는 것을 좋아하는 단골고객이 오면 고객이 묻기 전에 꿀을 넣어준다. "저는 고객이 아무 것도 요구할 필요가 없었으면 합니다. 그래서 저는 고객이 필요로 하는 것이 무엇일까 예상해보곤 하죠."

넷째, 사소한 것이 큰 역할을 한다. 그녀는 스스로 서비스의 세부사항들을 점검한다. 그릇의 청결 상태, 테이블 매너, 냅킨이 올바르게 접혔는지, 그리고 음식을 서빙 전에 확인한다. 어린아이들에게는 음식을 기다리는 동안 그림을 그릴 수 있도록 크레용을 가져다주는 등 고객에게 기쁨을 주기 위해 세심한 관심을 기울인다.

다섯째, 현명하게 일한다. 모든 테이블을 다 관찰하여 한 번에 여러 가지 일을 결합해서 할 기회를 찾는다. "한 번에 한 가지 일만 하지 마라", "주방에서 식당까지 빈손으로 가지 마라. 커피, 물, 홍차라도 반드시 가지고 가라." 한 손님에게 물을 따라주면서 다른 손님들에게도 따라주고, 접시를 하나 치울 때도 다른 빈 접시들이 없나 살펴본다. "큰 그림을 가지고 있어야 한다"고 그녀는 말한다.

여섯째, 끊임없이 배운다. 코라는 현재의 기술을 향상시키고 새로운 것을 배우기 위해 지속적으로 노력한다. 그녀는 다른 직원들과 함께, 예전에 오처드 카페에서 일했던 웨이트리스로부터 주문을 기억하는 방법을 배웠다. "그녀는 우리도 배우면 할 수 있다고 용기를 북돋아주었죠. 저는 어떻게 하는 것인지 배우고 싶었어요. 처음에는 어려웠지만 나중에는 조금씩 나아지더군요".

일곱째, 성공은 자기가 찾는 곳에 있기 마련이다. 이런 생각으로 코라는 자신의 일에 만족하고 있다. 그녀는 고객을 기쁘게 하는 데서 만족감을 얻고, 다른 사람이 즐거워하는 것을 보고 자신도 즐거워한다. 그녀의 긍정적인 태도는 레스토랑을 운영하는 데 큰 도움이 된다. "만약 어떤 고객이 기분 나쁜 상태로 들어오면, 저는 그분이 레스토랑을 나가기 전에 기분을 풀어주려고 노력합니다." 그녀는 성공을 "행복하게 사는 것"이라고 정의한다.

여덟째, 하나를 위한 전체, 전체를 위한 하나가 된다. 코라는 팀 플레이어다. 그녀는 8년 동안 같은 동료들과 아침 6시부터 오후 2시까지 일해왔다. 300명의 대회 참석자가 한꺼번에 아침식사를 하러 온 날, 팀원들은 서로를 도와가면서 일했다. 대기조였던 직원들도 주문을 받고, 관리자들도 음식을 나르며, 주방장도 접시를 닦는 등 모두가 함께 일했다. "우리는 마치 한 가족 같아요. 우리는 서로를 잘 알고 서로를 돕습니다. 일이 많은 날 아침, 일을 끝내고 나면 부엌에 들어가 이렇게 말합니다. 나는 여러분 모두를 자랑스럽게 생각합니다. 오늘 정말 수고 많이 하셨어요."

아홉째, 자기 일에 자부심을 갖는다. 코라는 자신이 하는 일이 중요하다고 믿는다. "저는 스스로 평범한 웨이트리스라고 생각하지 않습니다. 저는 웨이트리스로 선택된 사람입니다. 저 자신의 잠재력을 믿고 제가 하는 일에 최선을 다합니다. 저는 항상 새로 일을 시작하는 사람들에게 자부심을 가지라고 말합니다. 당신은 '아무나'가 아니며, 당신이 무엇을 하든지 간에 최선을 다해야 하고 자부심을 가져야 된다고 말합니다."[1]

코라 그리피스는 성공한 예이다. 그녀는 고용주에게 충성스러웠고, 동료와 고객들에게 헌신적이었다. 그녀는 지속적인 향상을 추구하는 완벽주의자였으며, 일에 대한 열정이 넘쳤고, 지치지 않는 정신력을 가지고 있었다. 그녀는 레스토랑에서 에너지를 발산했으며, 매일매일 끊임없는 노력으로 일에 임하며, 웨이트리스가 된 것을 자랑스러워하고, 사람들을 기쁘게 할 수 있는 데에 자부심을 느꼈다.

만약 레스토랑 업계가 명예의 전당을 가지고 있다면, 코라 그리피스는 유력한 후보가 되었을 것이다. 이 책을 쓰기 위한 연구조사에서 그녀와 비슷한 재능을 가진 서비스 종사자들을 몇몇 만났다. 그들 대부분은 서비스하기를 좋아하고 서비스에 뛰어난 능력을 보였다. 그러면, 샘플기업들은 어떻게 코라 그리피스와 같은 종업원을 채용할 수 있었을까?

첫째, 5장에서 언급했던 것처럼 샘플기업들은 직원을 잘 채용한다.

샘플기업들은 기업의 가치와 잘 어울리는 재능 있는 사람들을 채용하기 위해 기를 쓰고 노력하고, 자발적인 노력을 할 줄 아는 우수한 인재를 찾기 위해 온 힘을 다한다. 서비스의 질은 서비스 요원의 자유재량이라 할 수 있는 자발적 노력에 의해 좌우되기 때문이다. 보통의 웨이트리스와 코라 그리피스와 같은 웨이트리스의 차이는 코라의 자발적인 노력에서 오는 것이다.

채용을 잘 하는 것이 첫 걸음이고, 그 다음으로는 직원과의 진실한 관계를 만드는 것이 중요하다. 그리고 신입사원들의 잠재적 성공 역량을 실제적 성공으로 바꾸는 데에 많은 자원을 투입해야 한다.

코라 그리피스는 고용주가 그녀를 가르치고, 믿고, 경청했기 때문에 더 나은 웨이트리스가 될 수 있었다고 생각한다. 다른 레스토랑에서 일했어도 지금처럼 훌륭한 웨이트리스가 되었을까 하는 질문에 그녀는 이렇게 대답한다.

저는 항상 최선을 다하려고 노력합니다. 딕과 존 버그스트롬은 고객을 돌보는 것이 얼마나 중요한지를 제게 가르쳐줬고, 또 제가 자유롭게 고객을 대할 수 있도록 해준 사람들입니다. 기업은 항상 제 생각에 귀를 기울였고 관심을 보여주었습니다. 제가 오처드 카페에서 일하지 않았더라도 괜찮은 웨이트리스가 되었겠지만, 지금과 같은 웨이트리스는 되지 못했을 겁니다.

최고의 서비스 기업은 직원의 성공에 투자한다. 많은 기업들은 직원의 높은 이직률을 이유로 직원에게 투자하기를 꺼린다. 하지만 샘플기업들은 이와는 정반대의 접근을 한다. 직원들의 성공에 필수적인 인프라와 도구, 인센티브를 제공하는 데 투자한다. 이러한 기업들은 떠나

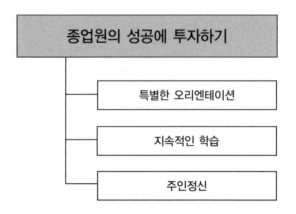

그림 8-1 종업원의 성공에 투자하기

종업원의 성공에 투자하기

특별한 오리엔테이션

지속적인 학습

주인정신

는 직원들을 평계로 아끼기보다는 남아 있는 직원들을 위해 투자한다. 그들은 높은 수행 기준을 만들어놓고 직원들이 이를 성공적으로 달성할 수 있도록 여건을 마련해준다. 많은 기업들은 직원들에게 중간 정도의 수행을 기대한다. 하지만 이 책에서 다룬 샘플기업들은 그렇지 않다. 그들은 최상의 성취를 기대하고 이를 위해 투자한다.

이 장에서는 〈그림 8-1〉에서와 같이 종업원에 대한 투자를 세 가지 범주로 나누어 살펴본다. 서비스의 지속적인 성공을 위해 필수적인 것은 종업원들이 서비스에 올바로 입문해 지속적으로 자신의 서비스 기술과 지식을 발전시키며, 주인정신을 갖도록 하는 것이다. 코라그리피스를 비롯해 내가 인터뷰한 다른 서비스 요원들의 예도 위의 세 가지를 만족시키는 경우다. 종업원들의 성공을 위한 투자는 기업의 성공에 직접적으로 연결된다. 그리고 이러한 다이내믹스는 성공의 사이클을 형성한다.

특별한 오리엔테이션

샘플기업들은 신입사원들이 미래의 초석이 되는 첫걸음을 제대로 내디딜 수 있도록 투자한다. 신입사원들이란 자신의 새로운 일에 관심을 갖고, 일의 기본을 터득하려 열심히 배우고, 동료들에게 인정받고, 자신도 기업에 공헌하려고 하는 열성적인 학생과도 같다는 사실을 샘플기업은 잘 활용한다. 첫 출근 당일, 혹은 그로부터 한동안은 기업의 가치, 전통, 역사, 전략, 고객, 경쟁자, 정책, 그리고 과정에 대해 배울 수 있도록 많은 기회를 제공한다. 무대에 오른 배우가 연극을 알아야 하듯이 서비스 수행자들은 기업을 알아야 하고, 그들의 역할을 잘 소화해야 하며, 전체 연극에서 자신의 부분이 어디에 있는지 파악해야 한다.[2]

미드웨스트 익스프레스와 컨테이너 스토어 같은 기업들은 신입사원 오리엔테이션을 다시 올 수 없는 기회로 여겨 기업의 철학과 가치, 그리고 비즈니스의 맥락과 의미를 가르친다. 아직 백지처럼 깨끗한 신입사원들이 나쁜 습관이나 부정적인 생각을 갖기 전에 좋은 습관과 긍정적인 사고를 심어주는 것이다. 샘플기업들은 때로 신입사원 오리엔테이션을 여러 날로 늘려서까지 핵심 가치에 대한 신입사원들의 다짐을 굳게 하고, 이들간의 단결을 공고히 한다. 경영층은 오리엔테이션을 통래 어떤 사실(what)을 주입시키는 데 그치지 않고, 왜(why), 어떻게(how)라는 물음에 답해준다.

교육 내용은 특정한 업무에 관한 것이 아니라 기업 전반에 관한 것이다. 신입사원 오리엔테이션은 선택이 아니라 필수이다. 성공을 지속시키는 기업들에서 오리엔테이션은 앞으로 계속될 학습 여정의 첫 발걸음이다.

미드웨스트 익스프레스에서의 첫 출발

미드웨스트 익스프레스는 매 3주마다 이틀간의 일정으로 25~30명의 신입사원들을 연수시킨다. 모든 신입사원들, 즉 조종사, 수하물 관리자, 비행기 관리인들이 함께 참석하게 된다. 프로그램은 비행기를 타는 것과 유사하다. 신입사원들은 항공권 모양의 초대장을 받게 되고, 첫 교육에 들어가기에 앞서 탑승안내가 흘러나온다. 점심은 정차하고 있는 미드웨스트 익스프레스 비행기 안에서 먹는다. 참가자들은 그날 탑승객들이 먹은 음식과 같은 것을 먹게 된다. "우리는 직원들이 우리 비즈니스의 맥박을 느끼게 하기 위해 이렇게 합니다." 프로그램을 개발, 운영하는 팀의 아트 디렉터, 제임스 데이비스 마크스(James David Marks)의 설명이다.

오리엔테이션 일정은 상호존중, 정직과 성실, 책임감, 고객서비스와 같은 기업 가치를 중심으로 진행된다. 각각의 코스는 하나씩의 가치에 초점을 둔다. 상호존중 코스에서는 다양한 배경의 종업원들이 함께 일할 때의 장점을 강조하고, 고정관념과 그룹에서 소외되었을 때의 느낌에 대해 얘기한다. 고객서비스 코스에서는 베테랑 직원이 보람 있었던 서비스 경험담을 들려준다. 이때 각각의 코스는 쌍방향식 대화와 토론으로 진행된다.

졸업식은 팀 혹스마나 다른 고위 관리자의 연설, 기업의 텔레비전 광고 시청, 졸업식 음악 연주 등으로 구성된다. 참석자들은 졸업 증명서에 사인을 하고 개인적인 신념을 발표한다. "나는 고객에게 최상의 서비스를 제공하는 데 초점을 맞출 것이다", "나는 고객, 상사, 그리고 동료들을 존중할 것이다", "나는 고객과 동료를 대하는 데 있어 정직할 것이다" 등등. 이러한 의식 뒤에, 인사부장 메어리 블런델(Mary Blundell)은 신입사원들에게 "이제 포장이 끝났으니 나갈 준비가 다 되었다"고 선언한다. 그녀는 "서로 다른 분야에서 일하게 될 25명의 신입사원들 사이에 연대감이 싹트는 걸 보면 즐거워요. 많은 사람들이 동창회라도 만들면 어떻겠냐고 제안할 정도니까요"라고 말한다.

오리엔테이션 프로그램은 1년 동안 매주 8명(관리자와 일반사원 포함)의 팀원이 만나 디자인한다. 팀은 계속해서 프로그램을 평가하고 다듬는다. "직원들은 미드웨스트 익스프레스의 가치에 열정적이었습니다. 우리는 가치를 강조하는 오리엔테이션을 원했으며, 목표는 신입사원들이 성공할 수 있도록 도와주는 것입니다." 메어리 블런델의 말이다.

컨테이너 스토어의 파운데이션 위크

컨테이너 스토어는 신입사원 오리엔테이션을 '파운데이션 위크(Foundation Week)'라고 부른다. 여기에는 풀타임, 파트타임 신입사원들이 모두 참가한다. 매장, 유통센터, 사무실 직원들에게는 서로 다른 파운데이션 위크 프로그램이 제공된다. 예컨대 매장 직원을 위한 파운데이션 위크는 세 가지 기본 부분으로 구성되어 있다. 오리엔테이션 이전 과제, 오리엔테이션 데이, 그리고 나머지 4일간의 매장 교육이 그것이다. 오리엔테이션 이전 과제에는 직원 핸드북과 기업에서 펴낸 책 읽기, 주중에 계획된 활동하기, 글쓰기 등이 포함되어 있다. 이 과제를 완수해야만 오리엔테이션 데이에 참가할 수 있다.

매장 관리자와 몇몇 다른 스탭들이 오리엔테이션 데이를 주관하는데, 신입사원들이 매장에서의 그날의 "짧은 회합(huddle)"에 참여하는 것에서 시작한다. 나머지 일정은 직원 핸드북 내용에 따라 진행되는데, 내용은 기업의 역사, 설립 가치, 직원에 대한 요구사항, 고객서비스로서의 세일즈 철학 등이다.

매장의 다른 스탭들은 나머지 4일 동안 전화 서비스, 시각 세일즈

(visual sales), 기록 세일즈(register sales), 재고 관리 등에 관한 교육을 실시하고, 각각의 주제가 고객서비스와 어떤 관련이 있는지에 대해 광범위하게 토론한다. 매장이 보유하고 있는 물품에 대한 소개도 포함된다. 4일간의 오리엔테이션을 끝내야만 신입사원들은 일반사원과 똑같은 스케줄로 일할 수 있고, 첫 직무를 위한 전문화된 교육을 시작할 수 있다.

파운데이션 위크는 신입사원들에 대한 상당한 투자다. 노사관계와 지역사회 서비스 관리담당 바바라 앤더슨(Barbara Anderson)은 그 배경에 대해 다음과 같이 설명한다.

> 우리의 훌륭한 기업문화를 보전하려면, 처음부터 신입사원들을 기업문화 속에 깊이 담궈야 합니다. 다른 기업들은 우리가 하는 방식대로 비즈니스를 하지 않아요. 우리 신입사원 중 많은 이들은 다른 회사에서 일하면서 실망해본 사람들입니다. 그들이 처음으로 우리의 기업문화에 대해 들었을 때, 믿고 싶었을 겁니다. 하지만 그들은 조심해야 한다는 것도 경험을 통해 터득한 사람들입니다. 파운데이션 위크만으로 이 문제가 완전히 해결되진 않습니다. 신뢰를 쌓는 데는 시간이 걸리니까요. 그러나 신뢰를 쌓는 속도를 높일 수는 있습니다.

●　●　●　●
지속적인 학습

샘플기업들에 있어, 오리엔테이션에서의 학습은 지속적인 학습 여정의 시작이다. 찰스 슈왑, 밀러 SQA, 유크롭스와 같은 기업은 기업 내에 '대학' 을 두고 있다. 다나 커머셜 크레디트는 직원들에게 평균 60시간의 기업 내 교육을 제공하며, 1997년부터는 학비 보조를 실시하고 있다. USAA는 직원들이 대학 교육을 받거나 보험 등 업무와 관련된 자격증을 따는 데 500만 달러를 지원했다. 이 투자액은 직원들이 기업 내에서 받는 교육에 투자한 액수를 제외한 것이다.

샘플기업들은 4가지 이유—이는 모두 직장에서 개인의 성취감과 직업적 성공을 촉진하는 것과 관련이 있다—로 직원들의 지속적인 학습에 적극적으로 투자한다.

첫째, 직원들의 지속적인 학습은 기업의 핵심 가치를 강화한다. 이것은 기업의 기초를 튼튼히 해준다. 탁월함, 혁신, 존중 등의 가치를 만들어 가는 데 있어 사람에게 투자하는 것보다 더 나은 방법이 어디 있겠는가? 그리고 기업이 가치를 실현하고자 하는 의지를 보여주는 데 있어 직원에게 투자하는 것보다 더 나은 방법이 존재하겠는가? USAA는 전체 직원의 3분의 1에게 대학 교육을 시켜주면서 탁월함, 존중, 사회적 이익 등의 기업 가치를 실현하고 있다.

둘째, 교육은 동기를 부여해준다. 질 좋은 서비스를 수행하려는 직원들의 의지는 그들이 숙지하고 있는 기술과 지식과 필연적으로 관련되어 있다. 배움은 강한 동기부여 요인인 자신감을 만들어낸다. 서비스 제공자는 자연스레 자신이 잘할 수 있는 활동에 끌리게 되어 있다. 반면 스스로 준비되어 있지 않은 부분은 피하게 된다. 실제로 서비스 제공자가 고객에게 서비스하는 것을 피하는 경우, 그들이 할 수 없는 일일 경우가 많다. 필수적인 기술이나 지식이 부족해서 생기는 일인 것이다.

셋째, 직원의 지속적인 학습에 대한 투자는 개인 발전의 무한성을 인정하는 것이다. 완벽히 훈련된 사람, 완전한 지식을 갖춘 사람은 어디에도 없다. 학습은 목적지가 아니라 여행이다. 서비스 제공자들은 두 가지 선택 가능성이 있다. 진보 아니면 쇠퇴! 신기술의 도입 등으로 빠르게 변화하는 세계에서 정체된 능력은 곧 쇠퇴를 의미한다.

넷째, 직원의 지속적인 학습은 서비스 수행을 전문화시킨다.[3] 프로페셔널들은 지속적으로 배우고, 그들의 기술을 넓고 깊게 확장하며, 지식의 토대를 넓힌다. 프로페셔널리즘은 특정한 일이나 직위의 자동적인 부산물이 아니다. 프로페셔널리즘은 자부심에서 나오며 사람들이 고객이나 동료와 같은 사람 앞에서 어떻게 행동하는지에서 나타난다. 학습을 통해 배우는 내용과, 학습으로 인한 자기 발전의 느낌은 자기 존중과 프로페셔널리즘에 기여한다.

학습은 피로, 지루함, 소모적인 느낌, 그리고 비효율성에 대한 대안이다. 학습은 자극을 줄 수 있고 원기를 회복시켜준다. 그것은 서비스 정신을 새롭게 하고, 에너지를 재충전해준다. 새롭게 습득한 기술과 지식을 일에 적용하는 것은 보람 있는 일이다. 적용할 수 있는 학습은 배움에 대한 열정을 만들어낸다. 개인의 성장은 개인의 행복에 기여하고, 이것은 지속적으로 양질의 서비스를 제공하는 데 매우 중요하다.

핀란드의 SOL 클리닝 서비스를 북유럽에서 가장 존경받는 기업으로 성장시킨 리사 요로넨(Liisa Joronen)은 이렇게 질문한다. "서비스 기업에서 당신이 스스로 행복하지 않으면, 어떻게 다른 사람들을 행복하게 해줄 수 있겠습니까?"[4]

핵심적인 교육과정

유크롭스의 음식연구센터는 필수과목과 선택과목을 개설해두고 있다. 풀타임 직원과 파트타임 직원들 모두가 처음 1년 동안 4개의 핵심과목을 수강한다. 각각 3개월씩, 건강한 시작(유크롭스의 오리엔테이션), 가치, 최상의 고객서비스(제조업종 직원들은 품질 관련 과목을 수강한다), 팀워크에 대한 과목을 수강한다.

가치 수업 때는 회장과 사장이 강사로 나온다. 두 시간 동안의 수업 내용은 기업의 역사, 철학, 가치, 경쟁환경, 전략, 그리고 의사결정 방식 등이다. 부사장 밥 켈리(Bob Kelly)은 이렇게 말한다. "내가 필립 모리스에서 일할 때, 나는 사장을 한 번도 만나본 적이 없습니다. 하지만 이곳에서는 우리의 5,500명 직원 모두가 회장과 사장을 만날 것을 확신합니다."

유크롭스는 이밖에 기업의 전략, 음식물 쓰레기 줄이는 법, 포장 테크닉, 슈퍼마켓 경영(3일 반 동안, 소매 음식사업 일반과 유코롭스의 운영에 대해 강의)과 식료품 제조(3일 반 동안의 식료품 제조 일반에 대해 강의)에 관한 과목을 개설해두고 있다.

유크롭스의 간부들이 대부분의 수업을 담당하고, 지원센터가 교실을 제공한다. 유크롭스는 전임 교원을 채용하기보다 기업의 관리자들이 강의하는 것을 선호한다. 이들 통해 관리자들의 프리젠테이션 기술을 발전시킬 수 있고, 이들에 대한 믿음을 강화할 수 있기 때문이다. 그들은 분기마다 새로운 교육과정에 관한 책자를 발행한다. 1997년, 유크롭스의 수업 참석 총 인원은 10,000명에 달했다. 지역 슈퍼마켓 체인으로서는 놀랄 만한 수치이다. 유크롭스의 인사담당 매니저 캐시 미도우즈는 그녀 자체가 개인 발전 분야의 연구대상이다. 그녀는 1986년 파트타임 출납계로 일을 시작해 오늘에 이르렀다.

신병 훈련소

판매와 고객서비스를 위한 철저한 준비는 샘플기업들의 공통된 특징이다. 신병 훈련소라고 불리는 집중훈련 과정은 다이얼 에이 매트리스나 밀러 SQA와 같은 기업에서 일선 서비스 요원으로 인정받기 위해 반드시 거쳐야 하는 관문이다. 신병 훈련소의 시험을 통과한 직원들은 실제 서비스에서 그들이 경험하게 될 신체적·정신적·감정적 테스트에 잘 대비가 되었다고 볼 수 있다.

다이얼 에이 매트리스는 단순히 침대를 판매하는 직원을 교육시키는 게 아니라, '전화로' 침대를 판매하는 직원을 교육시켜야 한다. 다이얼 에이 매트리스로 전화하는 대부분의 고객들은 직접 보지도 않은 매트리스를 사본 적이 없고, 전화로 구매해도 괜찮을지에 대한 확신도 없다. 침구 컨설턴트는 고객이 머릿속으로 그림을 그려볼 수 있도록 설명하고, 개인의 필요에 따라 여러 가지 선택을 하게 하면서 고객을 이끌며, 판매과정에서 신용을 쌓는다. 이 역할에서 성공하기 위해서는 활력과 인내심, 창의력, 경청, 상품에 대한 지식, 의사소통 능력, 컴퓨터 활용 능력, 그리고 고객중심의 철학이 필요하다.

다이얼 에이 매트리스는 신입 판매사원들에게 6주 동안 집중적인 훈련과 교육을 실시한다(고객서비스 담당사원들도 비슷한 교육을 받으며, 이 프로그램보다 몇 주가 더 길다). 훈련을 받는 사람들은 처음 4주는 교실에서 세일즈에 대해 배우고, 나머지 2주는 전화센터에서 선임자의 조언을 받으며 판매실습을 한다.

역할극은 주된 학습 방법이다. 채용 및 교육담당 매니저 필델리스 쿠퍼 스넬(Phildelis Cooper-Snell)은 고객과 침구 컨설턴트의 실제 대화 내용을 테이프에 담아 들려주고 그 상황에서 그들이 어떻게 대처했을지를 묻는다. 역할극의 대부분은 어려운 상황, 예를 들어 배달된 침대가 마음에 들지 않아 두 번이나 반품하면서 환불을 요구할 때와 같은 상황 등을 다룬다.

다이얼 에이 매트리스의 납품업자가 진행하는 제품이해 과목도 중요한 과목인데, 이는 전화 판매시 제품 및 부품에 대한 깊은 이해가 필요하기 때문이다. 이 과목의 수강생들은 뉴저지에 있는 시몬스(Simmons)와 셀타(Serta)사의 공장을 방문해 매트리스 제조공정을 견학한다. 이밖에 강의, 베테랑 침구 컨설턴트 옆에서 관찰하기, 컴퓨터 조작 훈련, 고객의 행동과 판매 기술에 대한 비디오 시청 및 토론 등 다양한 교육방법이 동원된다.

다이얼 에이 매트리스는 그들이 필요로 하는 인원보다 더 많은 수의 사람들을 채용한다. 신입사원의 절반 정도만이 코스를 마치기 때문이다. 어떤 사람들은 스스로 떠나기도 하고, 어떤 사람들은 합격하지 못하는 것이다. 쿠퍼-스넬은 이렇게 말한다.

> 어떤 사람들은 정보를 갖고는 있지만 잘 활용하지 못합니다. 또 어떤 사람들은 정직과 성실을 바탕으로 하는 우리 기업에 맞지 않습니다. 나는 직원들이 이곳에서 성공할 수 있기를 바랍니다. 나는 트레이닝을 통과해 우리 기업 안에서 성공의 길을 밟아가는 신입사원들을 자랑스럽게 생각합니다. 그건 경이로운 느낌입니다. 그들은 새싹과 같고, 머지않아 꽃을 피울 것입니다.

코스를 끝내고 졸업식에 참석하는 사람들은 수료증을 받는다. 다이얼 에이 매트리스의 고위 관리자들은 졸업생들을 축하하고 입사를 환영해준다.

밀러 SQA는 판매원에게 11주짜리 교육과정을 제공한다. 1998년 21개 항목으로 구성된 교육 코스가 만들어졌다. 이 코스의 목적은 전통적인 판매방식에 익숙한 사무가구 판매원들에게 노트북 컴퓨터를 활용해 고객과 의견을 나누면서 주문을 내는 새로운 판매방식을 교육하기 위한 것이다. 판매원들은 노트북 컴퓨터와 그 안에 내장된 1:1 소프트웨어를 가지고 6주에 걸쳐 교육을 받는다. 이들이 제품에 관한 지식을 숙지하고 소프트웨어를 사용할 수 있을 때까지 매주 1~3시간 가량 교육이 실시된다. 이후 공장에서 실시되는 7주차 교육 때는 노트북 컴퓨터로 서비스를 수행하는 등의 체험학습에 초점을 맞춘다. 다음 몇 주는 전화수업이 이어지고, 마지막 주에는 경험이 많은 세일즈 담당자와 함께 실제로 판매를 위한 전화를 해본다. 이들은 실제 시스템을 사용해 한 차례 거래를 성사시킨 다음에야 졸업을 할 수 있다.

밀러 SQA의 사업방식은 다른 기업과 근본적으로 다르다. 따라서 이 회사의 교육 목적 또한 판매원들의 기존 판매방식을 다듬고 연마하는 것이 아니라, 그들에게 완전히 새로운 기술을 심어주는 것이다. 컴퓨터를 이용한 서비스, 고객과의 쌍방향 의사소통을 통해 주문을 내는 '협력 판매(collaborative selling)' 등이 그것이다.

사람들의 사고방식을 바꾸기 위해 교육담당 매니저 마벨 케이시 (Mabel Casey)와 그녀의 동료들은 쌍방향적이고, 체험적이며, 흥미진진한 프로그램 포맷을 디자인하려 애쓴다. 그들은 프로그램 전반을 통해 대학과 같은 느낌을 주려 한다. 참가자들은 신입생 오리엔테이션에 참가하고, 봄 방학이 있으며, 공장을 방문하면 카메라를 선물 받고, 캠퍼스 매장에서 물건을 사면 포인트가 늘어나고, 온라인으로 캠퍼스 신문을 읽는다.

케이시는 말한다. "대부분의 기업 트레이닝 프로그램에서 당신은 교실에 앉아 사람들이 가구에 대해 말하는 것을 듣게 될 것입니다. 그러나 여기서는 그렇게 하지 않아요. 여기서는 쌍방향성을 강조합니다. 모두가 참여하는 거예요. 덕분에 우리는 '이건 제법 재미있는걸!' 하는 말을 자주 듣는 편이지요."

개인별 자기계발 프로그램

찰스 슈왑과 커스텀 리서치는 직원의 개인 능력을 평가해, 그에 맞는 자기계발 프로그램을 제공한다. 슈왑은 22개 항목에 걸쳐 고위 간부와 중간 관리자들의 능력을 평가하는 '360도 평가법'을 활용하고 있다. 여기서는 동료와 하급자, 상급자들이 개개인의 능력 평가에 참여한다. 하지만 본인 이외에는 아무도 개인의 평가내용을 보지 못한다. 이 평가의 유일한 목적은 각자가 자기계발 계획을 세울 수 있도록 유도하는 것이다. 고위 관리자들은 코치와 함께 그들의 계획을 수립하고, 중간 관리자들은 어떻게 자기계발 계획을 수립하는지에 대한 수업을 듣게 된다.

슈왑의 고위 간부들이 평가를 받는 첫 번째 대상이다. 중간 관리자는 한 차례 '360도 평가'를 받고 나서 18~24개월 동안 자기계발 기간을 거치고 난 후 재평가를 받는다. 개인의 자기계발 계획에는 정규 교육(슈왑 대학과 다른 대학의 최고경영자 과정에서 제공하는 코스) 이수와 함께 자격증을 따기 위한 특정 활동이 포함된다. 슈왑은 또 중간 관리자들이 업무능력을 갈고 닦을 수 있는 수료과정을 개발 중에 있다.

슈왑의 전 직원들은 자기계발 프로그램에 참여할 수 있으며, 각각의 업무에 맞는 다양한 커리큘럼이 마련되어 있다. 슈왑 대학은 직원 각자의 자기계발을 위해 필요한 수십 개의 과목을 개설해 놓았는데, 의사소통, 조직의 효율성, 리더십, IT기술, 투자와 재무 관련 과목 등이 그것이다.

슈왑 대학은 본사와 지사 서비스센터 강의실에서 교육을 하고, 컴퓨터 교육을 위해 인트라넷이나 CD-ROM을 이용한다. 1998년에는 전 직원의 65%가 슈왑 대학에서 한 과목 이상을 수강했다. 부사장 아일린 쉴로스(Eileen Schloss)는 슈왑 대학에 깔려 있는 철학에 대해 이렇게 말한다. "우리 기업의 심장은 우리의 핵심 가치와 문화입니다. 그것은 우리가 들어가 헤엄치는 물과 같습니다. 슈왑 대학은 모든 직원의 지속적인 발전을 위해 이러한 가치들을 공유하고 영속시켜 나갑니다. 우리는 직원 모두에게 다가가 그들이 자기계발을 할 수 있도록 돕고 싶습니다."

커스텀 리서치도 자기계발 프로그램을 적극 활용한다. 직원들은 관리자와 매년 만나면서 자신의 장단기적 목표를 세우고, 그 목표에 도달하기 위해 개인별 자기계발 계획을 수립한다. 직원과 관리자는 지속적인 만남을 통해 계획에 진척이 있었는지를 검토하고, 기업이 바쁠 때에도 직원이 계획을 제대로 지켜나갈 수 있도록 도와준다.

커스텀 리서치는 다양한 커리큘럼을 가지고 있다. 보고서 작성, 재무제표, 팀워크, 수행관리, 통계, 리서치 디자인, 창의적 문제 해결 등이 기업 내에서 제공하는 커리큘럼이다. 또한 글쓰기, 프리젠테이션, 경영, 관리 기술에 관한 내용은 외부에서 과목을 수강하도록 한다.

경험을 넓히기 위해 커스텀 리서치 직원들은 폭넓은 독서와 프로젝트에 참여하고 정기적으로 부서를 옮겨 일한다. 커스텀 리서치에서 승진을 하려면 여러 부서에서 다양한 경험을 쌓아야 한다. 이 기업은 관리자 이하 팀원 모두가 정기적으로 팀 내에서 역할을 바꾸고, 몇 년 후에는 새로운 팀으로 옮기면서 고객들에게 서비스한다. 커스텀 리서치의 팀과 부서 관리자들은 매년 드래프트(draft)를 열어 직원을 다른 곳에서 데려오거나 기존 직원을 유임시킨다.

새로운 팀에서 새로운 관리자, 동료, 고객, 그리고 새로운 프로젝트를 경험함으로써 개인의 발전을 가속화할 수 있다. 이같은 보직 순환 속에서도 팀의 지속성을 유지하는 것이 주된 도전 과제다. 대학에 다니면서 커스텀 리서치의 전화센터 직원으로 시작해 1998년까지 다른

그림 8-2 커스텀 리서치 직원의 자기계발 계획표

자기계발 계획

직원명: _____   관리자명: _____

- 장기 목표: 리서치 관리자
- 단기 목표: 선임 연구원

- 트레이닝 목표
    1. 스스로 3~4개의 프로젝트를 실행한다.
    2. 포커스 그룹의 프로젝트를 한 개 이상 수행한다.
    3. 글쓰기 능력을 향상시킨다.
    4. 평가 기술을 높인다.

- 외부 트레이닝
    1. 없음

- 커스텀 리서치 트레이닝
    1. 계약 서비스 트레이닝: 필드 작업(1~2일)
                        샘플 프로세싱(2일)
    2. 고급 통계 트레이닝
    3. 리서치 디자인 트레이닝
    4. 2~3개의 리서치 리포트 작성
    5. 10~15개 입찰을 다루고 평가 모듈 완성하기
    6. 팀의 질이나 효율을 높이기 위한 4가지 아이디어 내놓기
    7. 2개 프로젝트 필드에 방문하기
    8. 독서
        a. 1년 동안 두 권의 일반 경영서적 읽기. 추천도서 리스트에서
           선택하거나 다른 곳에서도 선택 가능하다.
           이 경우 관리자에게 선택 도서에 대한 허가를 받아야
           한다. 책을 읽고 리포트를 준비하여 관리자와 토론한다.
        b. 일주일에 한 번 비즈니스 주간지를 읽는다.
        c. 독서토론 그룹에 참가한다.
        d. 점심 학습프로그램(Lunch and Learn Program)에
           참가한다.

두 팀에서 근무해본 로라 올슨(Laura Olson)은 이렇게 말한다. "우리는 안정적인 고객서비스를 원합니다. 그래서 고객의 최선과 직원의 최선 사이에서 균형을 맞추려고 노력합니다."

〈그림 8-2〉는 입사 4년차인 커스텀 리서치 직원이 1998년에 실제로 작성한 자기계발 계획표이다. 직원과 관리자의 이름은 생략한다. 이 계획표는 그 당시 커스텀 리서치의 개인별 자기계발 계획서의 세세함을 잘 보여준다. 그리고 직원의 성공에 투자하겠다는 기업의 의지가 분명히 드러나 있다. 커스텀 리서치는 기술 수준이 높은 일을 수행한다. 따라서 지속적인 학습은 필수 조건이다.

그들은 나를 코치라고 부른다

코칭(coaching)은 샘플기업에서 직원들의 발전을 위해 일반적으로 쓰이는 방법이다. 모든 직원들은 주된 임무 혹은 부가적인 임무로 코칭을 하게 된다. 컨테이너 스토어에서는 슈퍼 세일즈 트레이너(Super Sales Trainer: SST)라는 풀타임 직원과 매장 직원이 함께 일하면서 판매상품에 대해 배우고 솔루션 판매 기법을 익힌다. 이것이 컨테이너 스토어의 문화다. 다른 사람들과 함께 나누는 것이 이 기업의 핵심 가치다.

세일즈맨 페르난도 라모스는 "내가 알고 있는 모든 것을 당신에게 전부 가르쳐주고 싶어요"라고 말하면서, 다른 직원들을 코치해줌으로써 신입사원들을 감탄시킨다. 슈퍼 세일즈 트레이너인 일레인 후쿠아는 "우리 모두가 트레이너죠"라고 덧붙인다.

미드웨스트 익스프레스의 신입 승무원은 6주 동안 트레이닝을 받으며, 이중 2주는 정해진 코치와 함께 하게 된다. 코치는 이미 이 과정을 마친 경험 있는 직원들이다. 신입 승무원은 일대일 지도에서 많은 것을 배우고, 코치는 지식을 공유함으로써 보람을 얻는다.

미드웨스트 익스프레스는 예약담당 요원들을 위해 품질보증 서비스 담당(Quality Assurance Service Representative)을 두고 있다. 동료들에 의해 직접 선출되는 QASR도 예약담당 요원이다. 그들은 동료들이 예약을 받는 데 어려움이 있을 경우 코치를 해준다. 예약담당 요원인 소냐 월본은 "가끔은 피드백이나 지도가 필요해요. QASR 프로그램은 누군가가 당신을 도와줄 수 있다는 점에서 유용합니다"라고 말한다.

제니퍼 그라사노(Jennifer Grassano)는 다이얼 에이 매트리스의 침구 컨설턴트이면서 코치이기도 하다. 그녀는 일주일에 3일은 침구 컨설턴트로 일하고, 하루는 다른 컨설턴트들을 코치해준다. 그녀는 지난 3개월 동안 세일즈 직원들의 생산성을 검토하여 코치할 후보자를 선정한다. 즉 판매량이 떨어진 직원이나 진부한 방법을 사용하는 직원을 찾아내는 것이다.

그녀의 첫 번째 과제는 컨설턴트와 고객의 전화 내용을 모니터하는 일이다. 그녀는 한 시간 정도 지켜보면서 각 전화에 대한 메모를 한다. 침구 컨설턴트들은 자신의 전화 내용이 모니터 된다는 사실을 알지만 그것이 언제인지는 미리 통지받지 못한다.

모니터를 끝내면 그라사노는 침구 컨설턴트를 옆에 두고 장점과 고쳐야 할 부분에 대해 점검한다. 그녀 역시 침구 컨설턴트이므로 그것이 얼마나 힘든 일인지 잘 알고 있다. 매일 고객으로부터 걸려오는 수십 통의 전화를 받으면서, 에너지를 유지하고 열정을 전달하기가 얼마나 어려운지도 잘 안다.

그녀는 업무에 활기를 불어넣기 위해 새로운 전술과 말씨를 제안하곤 한다. 그라사노의 지도를 받는 한 침구 컨설턴트는 고객이 왜 한 매트리스가 다른 매트리스보다 더 비싸냐는 질문에 효과적으로 대답할 수 없었다. 그녀는 고객의 머릿속에 그림을 그릴 수 있도록 도와줄 필요가 있다고 강조했다.

> 고객들이 침대를 사는 것은 우리에게 달려 있다. 고객들은 코일 시스템과 다른 시스템을 구분하지 못한다. 이것은 자동차의 카뷰레터를 사는 것과 같다. 나는 카뷰레터가 어떻게 생겼는지도 모른다. 침구 컨설턴트는 묘사적으로 설명하여 고객이 옳은 결정을 내릴 수 있도록 도와주어야 한다. 고객에게, 비싼 매트리스에는 양질의 고급 실크와 울이 섞인 내용물이 들어 있다고 말해라. 단순히 질이 좋다고만 얘기해서는 안 된다.

코치 기간이 끝나면 두 달 후에 같은 직원과 체크하는 과정을 거친다. 그녀는 교육을 하기 전 3개월 동안의 실적과, 교육 후 두 달 동안의 실적을 비교할 수 있다. "사람들은 분명한 증거를 원한다"고 그녀는 말한다.

그라사노는 침구 컨설턴트로서 그녀의 경험과 생산성이 코치로서의 신뢰를 줄 수 있다고 믿는다. "내가 침구 컨설턴트로서 뛰어나지 못하다면 어떻게 코치가 될 수 있겠는가? 나는 다양한 실례를 통해 다른 컨설턴트들을 이끌어야 한다. 만일 내가 풀타임 코치였다면 덜 효율적이었을지도 모른다."

다른 훌륭한 코치처럼 그라사노는 그녀가 갖고 있는 지식을 공유하고 기술을 전수시킨다. 그녀의 세밀함은 판매원들을 향상시키며 콜센터로부터 존경을 받는다. "직원들이 나를 코치라고 부르면서 놀리곤 해요. 우리를 양키스(Yankees)에 비유하는 메모를 모든 직원들에게 보낸 적이 있거든요. 우리는 한 팀입니다. 우리는 홈런 타자도, 짧은 안

타를 치는 선수도 필요해요. 홈런을 치기 전에 누군가 1루에 나가 있으면 우리에게는 일석이조가 될 테니까요."

대학으로

USAA만큼 지속적인 학습을 신봉하는 기업도 없다. 이 기업은 직업 관련 트레이닝 코스에 상당한 투자를 해왔다. 직원들을 회계담당자로 키워주는 코스는 10주간이나 지속된다. USAA에서 인상적인 것은 직원들의 대학 교육에 적극적으로 투자한다는 것이다.

모든 풀타임 직원들은 1년 이상 등록금 전액을 보조받는다. 물론 직원들은 승인된 기관에서 교육을 받아야 하고 직업과 관련된 공부를 해야 한다. 그래서 대부분이 경영학 학위를 받는다. USAA는 또한 직원들이 일하고 있는 주에서 장거리 학습 프로그램을 수강하는 데에도 보조를 한다.

USAA는 등록금 후불상환 대신 등록금을 직접 지불한다. 코스에 패스하지 못하거나 과정을 수료하지 못할 경우 직원은 등록금을 환불해야 한다. USAA는 모든 직원이 학사 및 석사 학위를 받을 수 있도록 보조해준다. 또한 직원이 원할 경우에는 학위 프로그램이 아니라 대학 코스의 일부를 수강할 수도 있다.

많은 수업들이 USAA 건물에서 행해진다. 직원들은 USAA 자료센터에서 숙제도 하고 컴퓨터 프리젠테이션을 준비할 수도 있다. 직원들은 이곳에 나와 있는 대학 어드바이저들에게 도움을 받을 수 있다. USAA는 장기적인 안목에서 인적 자원에 투자하기 위해 직원의 자녀들에게까지 장학금을 제공한다.

USAA가 대학 연구 프로그램에 매년 260만 달러를 투자하는 것을 어떻게 정당화할 수 있을까? 대학교육 관리자 카렌 볼프숄(Karen

Wolfshohl)은 이렇게 설명한다.

> 직원을 우리의 가장 중요한 자원으로 여기는 것은 우리의 문화입니
> 다. 금융서비스 제공자로서 경쟁에서 살아남는 데는 직원들이 결정
> 적입니다. 빠르게 변화하는 환경 속에서 직원들의 지적 수준을 높
> 이는 교육은 우리의 유일한 대안입니다. 나는 직원들이 지금 하고
> 있는 일을 계속 하기 위해서 교육이 필요하다고 말합니다. 그렇지
> 않다면 그들의 설 자리는 사라지고 맙니다.

● ● ●
주인정신

주인정신을 갖고 있는 직원들은, 기업의 성공을 유지하기 위해 필요
한 일을 나서서 한다. 소유주는 기업이 성공하면 이익을 내지만 실패
하면 잃는 것도 많다.

가장 진실한 형태의 주인정신은 마음가짐이다. 그것은 애착, 개인적
인 책임감, 그리고 자존심이다. 재무적 차원의 소유권은 이같은 마음
가짐을 불러일으킬 수는 있지만 그것을 보장해주지는 않는다. 회사의
지분을 소유했다고 해서 감정적인 애착과 진정한 주인정신이 생기는
것은 아니다.

미드웨스트 익스프레스의 이야기는 주인정신의 심리적인 기반을 잘
보여준다. 이 항공사는 뉴욕의 라 가르디아 공항에 들어갈 수 있도록
오랫동안 끈기 있게 노력해왔다. 결국 탑승구를 배당받았지만 그 주변
이 엉망이었다. 이 기업은 외부 하청을 통해 사방 3,000피트나 되는 공
간을 청소하려고 했다. 하지만 미드웨스트 익스프레스 직원들은 그들

이 직접 하겠다고 자원했다. 그들은 토요일에도 출근해 바닥을 바꾸고, 벽을 다시 칠하고, 청소를 했다. 이것은 이 회사의 주인들이나 했을 법한 일이다. 즉, 이것이 바로 주인정신이다.

주인정신은 이 책에서 인터뷰한 직원들 개개인의 코멘트에 잘 나타나 있다.

- "1996년 1월, 폭설 때문에 집을 나갈 수가 없었습니다. 나는 그날 고객에게 전화를 걸어 침대가 배달되었는지 확인해야 했지요. 나는 고객들이 침대를 배달하기 위해 고생한 운전사에 대해 칭찬을 아끼지 않는 것을 보고 많이 놀랐습니다." — Maureen Renneberg, 다이얼 에이 매트리스의 영업부 부소장

- "내 삶의 목표는 자기 사업을 하는 것이었습니다. 엔터프라이즈에서는 그렇게 할 수 있었습니다. 내 비즈니스를 구축해볼 수 있는 자유가 그곳엔 있었어요. 어떻게 해야 하는지 적혀 있는 책을 보고 따라 한 게 아닙니다. 그들은 여기에서 내 꿈을 실현할 수 있게 해주었어요." — Joanne Peratic-Weber, 엔터프라이즈 렌트어카의 지역 부사장

- "당신은 당신이 내놓는 상품에 연결되어 있다는 느낌을 가집니다. 당신은 열심히 일하고 그 공로를 새치기 당한다는 느낌을 받지 않습니다. 당신이 인정받고 있다는 것을 느낄 수 있습니다. 여기서 당신은 중요한 존재입니다." — Lisa Gudding, 커스텀 리서치의 회계담당 관리자

- "여행 일정상 라 빠스(La Paz)는 10번째 아니면 15번째 날에 갑니다. 그 사이는 내게 달려 있습니다. 나는 여행 일정에 있어 많은 권한을 가지고 있습니다. 32살에 나만큼 많은 권한을 가진 사람이 있을지 모르겠지만 나만큼 재미있게 사는 사람은 아마 없을 겁니다." — Jill

Russel, 스페셜 엑스페디션스 의 선장

- "우리는 '최고의 서비스' 배지를 달고 있습니다. 이것은 우리가 하던 일을 멈추고 고객을 도와야 한다는 사실을 상기시켜주지요. ―Mary Ellen Scieszinski, 파이오니아 인 호텔의 객실 청소부

소속감은 주인정신의 핵심요소다. 더 큰 어떤 것의 일부분이 되는 것, 더 중요한 것의 일부분이 되는 것이다. 하나의 고리 안에 있는 것이다. 책임감을 갖는 것이다, 일에 대해 생각하게 되는 것이다, 창조적이 되는 것이다, 팀의 일부가 되는 것이다.

직원들을 오너처럼 대우하고, 또 그들이 오너처럼 행동하기를 기대할 때, 종업원들은 주인정신을 키워간다. 이들은 고객을 위한 가치를 창출하면서 다른 한편으로는 상당한 수준의 자기관리를 한다. 그들은 열심히 일하고, 자신과 기업의 일에 책임을 지며, 모험을 할 때는 위험을 신중히 고려한다. 기업의 성공이 곧 종업원의 성공을 의미할 때만 이 기업은 종업원들의 잠재적인 주인의식을 일깨울 수 있다.[5]

비밀이 적은 기업

다른 샘플기업들과 마찬가지로 컨테이너 스토어는 비밀이 적은 회사다. 각 매장의 판매실적을 포함한 사실상의 모든 정보를 직원들과 공유한다. 이 기업은 매년 직원들에게 올해의 수익목표를 공개하는데, 이는 직원들의 이익분배 목표이기도 하다. 컨테이너 스토어는 매장과 유통센터에서 열리는 매일매일의 짧은 회합과 게시판, 본사 직원의 잦은 방문, 팩스와 이메일, 계속적인 교육과 훈련 프로그램, 정기적인 미팅 등을 통해 정보를 공유하고, 이를 통해 직원들의 성공을 지원한다.

"우리는 직원들이 모든 정보를 알고 있기를 바랍니다." 10년 경력의

매장 관리자이면서 현재 시각 세일즈 트레이너인 다이앤 히긴스는 말한다. 시카고 지역의 운영 관리자 존 와브라는 "사람들이 조직에 대해 더 많이 알수록 더 많은 관심을 가질 것입니다"라고 말한다. 인사부 소장 낸시 돈리는 "의사소통을 강화하기 위해서라면 어떤 일이든지 할 겁니다"라고 덧붙였다.

정보의 공유는 신뢰를 만들어내고, 개인의 책임감을 강화하며, 헌신을 유도한다. 신뢰, 책임감, 헌신은 모두 지식과 정보에서 나온다. 커스텀 리서치는 입사 첫날부터 봉급을 제외한 회사의 모든 재무정보를 직원들에게 알려준다. 공동 창립자인 주디 코슨(Judy Corson)은 "만약 당신이 기업과 재정에 관한 모든 정보를 가지고 있다면 소속감을 느끼게 될 것입니다"라고 설명한다. 파트너 제프 포프(Jeff Pope)는 "커스텀 리서치에서 일하기 전에 나는 큰 리서치 회사의 부사장이었습니다. 하지만 나는 그 회사에 대해 잘 몰랐습니다."

밀러 SQA는 직원이 500명이 넘자, 기업 내 의사소통을 원활히 하기 위해 새로운 방법들을 고안해냈다. 한 가지 방법은 '알림이(town crier)'를 둬, 이들로 하여금 떠도는 소문들에 대한 진상을 알려주도록 하는 것이다. 알림이들은 자신의 정규 업무 이외에 기업 내 의사소통에 대한 책임을 진다. 이들은 매달 사내 정보미팅에 참가하고, 그 정보를 자신의 부서에 전달한다. 또한 대변인으로서 기업에 대한 다른 직원들의 질문에 대답할 수 있어야 하고, 잘못된 정보는 바로잡아주어야 한다.

알림이 접근법은 밀러 SQA가 기업의 의사소통을 원활히 하는 데 큰 도움이 되었다. "사람들은 무슨 일이 일어나는지 알고 싶어하고, 말하기를 원하기 때문이죠." 재무담당 부사장 밥 엔더스(Bob Enders)는 말한다. "직원들은 이를 통해 결속력을 느낍니다. 그들은 여기서 자신들의 목소리를 갖게 되죠".

넓은 자기재량 공간

기업에서 주인처럼 행동한다는 것이 해변이나 거닐며 유유자적한다는 뜻은 아니다. 주인의식을 갖고, 책임 있는 의사결정을 하며, 위험을 스스로 감수하고, 조직을 이끈다는 뜻이다. '주인'이 결정하고 처리해야 할 문제는 많다. 기업을 운영하고, 혁신을 감행해야 한다. 기회를 잡고, 기존의 시스템이 더 이상 작동하지 않을 때 새로운 것을 도입해야 한다. 주인은 권한을 갖고 있다. 그리고 그 권한은 더 나은 비즈니스를 만드는 데 사용되어야 한다.

샘플기업이 직원들의 성공을 지원하는 한 가지 방법은 직원들에게 재량권을 주어 그들 스스로 의사결정을 내릴 수 있도록 하는 것이다. 이것이 바로 '넓은 자기재량 공간'이다. 관리자들은 직원들 스스로 해답을 찾을 수 있다고 믿고, 직원들은 자신의 실수나 기대에 못 미치는 결과에 대해서도 부당한 처벌을 받지 않으리란 것을 믿는다.

넓은 자유재량 공간은 신뢰를 기반으로 생겨난다. 커스텀 리서치의 세일즈 마케팅 담당 부사장 얀 엘세서(Jan Elsesser)는 "실수는 생기기 마련입니다. 그렇다고 해서 서로를 비방하지는 않습니다. 우리는 지속적인 향상에 초점을 맞춰 더 나은 방법을 찾으려고 노력할 뿐입니다." 밀러 SQA의 변혁을 가져온 빅스 노먼(Bix Norman)은 이렇게 말한다. "나는 위협과 협박의 파괴성에 대해 잘 알고 있습니다. 나는 자신감과 안정이 더 효율적이라고 생각합니다. 다른 사람들도 비슷한 생각을 가지고 있을 겁니다."

신뢰가 중요한 만큼, 신뢰를 형성하는 요인들, 즉 경쟁력, 공정함 등도 중요하다. 그리고 경쟁력과 공정함의 근원들, 즉 현명한 고용, 교육과 트레이닝, 효율적인 내부 의사소통, 핵심 가치(존중, 팀워크, 정직, 사회적 이익 등)도 또한 중요하다.

인간미 있는 핵심 가치들은 기업 내에 신뢰의 기반을 쌓을 뿐만 아니라, 자유재량의 공간을 넓혀주기도 한다. 핵심 가치들은 기업의 규정집을 대신한다. 분명한 가치는 직원들의 행동을 가이드해주기 때문에, 두꺼운 규정집은 필요가 없다. 가치지향형 리더 또한 규정집을 대신할 수 있다. 컨테이너 스토어의 직원들은 그들이 '다른 사람들의 광주리를 가득 채워주어야 한다'는 걸 잘 알고 있다. 그들에겐 많은 규칙이 필요하지 않다. 세인트폴 세인츠의 직원들은 '재미있는 것이 좋은 것'이라고 알고 있다. 그들의 의사결정에는 몇 개의 규칙만 있으면 충분하다.

자유재량 공간의 경계를 분명히 해주면 핵심 가치의 지도력은 더욱 강화된다. 다나 커머셜 크레디트는 '개선을 위한 아이디어'라는 프로그램을 통해 모든 직원들이 혁신할 수 있도록 했다. 아이디어가 실행되기까지 수많은 동의를 거쳐야 하지만, 주변 25평방 피트 이내에서는 '일단 한번 해봐라(Just Do it)'라는 원칙이 적용된다. 사실상 다나 커머셜 크레디트의 직원들은 주변 25평방 피트 이내의 CEO이다.

미드웨스트 익스프레스의 마일리지 관리자는 두 종류의 규칙을 가지고 있다. 어떤 상황에서도 지켜야 하는 규칙과, 상황에 따라 융통성 있게 조절해도 되는 규칙이 그것이다. 이 부서에서 일하는 질 슈츠(Jill Schuetz)는 "우리는 결정을 내릴 수 있는 권한을 가지고 있습니다. 예를 들어 마일리지가 조금 모자라서 무료 티켓을 못 받는 손님의 경우, 저의 재량으로 마일리지를 제공해 무료 티켓을 얻을 수 있었죠. 결국 그는 그 티켓으로 여자친구에게 가서 프로포즈를 할 수 있었습니다. 나는 이 정도의 권한을 가지고 있습니다"라고 설명한다.

부의 공유

"모든 기업은 직원이 가장 중요한 자산이라고 주장하지만, 세계적으로 존경받는 몇몇 기업들만이 실제로 직원을 가장 중요한 자산으로 대우한다." 이는 〈포춘〉 지에 실린 글이다.[6] 샘플기업들이 자신의 직원을 아낀다는 사실을 보여주는 중요한 방법 중 하나는 창출한 부를 공유하는 것이다. 샘플기업들은 종업원 지주제, 주식 분배, 이익 공유, 보너스, 평균 이상의 높은 임금 등을 통해 직원들에게 기업의 성공에 대해 금전적으로 보답한다. 기업이 성공할수록 직원들의 금전적 보상은 커지는 것이다. 기업의 성공을 만든 사람들은 합당한 보답을 즐길 자격이 있다.

앞에서 언급했다시피, 주인정신을 만들어내는 것이 어느 한 가지 요인만은 아니다. 주인정신은 돈만으로 만들어지지 않는다. 그러나 주인정신을 장려하고 지속시키는 데 있어 돈의 역할은 중요하다. 첫째, 소유한다는 것은 자신의 감정, 에너지, 시간, 명성, 자산을 투자한다는 의미이다. 투자를 많이 할수록 주인의식도 커진다. 비즈니스에 전력투구하는 사람들은 금전적인 보상을 기대하며, 이것은 정당하다. 둘째, 관대하게 직원과 부를 공유함으로써 기업은 신뢰를 얻을 수 있다. 돈 문제는 신뢰를 쌓기도 하고, 무너뜨릴 수도 있다.

다나 커머셜 크레디트의 직원 80%는 이 기업의 주주이다. 찰스 슈왑의 주식 40%는 직원이 소유하고 있다. 모든 미드웨스트 익스프레스 직원들은 1995년 기업공개를 했을 때 주식을 나눠 받았다. 샘플기업의 경우를 볼 때, 실제 주주가 되는 것이 직원들이 심리적으로 주인정신을 가지는 데 큰 영향을 주었다.

컨테이너 스토어는 20년에 걸쳐 전체 수입의 18%를 직원들의 임금으로 나눠주었다. 컨테이너 스토어의 세일즈맨은 동종업계 타기업 평균 보수의 2배를 받는다. 이 기업이 매년 25%의 성장률을 기록했기 때문에 전체 수입에서 임금이 차지하는 비율을 낮추는 것이 쉽게 정당화될 수 있었지만, 이 기업은 능력 있는 직원들을 채용하고 노사관계를 강화하기 위해, 그리고 부를 창출해낸 직원들과 그것을 공유하기 위해 임금의 비중을 전체 수입의 18%로 고정시켰다.

이 기업 직원의 연간 이직률은 10~15%이다. 소매업종으로서는 대단히 낮은 수치이다. 사장 킵 틴델은 이렇게 말한다. "우리는 복잡한 물건을 팔기 때문에 최고의 사람들을 고용해야 합니다. 매장에 있는 사람은 누구나 주문을 받을 수 있어야 합니다. 우리가 판매하는 물병은 보통 물병이 아니라 물이 새지 않는 고가의 여행용 물병입니다. 이런 전문화된 상품을 판매하는 것은 즐거운 일이죠. 하지만 탁월한 사람들이 필요한 일이기도 합니다."

취크필애는 독특한 이익공유 방식으로 체인점 운영자에게 주인정신을 심어준다. 취크필애는 회사의 자금을 투자하여 턴키 방식으로 체인점을 운영자에게 넘겨준다. 운영자는 5,000달러―이 돈은 사업을 그만둘 때 돌려받는다―를 예치금으로 지불한다. 기업과 운영자는 체인점에서 나온 순이익을 50 대 50으로 나누며, 운영자는 사업을 시작할 때 최소 수입을 보장받는다. 그들은 전체 수입의 15%를 취크필애에게 장비 대여, 관리지원 비용 등의 운영비로 지불한다.

계약은 체인점 운영자와 취크필애 모두에게 이익이 된다. 운영자는 자본도 채무도 없이 자기 사업을 시작할 수 있고, 세계에서 가장 성공적인 레스토랑 체인의 브랜드, 상품, 시스템을 이용할 수 있다. 그들은 독립적인 사업가이지만 혼자는 아니다. 취크필애의 체인 운영담당 부사장인 타소파울로스(Tassopoulos)는 "당신은 사업을 혼자 하는 것이 아니라 당신을 위한 사업을 하고 있는 겁니다"라고 말한다. 취크필애

역시 체인점 수익의 50%를 가져가기 때문에 체인점 운영자가 성공할 수 있도록 최대한 지원한다. 체인점 운영자가 돈을 많이 벌수록 취크필애의 수익도 늘어나기 때문이다.

취크필애는 주인정신을 갖고 체임점을 운영할 재능 있는 사람들을 끌어들이기 때문에 이러한 계약 조건으로부터 이득을 얻는다. 3장에서 소개했던 크레이그 홀은 브라이언 컬리지 스테이션에 있는 취크필애 체인점 운영자이다. 그는 슈퍼마켓 관리자로 20년 동안 경험을 쌓은 후에 1987년 체인점을 맡았다. 효율적인 리더, 지치지 않는 경영자, 적극적인 시민으로서 크레이그는 주인정신을 가지고 체인점을 운영한다. 그는 책임감 있고 헌신적인 사람이다. "나는 내 일에 최선을 다합니다. 그것이 내 삶이니까요." 그는 취크필애 체인점 운영에 있어 매우 성공적이다. 그는 1년에 운영자가 세 번씩이나 바뀌는 이웃의 퀵서비스 레스토랑 체인점과는 비교도 안 된다고 말한다.

독창적인 이익분배 방식을 채택해 취크필애는 크레이그 홀과 같이 능력 있는 체인점 운영자를 보유하게 된 것이다. "우리에겐 크레이그와 같은 사람들이 많습니다." 마케팅 담당 부사장 스티브 로빈슨은 이렇게 말한다. "얼마나 많은 패스트푸드점이 크레이그 홀과 같은 사람을 데리고 있을까요? 우리는 30년 전 트루엣이 고안한 독특한 운영체제를 꾸준히 지속시켜 온 덕을 보고 있는 것입니다."

밀러 SQA의 전 직원들은 매달 경제적 부가가치(Economic Value Added) 창출 정도를 근거로 보너스를 받는다. 경제적 부가가치는 기본적으로 서비스 수행을 측정하기 위한 것이다. 매달 경제적 부가가치를 산출해 그중 50%는 모회사인 허만 밀러로 가고, 10%는 퇴직금으로 적립되며, 나머지는 모든 직원들이 공유한다.

밀러 SQA는 코치를 지정하여 공장 직원이 생산성 증가, 반품 비율,

재료 및 재고 등이 경제적 부가가치에 어떤 영향을 주는지 이해할 수 있도록 해준다. 밀러 SQA의 문화는 정시 선적과 높은 품질을 강조한다. 공장 곳곳에 게시판을 설치해, 각 부문의 공정이 차질 없이 진행되고 있는지 모두에게 알려준다. 그리고 지연된 선적이 1%가 넘으면 빨간 불이 켜진다. 밀러 SQA 직원들이 컴퓨터를 켰을 때 첫 화면에 뜨는 것은 전날과 일주일 동안 선적이 정시에 행해졌나 하는 것이다. 공장 직원들은 얼마나 많은 의자를 만들어야 기업에 이득이 되고, 그들이 보너스를 받을 수 있는지 잘 알고 있다.

밀러 SQA 직원들은 기업에서 무엇이 중요한지 알고 있다. 그들은 기업의 목표가 무엇이며, 어떻게 하는 것이 기업에 도움이 되는지 알고 있다. 그들은 하나의 고리 안에 있다. 밀러 SQA의 성공은 곧 직원들의 성공인 것이다.

▪▪ 핵심 요약

이 책에서 우리가 연구한 기업들은 고객 서비스에 있어 경쟁우위를 갖고 있는데, 이는 적어도 부분적으로 종업원들을 잘 대해주기 때문이다. 샘플기업들은 종업원들의 성공에 투자한다. 종업원들의 소속감과 참여의식을 높이고, 기술과 지식을 쌓게 하며, 자신감과 성취감을 갖게 하고, 금전적 보상을 해줌으로써 그들이 직장에서 성공할 수 있도록 도와준다. 그리고 이러한 투자는 결국 기업의 성공을 지속시켜준다.

시장에 내다 파는 제품이 '행위' 그 자체인 서비스 기업들은 고객에게 서비스를 잘하기 위해서는 우선 그들의 종업원에게 잘해야 한다. 노동집약적인 서비스 산업에서 기업의 성공은 직원의 성공과 함수관계에 있기 때문이다.

다음의 편지는 성공을 지속시키는 한 가지 핵심요인, 즉 '실제 규모
와 상관 없이 작은 조직처럼 행동해야 한다'는 점을 잘 집어낸다.

  친애하는 베리 교수님

  저는 제 아내가 경험한 훌륭한 서비스에 대해 알려드리려 합니다.
제 아내와 저는 거의 모든 렌트카 회사에서 여러 차례 차를 빌려봤
습니다. 지난 주에 아내는 학교 수학여행을 위해 밴을 한 대 빌려야
했고, 우연히 엔터프라이즈 렌트어카를 이용하게 되었습니다. 그녀
가 받은 서비스는 최고였고 어떤 렌트카 회사보다도 나았습니다.
다음은 실제로 일어났던 일입니다.

1. 제 아내는 엔터프라이즈 렌트어카에 자동차 대여를 예약했다는

사실을 깜박했습니다. 그녀는 예약을 체크하기 위해 어드밴티지 사에 전화를 걸었는데, 10분이나 기다려야 했습니다. 하지만 엔터프라이즈 렌트어카에 전화를 걸자 그쪽에서는 단 1분만에 예약 사항을 확인해주더군요.

2. 제 아내는 발을 동동 구르고 있었습니다. 오후 5시 50분까지는 도저히 엔터프라이즈-렌트어카에 갈 수가 없었는데 6시면 그곳이 문을 닫기 때문이었죠. 그녀는 5시 40분에 전화를 걸었는데, 도착할 때까지 기다려줄 것이고, 필요하다면 폐점 시간 이후에도 직원이 계속 머물러 있겠다고 하더군요.

3. 우리가 5시 50분에 엔터프라이즈 렌트어카에 도착했을 때, 아내는 면허증을 깜박 잊고 왔더군요. 엔터프라이즈 렌트어카는 다시금 기다려주겠다고 말했고, 전혀 걱정할 일이 아니라고 얘기해주었습니다.

4. 더구나 학교용 차량이라는 이유로 아내는 25%의 할인혜택까지 받았습니다.

이건 정말 대단한 서비스입니다. 제가 올해 받아본 서비스 중에 단연 최고입니다.
당신의 수업에 감사 드립니다.

데니스 만

대형 자동차 대여업체인 엔터프라이즈 렌트어카는 어떤 경쟁사보다도 많은 수의 지점을 가지고 있다. 거대한 규모뿐만 아니라 수십억 달러의 기업가치를 보유하고 있다. 하지만 만(Mann) 부부를 서비스하는 데 있어서는 절차상의 번잡함이나 거대한 체인업체에서 흔히 볼 수 있는 고객에 대한 딱딱한 응대가 전혀 없었다. 오늘날에도 엔터프라이즈 렌트어카는 이제 막 사업을 시작한 벤처기업처럼 행동하고 있다.

엔터프라이즈 렌트어카의 놀라운 성공을 가능하게 한 원동력은 이 기업이 신생 벤처기업처럼 비즈니스에 열정적이라는 점이다. 이 기업의 체인점은 보통 체인점처럼 행동하지 않는다. 국제적인 기업임에도, 고객과 종업원 그리고 파트너 관계를 소규모 지역별로 형성하고 있으며, 수천 명의 직원들이 마치 각자가 기업의 오너인 양 비즈니스를 운영하고 있다. 엔터프라이즈 렌트어카는 거대한 기업이지만 매우 작게 행동하고 있는 것이다.

고객을 상대로 작게 행동한다는 것은 다양한 의미를 갖는다. 빠르고 빈틈이 없으며, 유연하고 반사적인 행동을 의미한다. 고객과 맞춤형 서비스를 잘 이해하고 있다는 뜻이기도 하다. 또한 보살핌과 헌신을 의미하기도 한다.

종업원들에게 있어 작게 행동한다는 것은 하나의 공동체를 만든다는 뜻이다. 비전을 나누고 협력하는 것을 의미한다. 한 팀의 동료가 되는 것, 혹은 팀워크를 말한다. 또 신뢰에 기반한 관계 구축을 뜻하기도 한다. 그리고 무엇보다 주인의식과 '할 수 있다(can-do)'는 정신을 키우는 것이다.

밀러 SQA의 본사 건물에서 사무직과 공장 근로자들이 함께 어울리는 실내 복도 '스트리트'가 바로 작게 행동하는 것의 예이다. 그리고 이것은 미드웨스트 익스프레스나 다른 수많은 샘플기업들에게 가장 친숙한 문화로 나타난다.

컨테이너 스토어의 직원들이 매장이나 유통센터에서 매일 짧은 회합을 갖는 것, 찰스 슈왑의 '타운 홀(Town Hall) 미팅'이 그러하다. IT 기술을 응용, 서비스 요원이 각 고객의 전자 파일을 참고해, 빈틈 없고 빠른 맞춤형 서비스를 가능하게 한 USAA의 서비스 역시 좋은 예이다. 다나 커머셜 크레디트의 직원들이 25평방피트 내의 공정에 대해 책임감을 갖는 것과, 스페셜 엑스페디션스의 여행 리더와 선장들이 예상치 못했던 기회를 만나게 됐을 때 본사에 전화를 걸어 허가를 구할 필요가 없는 것도 작게 행동하는 것이다. 그리고 유크롭스가 고객이 매일 사가는 일정 품목에 대해 특화된 서비스를 제공하는 행위나 고객의 생일날 밥과 짐 유크롭의 사인과 함께 50달러짜리 수표를 동봉한 생일카드를 보내는 것 역시 작게 행동하는 것이다.

USAA의 부동산 및 상해보험 담당 부사장 빌 쿠니(Bill Cooney)는 직원들에게 다음과 같은 근본적인 질문을 끊임없이 제기하며, 그 대답을 스스로 찾아보라고 요구한다.

- 고객들이 우리와 비즈니스하는 것을 수월하다고 생각하는가? 만약 그렇지 않다면 무엇 때문인가? 그것을 바꿔라.
- 우리가 우리 자신을 대하는 게 수월한가? 우리가 함께 비즈니스하는 것은 수월한가? 만약 그렇지 않다면 무엇 때문인가? 그것을 바꿔라.

1장에서 논의되었던 것처럼, 대부분의 기업들은 점차 규율에 얽매이고 행정적 타성에 젖어 고객이나 직원들이 자유롭게 행동하는 것을 제약한다. USAA나 다른 샘플기업들은 이러한 추세에 저항하고 그 해독을 중화시키는 데 성공한 흔치 않은 기업들이다. 이 기업들이 성공을 이끌어낸 방법 중 하나는 고객들이 자신들과 비즈니스하는 것을 쉽게 만들고, 직원들 간에 서로 일하는 것을 쉽게 만들어준 것이다. 모든 샘플기업들이 기업의 규모가 커짐에 따라 서서히 찾아오는 경직성에 완전한 면역체계를 갖춘 것은 아니었다. 하지만 그들은 다른 대부분의 기업들보다 더욱 대담하고 열심히 그에 맞서 싸웠다.

확실히, 규모가 큰 기업은 나름의 경쟁 이점들—보다 완전한 서비스 상품라인, 광범위한 지역의 커버, 운영지원 기반, 공급자에 대한 협상력, 보다 큰 판촉상품 예산 등 — 을 가지고 있다. 하지만 그 규모에서 부작용이 발생한다. 열쇠는 규모의 이점을 활용하면서 그 단점을 최소화하는 것이다. 스타벅스의 CEO, 하워드 슐츠는 『당신의 마음을 쏟아부어라(Pour Your Heart Into It)』라는 책에서 다음과 같이 말한다.

> 우리는 많은 매장을 개점함으로써 사람들에게 우리가 어디에든 있다고 느끼게끔 만들었습니다. 위험한 것은 기업이 커지면 커질수록 덜 친근하게 느껴진다는 것입니다. 비즈니스 파트너나 고객들에게 말이죠. 우리의 경쟁우위가 신뢰에 기반한 파트너와의 관계라고 한다면, 직원이 25,000명에서 50,000명으로 늘어났을 때 어떻게 그것을 유지할 수 있을까요? 어떻게 하면 크게 성장하면서도 고객들과의 친밀감은 그대로 유지해 나갈 수 있을까요? 이것이 제가 스타벅스를 이끌면서 만났던 가장 큰 딜레마입니다.[1]

고객에게 가치를 전달하는 데 열정적이고 헌신적인 사람들은 서비스 기업에게 절대적으로 필요한 존재다. 그런 서비스 기업들이 더 이상 작은 규모를 유지할 수 없는 상황이 왔을 때, 어떻게 하면 그 작음의 혜택을 유지할 수 있을까? 이에 대한 대답은 가치지향의 리더십과 혁신적인 구조, 고객과 직원에게 초점을 맞춘 IT기술, 그리고 주인의식의 혼합물에 있을 것이다.

기업가들의 연합

엔터프라이즈 렌트어카는 1998년 중반까지 3,600개가 넘는 지점을 보유하고 있었다. 대부분의 지점들은 10명 남짓의 직원들을 고용하고 있다. 공휴일을 제외하고는 항상 문을 열며, 전체 미국 인구의 90%로부터 15분 이내의 거리에 위치해 있다. 커다란 도시에서는 사무실들이 1~2분 내의 인접 거리에 위치하고 있으며, 작은 마을이나 지방에서는 한 사무실이 약 25,000명 가량을 담당하고 있다.

크지만 몇 개 안 되는 지점보다는 작지만 많은 지점을 통해 서비스를 전달하는 것이 이야기의 전부는 아니다. 작은 지점이라고 해도 커다란 체인망에 있다 보면 종종 체인점 특유의 행동(무성의와 틀에 박힌 서비스)이 몸에 베기 마련이다. 엔터프라이즈 렌트어카의 지점들은 벌어들이는 수익을 공유하는 '기업가들'에 의해 운영된다. 사업을 추진하는 이 야심차고 경쟁적이며 기업가적인 마인드를 가진 경영자들은 자신이 추진해야 할 분야에 대해 넓은 재량권을 갖고 있으며, 성공할 경우 상당한 보상을 받는다.

이 회사는 자신만의 비즈니스를 직접 운영해보고자 하는 젊고 재능 있는 사람들을 찾아 대학 캠퍼스를 뒤지고 다닌다. 마음이 약한 사람은 지원할 필요가 없다. "우리 일에는 무언가 남다른 사람들이 필요합니다." 오스틴 지사의 총책임자인 딕 자니키(Dick Janicki)의 설명이다. "우리의 매니저들은 모든 일을 다 해낼 수 있어야 합니다. 고객서비스, 마케팅, 고용까지 말이죠. 당신은 활동적인 사람이어야 합니다. 그리고 즐길 준비가 되어 있어야만 합니다. 그리고 '오르지 못할 산은 없다'란 자신감도 필요합니다. 이런 자질을 갖춘 사람들만이 우리 조직에서 성장할 수 있습니다."

엔터프라이즈 렌트어카는 이런 기업가들의 연합체이다. 수천 명의 독립적인 기업가들이 지역 비즈니스를 운영하고, 지역 고객들과 관계를 구축하고, 지역 부동산을 관리하고, 지역사회 활동에 적극적으로 참여한다. 많은 기업들이 권한을 분산시켜야 한다고 주장하지만 실제로는 그렇게 하지 못한다. 엔터프라이즈 렌트어카는 권한을 분산시키는 데 최선을 다했다. "우리는 지역 담당자들에게 최대한 힘을 실어줍니다. 우리는 그들에게 무엇을 하라고 지시하지 않습니다. 우리는 단지 그들이 자신의 비즈니스를 잘 수행할 수 있도록 지원할 뿐입니다." 마케팅 담당 부사장인 캘러웨이 러딩턴의 말이다.

상품개발 담당 부사장인 롭 히바드는 다음과 같이 덧붙였다. "본사에는 최소한의 인원만 둡니다. 소수의 경영진과 기술 운용을 담당하는 정보 시스템 인력이 전부입니다. 대부분의 사람들이 본사 밖에서 일하지요." CEO, 앤디 테일러는 "우리 회사는 외부의 매니저들이 호령합니다. 본사는 자원을 공급하고 컨설팅을 해줄 뿐, 사업 아이디어는 각 지사의 몫이죠"라고 말했다.

엔터프라이즈 렌트어카는 작다는 사실과 크다는 사실 모두로부터 이익을 얻고 있는데, 이것이야말로 이 기업이 성공을 지속시키는 중요한 요인 가운데 하나다. 이 기업은 강력한 핵심 가치 체계에 의해 지지되며, 기업가적 정신으로 운영되는 지역 비즈니스를 소유하고 있다. 또한 건전한 재정 기반과 전국적인 광고망, 그리고 모든 사무소들을 위성으로 연결할 수 있는 고도의 컴퓨터망을 보유하고 있다. '랄프(Ralph)'라고 명명된 이 컴퓨터 시스템은 24개의 IBM AS 400 컴퓨터로 구성되어 있다. 이 시스템은 가장 바쁜 시간대에도 100만 개의 커뮤니케이션을 소화해낼 수 있다.

이 컴퓨터 시스템이 엔터프라이즈 렌트어카의 직원들을 지원하는 분야는 다양하다. 수리할 고객들의 차를 추적하거나 보험회사의 선택을 도울 수도 있다. 그리고 언제 어디서든 모든 자동차의 위치를 추적할 수도 있다. 각 지점의 직원들은 고객으로부터 가장 가까운 위치의 지점에서 사용 가능한 차를 배차할 수 있으며, 필요하다면 고객을 위해 차를 가져오거나 거래를 대행할 수도 있다. 또한 일단 고객이 엔터프라이즈 렌트어카에서 차를 대여하면, 이후의 서류작업은 최소화되도록 배려했다. 모든 필요한 정보는 전화번호 입력을 통해 재확인됨으로써 고객 확인 및 전국적 서비스가 강화되었다. 그리고 보험회사들이 엔터프라이즈 렌트어카의 시스템과 직접 연결되어 있어 전화 확인 없이도 자동차 대여를 승인해줄 수 있다.

많은 지점을 운영하는 엔터프라이즈 렌트어카의 경영철학은 보다 많은 사람들이 운영자가 될 수 있는 기회를 제공했다. 그리고 사무실 규모를 작게 유지하는 방식은 종업원들이 보다 친밀하고 협조적인 분위기에서 일할 수 있게 했다. 빠른 성장과 함께 회사는 직원들에게 지점 사무소를 넘어서 승진할 수 있는 중요한 기회를 제공했다. 지역에 집중된 기능은 지역 고객의 필요를 보다 잘 이해할 수 있게 해주었고, 그들과 개인적 관계를 맺도록 했다. 기업가적이고 경쟁적이며 실적에 따른 보상을 해주는 기업문화는 지역 시장에서 보다 많은 고객을 찾아내고 더욱 성장하고자 하는 끊임없는 욕구를 갖게 해주었다.

이 책에서 다뤄진 어떤 샘플기업도 엔터프라이즈 렌트어카처럼 종업원들의 강한 주인의식에서 오는 이득을 누리지는 못했다. 그런 시스템 전반의 엔터프라이즈 렌트어카 매니저들에 대해 딕 자니키는 다음과 같이 말한다. "우리는 모두 뛰어나지만 또 더 잘하기를 원합니다. 최소한 꼭 해야 하는 수준에서 일을 멈추고 싶지는 않습니다. 우리 모두는 다른 매니저와 비교해 자신이 어느 위치에 있는지 잘 알고 있습니다. 다른 사람이 잘하길 바라는 한편, 스스로도 부단히 노력하죠. 할 일은 많으니까요."

●　●　●
기업 안의 기업들

커스텀 리서치는 어떤 기준으로 보아도 대단히 성공한 기업이다. 이 기업에게 마케팅 리서치를 의뢰한 기업들 가운데는 코카콜라, 피앤지 등 수많은 유명 업체들이 포함되어 있다. 1996년에 이 회사는 말콤 볼드리지 국가품질상을 수상했다. 그리고 창사 이래 꾸준히 흑자를 기록하고 있다.

이 회사의 지속적 성공에는 4가지 핵심적 결정이 큰 역할을 했다. 하나는 볼드리지 상에 응모한 것인데, 이것은 회사 내부 운영의 구조적 개선을 이룰 수 있는 길을 제시해주었다. 공동 창업자인 주디 코슨은 "볼드리지 덕분에 우리는 성장할 수 있었습니다. 그것은 우리의 내부적 업무처리를 향상시킬 수 있는 이론적 바탕을 마련해주었으니까요" 라고 말한다.

1년에 여러 차례 리서치 프로젝트를 의뢰하는 대형 업체에게만 역량을 집중하기로 한 결정 역시 잘한 것이었다. 이 결정은 지속적 관계 마케팅의 초석을 깔았다. "미래의 고객을 앞에 두고 우리는 이렇게 얘기합니다. 우리는 지속적인 관계 유지와, 많은 양의 비즈니스를 원한다고 말이죠." 세일즈와 마케팅 담당 부사장인 얀 엘세서의 말이다. "그들이 지속적인 관계를 원하는가, 아니면 단순히 가격에만 관심이 있는가는 그들이 우리의 고객으로서 적합한지 여부를 판단하는 기준이 됩니다."

또다른 중요한 결정은 기술 선도업체가 되고자 한 것이었다. 이 업체는 1970년대 말, 업계 최초로 컴퓨터로 지원되는 전화 인터뷰 시스템을 도입했다. 그리고 1980년대 말에는 최초로 개인용 컴퓨터를 모든 직원의 책상에 설치하기도 했다. 1987년에 이 회사는 마케팅 리서치에 기술을 응용할 별도의 부서를 설립하기도 했다. "우리는 늘 최첨단 기술을 유지하고자 노력합니다." 부사장인 다이언스 코칼의 말이다.

가장 어려운 결정은 1987년에 내려졌는데, 다기능 팀을 통해 의뢰업체에 서비스를 제공하도록 회사를 재구성한 것이었다. 그러자 한동안 실적이 저조했다. 하지만 결국에는 볼드리지의 조사관이 묘사한 대로, "의뢰업체에게 완전히 밀착되어 있는" 정도가 되었다.

이 글을 쓰고 있는 지금, 커스텀 리서치는 5~9명으로 이루어진 9개의 팀이 있다. 각각의 팀은 필요한 리서치를 수행하고 의뢰를 개별적으로 서비스한다. 이들은 별도의 손익계산서를 갖고 있으며, 수익, 고객만족, 생산성, 업무 수행 등에 대한 자체적인 목표를 수립한다. 주디 코슨은 "그들은 결국 자기들만의 조그만 사업체를 운영하는 것과 같습니다"라고 말한다.

팀들은 지속적인 관계 유지를 통해 의뢰업체의 취향과 필요에 대한 지식을 축적할 수 있다. 이 회사는 체계적으로 의뢰업체의 피드백을 받고 이를 고객관리 대장으로 만들어둔다. 고객이 이 회사의 사무실을 방문할 때, 팀원 모두가 나와 미팅을 갖는다. 이때 팀은 그 고객의 데이터베이스를 활용하는데, 이를 통해 해당 고객의 과거 조사질의서를 살펴봄으로써 고객의 질문 스타일과 선호도를 파악할 수 있다.

커스텀 리서치의 팀들은 완성된 리서치 보고서를 컴퓨터 네트워크를 통해 전송함으로써, 의뢰업체와 컴퓨터 네트워크로 연결된다. 일부 의뢰업체는 커스텀 리서치의 전자 메일 박스에 리서치 의뢰서를 보내고, 여기에 커스텀 리서치가 답하면 거래가 승인된 것으로 간주한다. 그렇다고 이 전자 연결 시스템이 서비스에서 사람을 배제시키는 것은 아니다. 의뢰업체의 즉각적인 접근과 커스텀 리서치의 빠른 답변은 맨투맨 접촉을 강화한다. 의뢰업체는 필요하다면 언제라도 팀의 누구와도 연락이 닿을 수 있다. 사실 커스텀 리서치의 팀원들은 어떤 의미에서 의뢰업체의 파견 직원처럼 보이기도 하는데, 이것이 바로 작게 행동하는 것의 핵심이다.

커스텀 리서치는 97년 말 2억 6,000만 달러의 수익을 벌어들인 내실 있는 마케팅 리서치 기업이다. 하지만 의뢰인이나 직원들에게는 여전히 작은 기업으로 느껴지고 있다. 이 기업은 지속적 관계에 기반하고 있다. 지속적인 개선을 위한 볼드리지(Baldrige) 방식의 도입, 기술에 대한 과감한 투자, 대형업체와의 지속적인 관계 구축, 그리고 다기능의 팀 운용 등은 이 기업이 가격보다는 가치를 통해 경쟁할 수 있도록 해주었다. 커스텀 리서치가 이 팀 체제를 도입하고 기술 부서를 설립했던 1987~1997년 사이에 직원 일인당 판매고로 본 이 기업의 생산성은 두 배로 늘어났다.

커스텀 리서치의 사례 연구는 중요한 교훈을 암시하고 있다. 가장 위대한 서비스 기업은 하이터치(high-touch)와 하이테크(high-tech)를 동시에 추진하는 것이지, 어느 한쪽만은 아니라는 것이다.

"우리 역시 작게 행동하는 기업이지만 그 안에 더 작은 아홉 개의 기업을 가지고 있습니다." 공동 창업자인 제프 포프는 말한다. "기술 투자가 바로 우리의 고객에 대한 대응능력을 높이고 업무처리 시간을 줄이는 열쇠입니다. 팀 체제와 기술 투자는 우리를 이 업계에서 가장 생산적이고, 재무적으로 건실한 기업으로 만들어주었습니다."

저를 아시나요?

1998년 USAA는 조직을 개편해 CIT라는 다기능 고객보험팀 체제를 구축했다. 이는 1995년 8월에 운영을 시작한 오클라호마 CIT에 의해 처음 시도된 것으로, 기본적인 개념은 기능보다는 고객에 초점을 맞춰 조직을 구성하는 것이었다. USAA는 보험증권 서비스, 보험계약 심사, 클레임, 그리고 기타 다른 업무들을 처리하기 위한 대형 부서들을 만들었었다. 회사의 관점에서 이러한 기능적인 구조는 전문화를 의미했고, 전문화는 곧 효율성으로 인식되었다. 하지만 고객의 관점에서 볼 때, 그것은 번거로운 전화 절차와, 시간과 에너지의 낭비를 의미하는 것이었다.

CIT 체제에서 서비스 요원은 자동차와 자산의 보험증권 서비스, 클레임 등의 문제를 모두 다룰 수 있도록 훈련받는다. 각 서비스 요원들은 특정 지역을 담당하는 팀에 배속되어 있다. 예를 들어 오클라호마 CIT는 오클라호마 주에 있는 모든 USAA 고객을 담당한다. 그 팀은 오클라호마 지역의 문화나 기후 패턴, 보험상의 주요 문제들, 심지어는 지역 스포츠 팀의 활약까지도 꿰뚫고 있다. CIT의 팀원들은 정보에 뒤떨어지지 않기 위해 최대 지역 신문인 〈데일리 오클라호마〉를 탐독한다. 그리고 중요한 신문 기사는 게시판에 붙여진다. 프로세스 리엔지니어링을 주창하는 지역 책임자 마이클 번즈(Michael Burns)는 다음과 같이 말한다.

우리는 오클라호마에 거주하는 사람들이 가장 자주 제기하는 클레임의 종류에 대해 잘 알고 있기 때문에, 우리 고객들에게 보다 많은 정보와 자문을 해줄 수 있습니다. 예를 들어 오클라호마 특유의, 우

268 서비스 경영 불변의 원칙 9

박을 동반한 폭풍에 견딜 수 있는 여러 종류의 지붕을 소개해줄 수 있죠. 오클라호마의 지역 분위기에 동화함으로써 우리는 고객이 보다 나은 결정을 내릴 수 있도록 돕습니다.

각 CIT들은 특정 대도시, 특정 주, 혹은 몇 개의 주와 같이 자신에게 할당된 지역의 고객들에게 서비스를 제공한다. 고객 보험팀의 부사장 빌 쿠니의 말을 빌리면, "거대한 기업 내부에 작은 회사의 정신"을 창조해내고자 하는 것이다. 특정 지역에 특화된 지식을 보유한 다기능 직원들은 목표를 달성하기 위해 간소화된 서비스 전달 모델과 IT기술을 활용한다.

USAA는 고객들이 자동차나 기타 물품 수리 서비스를 원할 경우, 이를 제공하기 위해 해당 지역의 엄선된 업체들과 제휴를 맺고 있다. 다음은 STARS(간소화된 견적 및 복구 서비스)가 어떻게 효과적으로 작동하도록 설계되었는가에 대한 설명이다.

자동차 사고를 당한 USAA 고객이 무료 전화를 통해 CIT에 있는 콜센터에 전화를 걸면 곧바로 서비스 담당자에게 연결된다. 이 담당자는 사고차량이 USAA와 계약을 맺은 수리공장으로 견인되도록 해주며 그 고객에게는 렌트카를 알선해준다. 그리고 수리공장은 보험사에서 수리액을 추정하고 이에 대한 승인이 있기 전에 즉각 사고차량을 고칠 수 있는 재량권을 가지고 있다. 그리고 수리업체나 렌트카 업체 모두 USAA에 비용을 청구한다. 고객은 전화 한 통으로 최대한 신속하게 자신의 차를 가져갈 수 있는 서비스 흐름을 만들어내는 것이다. 어떤 운전자가 이런 서비스에 귀가 솔깃하지 않겠는가?

USAA의 IT기술 응용은 이 기업의 업무를 간소화하고 보험을 맞춤형으로 설계할 수 있도록 돕고 있다. 그리고 USAA의 이미지 시스템

(Image System)은 고객의 요구를 바로 처리해준다. 고객이 어떤 보험을 추가하거나 변경하려고 전화했을 때, 혹은 질문을 해왔을 때, 전화를 받은 담당자는 전자 시스템을 통해 고객의 파일에 접근하여 곧바로 업무를 처리할 수 있다. 클릭 한번으로 담당자는 관련된 정보와 문서를 고객에게 팩스로 보낼 수 있는 것이다. USAA는 고객의 팩스를 받은 순간부터 20분 이내에 처리하는 것을 목표로 하고 있다.

USAA는 또 고객의 보험담보 범위의 공백을 자동으로 확인해주는 고객 니즈 기반의 판매 및 서비스 정보 시스템을 시행해오고 있다. 이런 고객별 정보는 담당자가 고객의 이름을 입력하는 순간, 컴퓨터 화면에 나타난다.

하이테크 팀은 USAA라는 대규모의 기업이 서비스를 간소화하고 고객 개인에게 맞춤 서비스를 제공할 수 있도록 도움을 준다. 즉, 작게 행동할 수 있게 해주는 것이다. 빌 쿠니는 이렇게 주장한다. "우리는 운영 관점에서 비즈니스를 분해한 다음 이렇게 묻습니다. '우리와 비즈니스하는 것이 고객에게 수월하고, 간편하고, 즐거운가?' 시간은 바로 돈입니다. 고객에게 보다 많은 시간을 준다는 것은 그들에게 보다 많은 돈을 준다는 것과 같은 의미입니다. 여러 번 전화를 걸고 싶어하는 고객은 없습니다. 우리는 그런 고객을 만족시키는 데 노력을 집중해야만 합니다."

● ● ● ●
분할을 통해 작아지기

1997년 말 찰스 슈왑은 480만 개의 고객 계좌에 3,540억 달러의 자산을 보유, 운용하는 거대 기업이었다. 하지만 최근 슈왑은 좀더 작게 행동하기 위해 시장을 분할하기 시작했다.

분할에 있어서 중요한 두 가지 잣대는 자산 규모와 거래 종류였다. 슈왑의 계좌에 50만 달러 이상을 투자한 고객은 '우선(Priority)' 서비스 자격을 얻으며, 100만 달러 이상을 투자한 고객은 '최우선(Gold Priority)'으로 분류되어 별도의 서비스를 받는다. 그리고 1년에 24회 이상 거래하는 고객은 슈왑의 '적극적 거래자(Active Trader)' 프로그램의 혜택을 받게 된다.

'우선 서비스'나 '적극적 거래자' 고객들은 다양한 맞춤형 서비스 혜택을 받는데, 여기에는 고객별 취향에 따른 투자기회 안내, 최신 뉴스 제공, 팩스나 이메일을 통한 가격변동 안내 등이 포함되어 있다. 또 다른 혜택으로는 특화된 거래 서비스(우량채권 거래, 해외투자 서비스)와 부가적인 정보 서비스(S&P 주식안내), 그리고 요금 면제(IRA나 자산관리 계좌 비용)가 있다.

하지만 '우선 서비스'와 '적극적 거래자' 고객들에게 가장 중요한 혜택은 이들에게 배정된 소규모 팀이다. 비록 이 고객들은 수백만 개의 계좌 소유주 중 일부라 해도 1-800 무료 전화를 통해 전담 브로커 팀과 몇 번이고 상담할 수 있다. 특별히 훈련받은 브로커들은 각 고객의 거래 내역과 보유 주식 현황을 담은 데이터베이스를 활용한다. 12명으로 구성된 각각의 우선 서비스 팀은 4,000~5,000명의 고객을 담당하고, 8~10명으로 구성된 각각의 적극적 거래자 팀은 800~1,000명의 고객을 맡는다.

이러한 구조 덕분에 슈왑 전체 고객의 상위 20%를 차지하는 '우선 서비스'나 '적극적 거래자' 고객들을 상대하는 데 있어 크지만 작게 행동하는 기업으로서 서비스할 수 있었고, 이것은 USAA나 엔터프라이즈 렌트어카와 비슷했다. 거래가 잦은 고객들은 거래비용의 할인,

뛰어나고 친숙한 주식 브로커, 기업 투자보고서 같은 특화된 정보를 '적극적 거래자' 서비스를 통해 모두 제공받을 수 있다.

슈왑의 분할된 시장 접근에는 하이터치와 하이테크가 결합되어 있다. 그리고 이러한 시장 접근은 슈왑으로 하여금 낮은 서비스 가격이 아닌 높은 부가가치에 기반해 승부할 수 있게 해준다.

● ● ●
작은 배들과 쉐퍼드

"우리는 고객 한 분 한 분에 개별적으로 대응하기 위해 노력해 왔습니다." 스페셜 엑스페디션스의 사장 스벤-올로프 린드블라드의 말이다. "여행객의 개성을 인정해주는 것은 단순히 어디에 간다는 것 이상으로 우리의 성공에 있어 중요합니다."

스페셜 엑스페디션스의 직원들은 절대로 유람(cruise)이란 용어를 사용하지 않는다. 왜냐하면 그 용어는 거대한 배와 빡빡한 여행 스케줄, 지루한 오락거리, 그리고 뭉뚱그린 서비스를 연상시키기 때문이다. 스페셜 엑스페디션스의 마켓 오퍼(market offer)는 나눔과 교류다. 작은 배와 여유로운 여행일정, 즐거운 배울거리와 개인화된 서비스가 바로 그것이다.

스페셜 엑스페디션스 각각의 여행은 승무원과 여행객에 따라 모두 다른데, 그 이유는 승무원들이 상당한 자유재량을 갖고 순간순간의 기회에 임기응변해 여행객들에게 특별한 경험을 만들어주기 때문이다. 승무원들을 위한 규정집은 매우 얇고, 가이드 라인은 명쾌하다. "사람들에게 모험을 찾아주고, 평범하지 않은 가능성을 모색하라. 여행객들을 개인별로 세심히 다뤄라. 안전에 대해 절대로 거짓말하지 말라. 자신이 여행객이라고 생각하고 즐길 만한 경험을 만들어내라."

린드블라드는 "우리 직원들도 여행객들만큼이나 즐거운 시간을 가집니다. 여행객과 자연 경관, 그리고 창조적이 될 수 있는 기회를 통해 영감을 얻는 것이죠"라고 말했다.

스페셜 엑스페디션스가 보유하고 있는 가장 큰 배는 칼레도니언 스타(Caledonian Star)로, 110명의 승객만을 실을 수 있다. 회사의 전략에 맞는 작은 배들은 배 위에서 직접 고래를 볼 수 있게 할 뿐만 아니라 상륙용 주정 조디악에서 고래와 보다 친밀한 시간을 가질 수도 있다. 이 회사는 여행객이 개인별로 자연에 대해 '탐사할 수 있도록 배려한다. 이런 것들이 얼마나 특별한 경험이 될 수 있는가는 다음 항해일지에서 발췌한 내용을 통해서도 알 수 있다.

> 우리는 회색 고래와의 친밀한 교감을 통해 깊은 감동을 받았습니다. 우리는 그 고래들의 눈을 바라보았고, 고래들 역시 마찬가지였습니다. 우리는 고래의 얼굴을 만지고 쓰다듬어보았습니다. 우리는 30톤짜리 생명체와 함께 놀았습니다. 고래들의 요동치는 꼬리는 우리가 소리치며 뛰는 것만큼이나 그들도 즐거워한다는 것을 말해주었습니다. 우리는 유인원이 지구상에 등장한 것보다 훨씬 전인 4,500만 년 전부터 살아온 고래들과 친밀한 만남을 가진 것이죠. 아름답고 신비로운 자연 속에 들어가보는 일은 그 자체로서 놀라운 치유력을 갖고 있습니다. 제 친구 루 골드는 오레곤의 시스키유 생태계를 살리기 위해 애쓰고 있는데, 그는 편지를 쓸 때마다 '자연을 느끼고 치유합시다' 라는 문구를 집어넣습니다. 고래를 만져보는 것은 분명 혈관에 엄청난 양의 치료액을 주입하는 것과 같습니다. 시어도어 로작(Theodore Roszak)은 그의 저서 『지구의 목소리(The

Voice of the Earth)』에서 이렇게 썼습니다. '가끔씩 지구의 목소리가 우리에게 다가와 문득 우리가 누구인지, 우리가 어디서 왔는지, 우리가 무엇을 하고 있는지 깨닫게 해준다. 번잡한 일상에서 쉽게 놓치고 마는 우주의 영속성을 느끼는 바로 그 순간에.'

이 기록은 스페셜 엑스페디션스의 존재 이유를 잘 보여준다. 이러한 경험은 오로지 작은 배를 운용하고, 여행을 개인화시켜줄 수 있는 승무원들을 가진 여행사에 의해서만 가능한 것들이다. 이 경험을 공유한 승객 가운데 버지니아 샤롯빌의 의사 마틴 앨버트(Martin Albert)는 가끔 스페셜 엑스페디션스의 선상 의사로 자원봉사를 하기도 한다. 위의 항해일지는 그가 시라이언 호를 타고 1997년 3월 15일에서 23일까지 캘리포니아 바자(Baja)의 태평양 연안을 따라 올라갔던 매우 긴 여정 중에 남긴 것이다.

승무원 이외에도 4~7명의 생물학자들이 여행 스케줄에 따라 스페셜 엑스페디션스의 배에 동승한다. 이렇듯 유별나게 높은 직원 대 여행객의 비율은 이 기업의 핵심 가치와 전략에 따른 것이다. 생물학자들은 여행객들과 함께 식사를 하기도 하고, 작은 그룹을 이끌고 하이킹이나 산책을 하면서 살아 있는 대화를 나눈다. 또 스쿠버 다이빙을 지도하거나 매일 저녁 '재생(Recap)'이라는 야간모임에서 이야기를 들려주기도 한다.

"우리는 각각의 여행 일정을 살핀 뒤, 여행객들을 위해 그리고 그 여행에 활력을 불어넣기 위해 얼마의 비율로 직원을 보낼지 결정합니다." 운영 담당자인 매기 하트의 설명이다. "예를 들어 아마존 탐사의 경우, 우리가 원하는 종류의 경험을 여행객들에게 제공하기 위해서는 7~8명의 생물학자들이 필요합니다. 아마존은 거대한 고속도로와도 같습니다. 조디악에서 내려 다른 지류로 가야 할 때도 있죠. 야생과 토착문화를 감별하고 해석하기 위해서 강인하고 뛰어난 직원들은 필수적입니다."

스페셜 엑스페디션스는 방문하는 주요 지역마다 쉐퍼드(shepherd)들을 갖고 있다. 쉐퍼드는 그 지역의 전문가로서, 전반적인 여행 스케줄을 조정하고 가다듬는 데 주도적인 역할을 한다. 쉐퍼드들은 목적지를 정하고 계획을 실행에 옮길 수 있도록 마케팅이나 운영 담당자들과 협력한다. 해당 국가와 회사간의 연락을 맡기도 하고 매년 여행 계획을 개선하는 데 주도적 역할을 담당한다.

린드블라드의 설명에 따르면 "각각의 여행 스케줄은 우리가 계속해서 익혀야만 하는 살아 있는 유기체와도 같습니다. 매년, 다음 해의 여행 계획은 어떤 모습이어야 하는가로 고민하는데, 그 이유는 늘 누군가가 여행에서 새로운 정보를 가지고 돌아오기 때문이죠."

스페셜 엑스페디션스는 현재 6명의 쉐퍼드를 보유하고 있는데, 이들 각자는 그 회사 내에서 또다른 직함을 가지고 있다. 쉐퍼드란 비공식적인 지위인 것이다. 쉐퍼드들은 탁월한 현장 경험과 지식으로 조직 내부에서 폭넓게 존경받고 있으며, 어떻게 조직을 운영해야 하는지 알고 있다. 그래서 그들의 존재는 전 세계에 걸쳐 서비스를 제공하고 있는 기업 내에서 변화를 손쉽게 하고, 실행을 신속하게 한다. 쉐퍼드들은 스페셜 엑스페디션스가 작게 행동하도록 도와주고 있다.

조직의 규모는 경쟁우위를 가져다주지만 조직의 작음 또한 마찬가지다. 작다는 것은 특히 노동집약적인 서비스 기업에서 큰 도움이 될 수 있다. 고객을 잘 보살피는 작은 기업이란 고객들에게 있어 번거로운 행정상의 절차가 줄어들고 자신에게 맞춘 서비스와 개인에 대한 관심이 높아졌음을 의미한다. 직원들에게 있어 작은 기업에서 일한다는 것은 보다 강한 팀워크와 공동체 의식, 그리고 개인적 책임감을 의미한다. 6,000명을 거느린 기업보다는 6명으로 운영되는 기업에서 개인 실적은 더 뚜렷해지기 때문이다.

고객과 직원을 위해 작게 행동하는 대형 서비스 기업들은 큰 규모와 작게 행동하는 것 양쪽에서 모두 비교우위를 누리게 된다. 날렵함과 빠른 반응, 팀워크를 갖고 있는 소형 기업들은 덩치가 커지면서 그 가치들을 잘 보존하는 것이 경쟁력을 갖추는 데 있어서 결정적이다.

엔터프라이즈 렌트어카나 찰스 슈왑, USAA 같은 수억 달러 규모의 기업들은 모두 작은 기업처럼 행동한다. 그들의 가치, 리더십, 조직 구조, 주인의식 함양, 하이터치-하이테크 전략 등은 작은 기업처럼 행동하는 것을 뒷받침한다.[2] 사람이 총체적 상품에서 핵심적 부분을 차지하는 경우, 작게 행동하는 것이 무엇보다 중요하다.

DISCOVERING
THE SOUL
OF SERVICE

컨테이너 스토어에는 종종 신발 문제 때문에 찾아오는 고객들이 있다. 하지만 컨테이너 스토어는 신발을 팔지도, 수선하지도 않는다. 컨테이너 스토어가 하는 일은 고객의 신지 않는 신발들을 정리하고 보관하도록 돕는 것이다.

컨테이너 스토어의 여성 고객들은 평균 40켤레의 신발을 가지고 있다. 하이힐, 굽 없는 구두, 샌들, 운동화, 부츠 등 다양하고 많은 신발들을 어떻게 하면 필요로 할 때 찾을 수 있도록 할 것인가? 신발장 안으로 걸어 들어가지도 못할 만큼 엉망으로 쌓인 신발들은 어떻게 정리할 것인가? 어떻게 하면 늘 신발이 제 짝을 맞추게 해놓을 수 있을까? 이런 모든 문제들을 해결하는 일이야말로 컨테이너 스토어가 가장 즐기는 것이다.

컨테이너 스토어가 고안해낸, 신발이 한 켤레씩 들어가는 투명 플라스틱 상자는 이 질문들에 대한 해결책이 될 수 있다. 그게 아니라면 고객의 기호에 따라 붙박이 신발장, 신발 가방, 혹은 6장에서 언급했던 엘파® 수납 시스템을 사용한 신발 선반을 선택할 수도 있다.[1]

대부분의 사람들은 매년 자신들이 관리할 수 있는 것 이상의 많은 물건을 구입하게 된다. 컨테이너 스토어는 수집벽이 있는 소비자들에게는 구세주와도 같은 존재다. 목숨을 구원해주지는 못하지만 시간과 공간을 아껴주고, 무엇보다 스트레스를 줄여주기 때문이다. 결벽증을 가진 고객들은 청결함을 찬미하는 컨테이너 스토어를 싫어할 수가 없다. 그리고 엉망진창인 사무실, 옷장, 부엌, 차고에 절망하는 고객들은 컨테이너 스토어에게서 희망을 발견한다.

컨테이너 스토어는 1978년 설립된 이후로 수납용품의 원조가 되었다. 이 분야의 개척자인 컨테이너 스토어는 20년 넘게 이 부문에만 집중적으로 성장해왔다. 전술은 수시로 변하지만, '정리하라, 시간과 공간을 벌어라, 그리고 생활을 단순화하라'는 본질적인 메시지는 항상 변함이 없다. 컨테이너 스토어는 광고 게시판, 카탈로그, 라디오, 신문 광고, 특별 판촉 이벤트, 홍보, 매장 내 서비스를 통해 이같은 메시지를 각 가정에 전달한다. 일관성(consistency), 영리함(cleverness), 창의성(creativity), 그리고 색깔(color, 초록색과 노란색)은 컨테이너 스토어의 브랜드를 특징지운다.

이 기업은 광고 게시판을 적극 활용한다. 매장과 연결되는 고속도로 진입로 바로 앞에 광고판을 설치해서 매장으로 고객을 유인하는 데 돈을 아끼지 않는다. 또한 광고판은 가능한 한 매장 가까이 세워서 매장 입구와 곧바로 연결될 수 있도록 한다. 광고판에 지속적으로 광고를 하지만, 거기에 적힌 광고 문구는 8~12주마다 바꿔서 사람들이 눈여겨 보게 만든다. "고객들은 우리 광고판의 광고를 보는 것을 기대하게 되죠"라고 세일즈 마케팅 담당 부사장인 멜리사 라이프는 말한다. 그렇다면 고객들은 어떤 광고 메시지를 보게 될까?

다음은 광고판에 올랐던 컨테이너 스토어의 광고 문구들이다.

- 아무것도 찾을 수가 없다면 망설이지 말고 우리를 찾아주세요.
- 차 두 대가 들어갈 차고가 잡동사니 때문에 한 대도 못 들어가고 있지 않나요? 저희가 도와드립니다.
- 자전거 선반에서부터 양념통 선반까지.
- 부엌이 엉망진창이라구요? 뒤돌아 보세요. 저희가 정리해드립니다!
- 벽장인지 신발장인지 구분하기 어렵습니까? 몇 발짝 더 걸어오세요. 저희가 정리해드립니다!

컨테이너 스토어는 매장에 더 많은 고객들이 방문하게 하고, 브랜드를 구축하며, 새로운 시장을 위한 길을 닦기 위해 1년에 서너 차례 100만~200만 부의 카탈로그를 제작해 고객들에게 우편으로 발송한다. "카탈로그는 고객들이 매장에 나오기 전에 미리 쇼핑을 할 수 있게 도와줍니다"라고 멜리사 라이프는 말한다. "종종 고객들은 매장으로 카탈로그를 직접 들고 찾아와서 제품과 카탈로그를 꼼꼼히 비교해보기도 하죠."

이 기업의 카탈로그는 엘파® 정기 세일, 크리스마스 세일, 여름 막판 세일(드디어 피서철이 끝났고 다시 정리할 시간이다!) 기간에 한몫을 한다. 라디오나 신문 광고도 이 시기에 집중한다. 또 기숙사에 살고 있는 대학생들을 겨냥해서 대학신문에도 광고를 낸다. 컨테이너 스토어는 어느 여름 일요일 저녁, 영업시간 종료 이후에 대학생과 그 부모들만을 위해 매장 안에서 쇼핑 파티를 열고 매장의 모든 품목들을 할인 판매했다.

컨테이너 스토어는 새로운 시장에 조용히 진입하는 법이 없다. 경영진들은 새 매장을 여는 것을 '발대식'으로 지칭, 의미를 부여하면서 새 매장이 최고의 판매고를 기록하길 기대한다. 그리고 매장을 개장하기 8개월 전부터 새로운 시장 진입 과정을 시작한다.

중요한 초기 작업은 지역사회의 비영리 단체를 선택한 뒤, 이 단체를 적극적으로 지원하면서 지역사회 내에 기업에 대한 긍정적인 소문을 만들어 가는 것이다. 그리고 선택된 지역사회 비영리 단체 및 지역 홍보업체와 협조하면서 개장 준비에 들어간다. 컨테이너 스토어는 대여섯 개의 비영리 지역단체 가운데 자신의 기업문화에 가장 잘 맞는 한 단체를 선택한다.

새 매장을 개장하는 데 도움을 준 비영리 단체들로는 아틀랜타 미술박물관, 덴버센터 시어터 컴퍼니, 샌디에이고 동물원 등이 있다. 컨테이너 스토어는 새 매장을 개장하면서 지역인사들을 초청하여 개장 기념 파티를 연다. 그리고 개장 첫 주말 판매수익의 10%는 그 지역사회의 파트너들에게 기부한다. "우리는 많은 돈과 시간을 쏟아부었습니다. 하지만 우리는 그것을 매우 자랑스럽게 생각합니다." 사장인 킵 틴델은 말한다. "우리는 비영리 단체들과 함께 일하는 것에 열의를 갖고 있습니다."

컨테이너 스토어는 핵심 전략, 일관된 메시지, 창조적인 광고, 그리고 지역사회와의 협력관계 등을 확고하게 고수함으로써 자신만의 브랜드를 키워간다. 하지만 가장 중요한 브랜드 구축 수단은 서비스 마인드가 확고한 최고의 직원들이다. 멜리사 라이프는 이렇게 얘기한다. "우리 기업의 핵심 역량은 서비스입니다. 우리는 우리의 모든 말과 행동, 각각의 의사결정을 통해 핵심 역량을 강화합니다. 컨테이너 스토어의 브랜드는 모든 직원들이 함께 책임집니다."

이 책의 샘플기업들은 한결같이 자신의 브랜드를 키워가는데, 이는 고객과 다른 이해 관계자들에게 기업의 존재 의미를 알리고, 경쟁사들로부터 자신을 차별화하며, 명성을 무기로 경쟁하기 위한 것이다. 경영진이나 직원들 모두 단순히 브랜드를 유지하기보다는 그것을 강화해야 한다는 필요성에 대해 공감하고 있다. 본사에 있는 마케팅 관리자들뿐만 아니라 매장에서 고객과 직접 접촉하는 직원들의 브랜드 구축 노력이야말로 샘플기업들의 가장 뚜렷한 특징이며, 이 기업들의 지속적 성공을 가능하게 하는 핵심요인이다.

● ● ●
기업 브랜딩

브랜딩은 서비스 기업에게 매우 중요하다. 강한 브랜드는 무형의 서비스에 대한 소비자들의 신뢰를 강화시켜주기 때문이다. 또한 강한 브랜드는 고객들이 서비스를 머릿속에 시각적으로 떠올릴 수 있게 해준다. 그리고 직접 경험해보기 이전에는 평가하기 어려운 서비스 구매에서 고객들이 걱정하는 금전적·사회적·안전상의 위험을 줄여준다. 뿐만 아니라 강한 브랜드만 있다면 고객은 굳이 옷감을 만져보거나, 바지를 입어보거나, 자동차를 시험 주행해보지 않고서도 그 기업을 신뢰하게 된다.

소비재의 경우 제품 자체가 가장 중요한 브랜드지만, 서비스의 경우 기업이 가장 중요한 브랜드이다. 서비스 기업에서 브랜드가 갖는 의미는 매우 각별하다. 왜냐하면 서비스 자체는 포장하거나 상표를 붙이거나 진열할 수 있는 대상이 아니기 때문이다. 예를 들어 세인트폴 세인츠 야구 시합은 코닥이 필름을 포장하고 전시하는 것과 같은 방식으로 전시하거나 포장할 수 없다.

보다 중요한 것은, 고객가치 창조에 있어 눈에 보이는 제품과 눈에 보이지 않는 서비스의 상대적인 비중이다. 서비스가 고객가치를 결정하는 데 더 큰 역할을 할 경우, 제품 브랜드보다 기업 브랜드의 중요성이 커진다.[2]

폴저스(Folgers) 커피를 마시는 고객들은 제품 브랜드를 구매하는 것이다. 구매자들 대부분은 폴저스 커피가 P&G의 일부라는 것을 알지 못하며 기업의 이름은 고객이 커피 구매를 결정하는 데 하등의 영향을 주지 않는다. 즉 브랜드가 미치는 영향의 핵심은 제품에 있다. 하지만 스타벅스 매장에 호감을 가진 고객들은 그 기업의 브랜드를 구매하는 것이다. 고객들이 스타벅스 매장에서 경험한 서비스는 고객들이 그 브랜드를 인지하고 가치를 평가하는 데 중요한 역할을 하게 된다. 스타벅스의 창업자인 하워드 슐츠는 서비스 비즈니스에서 브랜드가 갖는 힘의 원천을 다음과 같이 설명한다.

> 대형 커피 브랜드에 비교되는 우리의 경쟁우위는 바로 사람입니다. 슈퍼마켓 판매에서는 고객과의 직접적인 접촉이 없습니다. 하지만 스타벅스 매장에서는 커피를 좋아하고 커피에 대해 잘 아는 진짜 사람들을 만나게 됩니다.…… 스타벅스의 성공은 전국적인 브랜드를 만드는 데 반드시 수백만 달러의 광고 프로그램이나 대기업의 막대한 자금력이 필요한 것은 아니라는 걸 증명한 것이죠. 브랜드는 한 번에 한 고객씩, 한 매장씩, 한 시장씩 구축해가는 겁니다.[3]

서비스 브랜딩은 그 구성요소를 이해하면 보다 명확해진다. 〈그림 10-1〉은 브랜드 제안, 브랜드 인지도, 브랜드 의미, 고객 경험, 브랜드

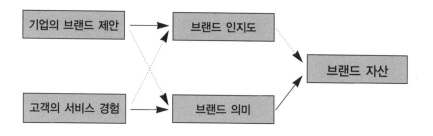

그림 10-1 서비스 브랜딩 모델

자산 사이의 관계를 표시한다. 직접적인 영향을 주는 관계는 굵은 선으로 표시했고, 간접적인 영향은 점선으로 표시했다.

브랜드 제안(presented brand)이란 광고, 서비스 시설, 서비스 제공자의 외모 등을 통해 기업이 자신의 아이덴티티와 목적을 일반에게 전달하는 것이다. 광고 문구와 더불어 기업의 이름, 로고, 그리고 시각적인 형상물들이 브랜드 제안의 핵심이다. 브랜드 제안은 기업이 전달하고자 하는 브랜드 메시지이다. 브랜드 제안의 효율성은 브랜드 인지도(brand awarness)에 직접적인 영향을 미친다. 여기서 브랜드 인지도란 고객이 필요할 때 혹은 어떤 단서가 주어졌을 때, 특정 브랜드를 얼마나 잘 기억해낼 수 있는가에 관한 것이다. 예를 들어 뉴욕에서 "매트리스를 사려고 마음먹었을 때 가장 먼저 떠오르는 기업은?"이란 질문에 대해 다이얼 에이 매트리스라고 대답한 고객들의 비율이 바로 그 시장에서 다이얼 에이 매트리스가 갖는 브랜드 인지도를 나타낸다.

브랜드 의미(brand meaning)란 고객들이 그 브랜드에 대해 갖는 지배적인 인식을 뜻한다. 이는 한 브랜드에 대해 고객들이 즉각적으로 떠올리는 인상이다. 타깃(Target)과 K마트(Kmart)를 예로 들면, 둘 다

일반적인 할인 매장이지만 두 회사에 대한 고객들의 인식은 서로 다르다.[4] 두 회사의 브랜드 인지도는 모두 높지만, 브랜드 의미는 서로 다르다. 브랜드 인지도와 브랜드 의미의 기본적인 차이는 취크필애와 KFC, 찰스 슈왑과 메릴린치, 미드웨스트 익스프레스 항공과 노스웨스트 항공 사이에서도 잘 나타난다. 이 기업들은 모두 각각의 집단에서 고객들에게 잘 알려져 있지만, 그들의 이미지는 상당히 다르다.

기업의 브랜드 제안은 브랜드 의미에 영향을 주기도 하지만, 고객이 그 기업에서 얻는 실질적인 경험만큼 강력한 영향을 주지는 않는다. 브랜드 제안은 기업의 서비스에 대한 경험이 없거나 부족해서 기업에 대한 어떠한 인상도 아직 만들지 못한 고객들에게 가장 강력하게 영향을 미친다. 새로운 고객들에겐 기업의 브랜드 제안과 지역사회의 소문만이 그 기업이 어떤지 알 수 있는 길이기 때문이다.

하지만 기업이 시장에 내놓은 '총체적 산물'인 서비스를 경험하게 되면서 고객에 대한 브랜드 제안의 영향력은 점차 줄어든다. 고객의 경험에서 생겨난 믿음은 매우 강력하다. 기업의 브랜드 제안은 브랜드 인지도를 높이고, 고객을 끌어들이며, 기존 고객의 브랜드 의미를 강화할 수 있다.

하지만 브랜드 제안만으로 형편없는 서비스를 구제할 수는 없다. 만약 고객이 경험한 서비스가 광고의 메시지와 다르다면 고객들은 광고 대신 자신의 경험을 믿게 될 것이다. 서비스 마케팅에서 고객이 서비스에 실망하게 되면, 이전까지 브랜드 마케팅이 구축해두었던 모든 것이 사라지고 마는 것이다.

컨테이너 스토어는 눈에 띄는 광고판, 정보가 충실한 카탈로그를 갖고 있으며 지역사회와 강력한 연대를 맺고 있다. 하지만 이 모든 노력도 매장 내에서의 탁월한 서비스가 없다면 무의미하다. 아무리 카탈로

그의 사진이 매력적이더라도 매장 내의 서비스가 좋지 않다면 고객들은 더 이상 엘파® 수납 시스템을 사려고 하지 않을 것이다. 엘파® 수납 시스템은 폴저스 커피처럼 소비자들이 제품 브랜드만 보고 구입하는 물품이 아니다.

고객의 경험은 또한 입에서 입을 거치는 소문을 통해서 브랜드 인지도에 영향을 미친다. 하지만 일반적으로 이러한 소문은 기업의 자체적인 마케팅 커뮤니케이션만큼 영향을 주진 않기 때문에, 〈그림 10-1〉에서 고객 경험과 브랜드 인지도는 점선으로 연결했다. 기업에 대해 우호적인 소문을 퍼뜨리는 사람의 대부분은 서비스에 만족한 고객들이다. 서비스가 뛰어나고 독특할수록 소문에 담긴 메시지는 우호적이 되겠지만 반대의 경우도 가능하다. 즉 서비스가 나쁠수록 소문은 더욱 불리해지는 것이다. 이런 소문은 가치 있는 정보를 공유하고자 하는 사람들의 자연스런 성향에서 비롯된다.

브랜드 인지도와 브랜드 의미는 모두 브랜드 자산에 기여하지만, 그 정도는 다르다. 고객의 경험별로 브랜드 의미가 제각각 형성되듯이, 브랜드 의미가 브랜드 자산에 끼치는 영향도 모두 같지는 않다. 브랜드 자산은 브랜드 인지도와 의미가 브랜드 마케팅에 대한 고객의 반응과 결합되어 나타나는 결과물이다.[5]

브랜드 자산은 긍정적일 수도, 부정적일 수도 있다. 긍정적인 브랜드 자산은 그 브랜드가 다른 무명의 브랜드나 유사 브랜드에 대해 마케팅 우위를 갖는다는 것을 의미한다. 반면 부정적 브랜드 자산은 브랜드가 마케팅에 불이익을 가져오는 경우이다. 브랜드 자산이 부정적일 수 있다는 사실은 1997년 홀리데이 인 호텔의 한 관리인이 전기톱을 들고 객실을 전부 부순 뒤에 완전히 개조하는 TV 광고를 내보낸 배경을 설명해준다. 〈그림 10-1〉에 제시한 서비스 브랜딩 모델은 일반 제품 브랜딩 모델과 그 구성요소가 완전히 다르진 않지만, 그 정도에는 차이가 있다. 두 모델의 가장 주요한 차이점은 서비스 실행이 차지하는 역할에 있다. 노동집약적인 서비스 기업의 브랜드 구축에서 가장 중요한 역할을 하는 것은 기계 설비가 아니라 바로 사람이다.

샘플기업들의 경쟁력은 긍정적인 브랜드 자산에 있다. 차별화된 브랜딩과 일관된 메시지, 핵심 서비스의 성공적인 수행, 고객과의 감성적 연결, 그리고 브랜드 신뢰의 구축 등 통해 이 기업들은 성공을 유지하고 있다. 이 기업들은 고객들의 마음을 많이 차지해, 이를 높은 시장점유율로 연결시킨다.

이들의 성공은 곧 경쟁사들의 격렬한 반응과 지속적인 모방을 불러온다. 하지만 14개 샘플기업들은 모두 몇 년째 번창하고 있다. 어째서일까? "제품은 공장에서 만들어지는 것이지만, 브랜드는 고객에 의해 구매되어야 하는 것이다 …… 브랜드는 고유한 것"[6]이기 때문이다. 〈그림 10-2〉에서는 샘플기업이 브랜드를 구축하는 4가지 주요 방법을 보여준다.

● ● ●
과감한 차별화

강한 브랜드를 가진 서비스 기업들은 차별화를 위해, 그리고 뚜렷한 브랜드 개성을 만들어내기 위해 의식적인 노력을 한다. 최고의 브랜드를 만드는 기업은 거의 항상 기존의 관습을 거부하고, 고객에게 다가가 그들을 기쁘게 하는 새로운 길을 만들어내는 독불장군 같은 기업들이다.

강한 브랜드 기업들은 "범용화가 불가피한 것은 아니다"라는 톰 피

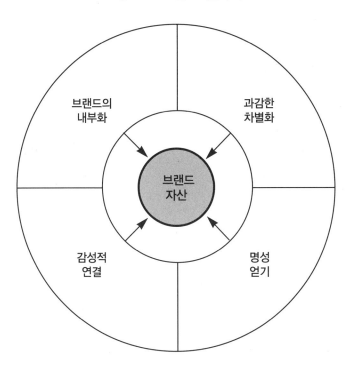

그림 10-2 브랜드 자산 구축

터스의 주장을 실행해 옮기는데, 이들은 결코 자신의 상품을 단순한 범용품으로 팔지 않는다. 브랜딩에서 중요한 것은 모방이 아니라 창의성이다. 브랜드 제안이 각기 다르듯, 고객의 총체적인 제품 경험 또한 제각각이다. 각각의 브랜드는 고객의 마음속에서 서로 다른 영역을 차지하게 된다.

현재 미국 내 35개 주와 남아프리카에 진출해 있는 취크필애는 과감한 차별화 원칙을 실천하고 있는 좋은 사례다. 실제로 맥도널드, 버거킹, 웬디스 등 전국적으로 TV 광고를 하는 기업들에 맞서 취크필애가 선택할 수 있는 길은 독특한 브랜드를 구축하는 것밖에 없다. 평범한 브랜드 전략을 쓴다면 취크필애는 거대한 경쟁자들이 내보내는 광고의 무게에 짓눌리고 말 것이다.

취크필애의 오랜 브랜딩 유산은 쇼핑몰의 푸드코트—이 회사가 처음부터 유통전략 차원에서 활용했던 곳—에 있다. 이러한 쇼핑몰 푸드코트라는 환경에서 취크필애가 당면한 마케팅 도전은 푸드코트의 수많은 패스트푸드점들 사이에서 매력적이고 고객들의 눈에 확 띄는 것을 제공하는 것이다.

취크필애의 쇼핑몰 마케팅 전략은 매장 자체를 TV 광고 화면처럼 활용해 쇼핑객의 주목을 이끌어내고, 매장 내에 들어와서 계획에 없던 구매까지 하게 하는 것이다. 매장 운영자들은 독자적인 권한을 가지고 매장을 광고 매체로 활용함으로써 매장에 생기를 불어넣고, 매장 정문, 카운터 주변, 메뉴 보드, 자리 배치, 종업원의 외모와 태도 등에 잠재되어 있는 마케팅 파워를 이끌어낸다.

"쇼핑몰은 단순히 장사하는 곳만이 아닙니다. 우리는 쇼핑몰이 만들어낸 유동 인구에 대해 대가를 지불한 만큼 그 기회를 반드시 이용해야 합니다." 취크필애의 마케팅 담당 수석 부사장인 스티브 로빈슨의 설명이다. "우리는 계속해서 매장 운영자들에게 물어봅니다. '당신의 매장에서는 뚜렷하고 독특하며 눈길을 잡아끄는, 어떤 메시지를 제공하고 있습니까?'라고요."

눈을 가리고 음식 맛을 비교해보는 테스트를 통해 여러 차례 인정받은 취크필애 음식의 우수성을 마케팅에 십분 활용하기 위해, 쇼핑몰 매장들은 정기적으로 고객들에게 시식 기회를 제공한다. "우리는 매장 운영자들에게, 가능한 모든 방법을 동원해 고객들이 우리 음식을 맛볼 수 있도록 하라고 요청합니다"라고 로빈슨은 덧붙였다.

취크필애는 쇼핑몰에서 거리의 매장으로 사업을 확대하면서, 이 기업의 브랜딩 도전은 더욱 거세지고 변화되었다. 현재 이 기업은 거대한 패스트푸드 브랜드와 치열하게 경쟁 중이다. 배가 고픈 쇼핑몰 이용객들은 아무 레스토랑에나 들어가면 되지만, 집 근처나 회사에서 혹은 차를 운전하던 도중에 배가 고픈 사람들이 식당을 선택할 때는 어떤 브랜드가 그 고객들의 '마음을 점유하고' 있는가가 결정적이다. 그 때문에 맥도널드, 버거킹, 웬디스, 피자 헛, 타코벨은 엄청난 돈을 광고에 쏟아붓는다. 하지만 매장 수, 지역 유통망, 광고 자금을 댈 수 있는 운영자들의 네트워크가 훨씬 취약한 취크필애로서는 그들만큼 광고비용을 지출할 수는 없다. 대신 뚜렷하고 호소력 있는 브랜드의 개성을 만들어내는 것만이 이전투구식 광고 경쟁에서 취크필애가 살아남을 수 있는 유일한 길이다.

컨테이너 스토어처럼, 취크필애도 광고판을 적극 활용한다. TV 광고에 매달리는 경쟁사들은 광고판을 레스토랑으로의 안내표지판 정도로밖에 활용하지 못하고 있다.[7] 하지만 취크필애는 광고판에 집중한다. 여러 다양한 매체를 이용해 광고 재원을 분산시키기보다, 차라리 하나의 매체에 집중하기로 한 것이다. 취크필애는 명확한 브랜드를 구축하는 데 있어 옥외 광고의 효력을 믿고 있다.

하지만 광고판은 하나의 매개체일 뿐 그 자체가 메시지는 아니다. 따라서 이 광고물이 효과를 발휘하기 위해서는 독특하고 창의적인 내용물이 요구된다. 취크필애의 기발함은 "닭고기를 더 드세요"라고 외치는 암소들이 그려진 광고판(그림 10-3)에 잘 나타나 있다. 그 암소들은 취크필애에게 이전에는 없었던 독특한 브랜드 개성을 부여한다. 광고 대행사 리처드 그룹이 만들어낸 '취크필애 암소' 광고는 소비자들에게 '오늘도 꼭 햄버거를 먹을 필요는 없다'는 메시지를 상기시키고

그림 10-3 취크필애의 브랜드 개성

취크필애를 그 대안으로 제시한다. 처음 광고 캠페인 과정에서 등장한 '취크필애 암소'가 이제는 이 기업의 브랜드 제안에서 핵심적인 위치를 차지하게 된 것이다.

최고의 브랜드 마케팅은 고객들이 투자한 시간과 관심에 적절한 보상을 해주는 것이다. 즉 고객들에게 무언가를 돌려주는 것이다. '취크필애 암소'가 하는 일이 바로 이것이다. 그들은 유쾌하고 우스꽝스러우며 독특하다. 이 암소들은 취크필애와 마찬가지로 떠벌리지 않는다. 이 암소들은 성가시게 굴지 않는다. 이 그림들은 퀵서비스 레스토랑 체인을 보다 뚜렷하고 보다 인간답게 만들어주면서 동시에 고객의 얼굴에는 미소를 띠게 만든다.

스티브 로빈슨은 다음과 같이 말한다. "우리는 광고에 많은 돈을 쓰지 않습니다. 우리가 돈을 쓸 때에는 그만한 결과가 있어야 합니다. 남들을 따라 하는 식의 광고로는 치열한 경쟁을 뚫을 수 없습니다. 우리가 하는 일은 창의적이고 독특해야 합니다." 이에 취크필애의 컨설턴트인 켄 베르나르(Ken Berhardt) 교수는 이렇게 덧붙인다. "중요한 것은 광고의 양이 아닙니다."

● ● ●
명성 얻기

강한 브랜드를 갖고 있는 서비스 기업들은 고객이 중요하게 생각하는 그 무언가를 대변한다. 그들의 브랜드는 경쟁사의 브랜드와 다를 뿐만 아니라, 그들만의 가치 있는 마켓 오퍼를 시장에 내놓는다. 샘플 기업들은 브랜드를 이용해 자신의 존재 의미를 알린다. 4장에서 언급했듯이, 이 기업들은 '고객들에게 무엇으로 유명해지고 싶은가?'라고 자문하고 답을 찾는다. 그리고 그렇게 찾은 답을 브랜드에 녹여 넣어 전달한다.

강한 브랜드 자산을 소유한 서비스 기업들은 고객들이 가치 있게 생각하는 서비스를 제공하며, 그 제공방식 또한 경쟁사들보다 우수하다. 또 브랜드 인지도를 높이고, 고객의 구매를 자극하며, 고객의 경험을 강화하는 커뮤니케이션에 있어서도 매우 효과적이다. 시간이 지남에 따라 이 기업들은 자신이 만들어 내보낸 메시지뿐만 아니라, 고객들의 입소문을 통해서 그 탁월함을 인정받게 되고 유명해진다.

다이얼 에이 매트리스 고객의 30%는 기존 고객에게 소개를 받아서 온 사람들이다. 새 매트리스의 구입을 최대한 간편하게 하려는 이 기업의 핵심 서비스 전략에 많은 신규 구매자들이 반한 것이다. 재래적인 방법은 고객들에게 시간과 에너지를 써가며 여러 곳의 가구 매장을 찾아다니게 만든다. 여러 개의 매트리스에 직접 누워보고 탄력을 시험해봐야 하며, 광고와는 다른 실제 판매 서비스를 경험해야 하고, 사나흘 안에 배달이 가능한지 확인도 해야 한다.

그런 불편함 대신에 고객들은 다이얼 에이 매트리스에 전화를 걸어서 6주간의 교육을 받은 침구 컨설턴트의 상담을 받고, 원한다면 두 시간 안에 배달받을 수도 있다. 마음에 들지 않으면 그 자리에서 반품도 얼마든지 가능하다.

이렇듯 감탄을 자아내게 하는 요인들은 고객들로 하여금 소문을 내게 한다. 그리고 다이얼 에이 매트리스는 고객들에게 주위 사람들을 위한 할인티켓을 나눠줌으로써 소문을 더욱 촉진한다. 창업자인 나폴레온 배러건은 다음과 같이 말한다. "신규 고객들은 아침에 전화를 걸 때만 해도 무척 회의적입니다. 하지만 오후에 매트리스를 건네 받고는 너무 기뻐하지요. 그러고는 전화를 걸 때마다 다이얼 에이 매트리스를 화제로 삼곤 합니다."

다이얼 에이 매트리스는 일관된 메시지를 가지고 TV나 라디오 광고를 한다. "셀타나 시몬스 침대를 전화 한 통으로 살 수 있습니다. 당신이 OK만 하면 됩니다. 가격이 저렴할 뿐만 아니라, 원한다면 두 시간 안에 배달해 드릴 수도 있습니다." 광고는 "Dial 1-800-MATTRES, 그리고 마지막 S는 아껴두세요"라고 끝맺는다. 광고 내용은 간단하면서도 직설적이다. "우리는 광고에서 사실만을 다룹니다." 국내영업 부문 부사장 제이 보로프스키(Jay Borofsky)의 말이다. "우리는 고객에게 좋은 가치를 제공합니다. 그리고 거짓말을 할 이유가 없지요."

TV와 라디오 광고, 일관된 메시지, 고객들 사이의 입소문, 그리고 그렇게 알려진 명성의 배합은 다이얼 에이 매트리스에 대한 인지도를 높였다. 심야 토크쇼 진행자인 데이비드 레터맨은 방송 중에 다이얼 에이 매트리스에 전화를 걸어 매트리스를 맨해튼에 있는 자신의 차까지 배달해달라고 주문했고, 다이얼 에이 매트리스는 방송이 끝나기도 전에 배달을 마쳤다.

기업의 이름 또한 브랜드 인식에 기여한다. 다이얼 에이 매트리스는 간단 명료하고, 그 기업이 무엇을 팔고 어떻게 사는가를 잘 보여준다는 점에서 좋은 기업 이름이다. 서비스에 대한 고객의 실제 경험이 브랜드 의미와 브랜드 자산에 끼치는 영향이 크기 때문에, 서비스 기업들은 그저그런 이름을 갖고도 선전할 수 있다. 그러나 좋은 기업 이름은 분명히 도움을 줄 수 있으며, 다이얼 에이 매트리스가 그 전형적인 예다.

미드웨스트 익스프레스의 브랜드 역시 가치 있는 마켓 오퍼를 갖고 있다. 미드웨스트 익스프레스는 '하늘에서 최고의 서비스'로 유명해지길 바라며, 이 문구는 모든 광고에 적혀 있다. 이 기업의 광고 전략 속에는 가능한 한 자사의 광고를 사실로 증명하려는 노력이 포함된다. 광고는 늘 논스톱 서비스, 편안한 가죽 시트와 프리미엄 서비스, 맛있는 기내식, 승객 개개인에 대한 보살핌과 관심, 그리고 중간에 비좁은 좌석이 없다는 사실을 강조한다. 그리고 광고에는 늘 자갯 에어라인 서베이(Zagat Airline Survey)나 콘드 내스트 트래블러(Conde Nast Travler) 같은 기관에서 최우수 평가를 받았다는 것을 언급한다. 또한 다른 항공사의 일반석에 비해 상대적으로 우수한 가격 경쟁력을 내세우기도 하는데, 이 메시지는 고급 서비스로 인해 가격이 비쌀 것이라는 예상을 깨기 위한 것이다.

미드웨스트 익스프레스는 지역 TV 방송을 통한 광고를 선호한다. 광고 담당 매니저인 짐 라이헤르트(Jim Reichart)는 "우리의 차별성은 TV를 통해 잘 전달됩니다. 우리는 가죽 시트로 된 일반석, 승무원의 미소, 그리고 유리잔과 은식기에 담긴 맛깔스러운 기내식을 보여주고 싶은 겁니다"라고 설명한다.

미드웨스트 익스프레스의 기업 명칭은 다이얼 에이 매트리스의 이름처럼 좋은 것은 아니다. 항공사는 중서부뿐만 아니라 남서, 남동, 그리고 동서 해안 어디로든 비행하기 때문이다. 게다가 'Express'라는 단어는 통근용 항공사의 이미지를 주지만, 사실상 미드웨스트 익스프레스는 그렇지 않다. 이 항공사는 위스콘신에서 시작했고 마케팅에서 봉사, 친절, 공동체, 헌신 등 미국 중서부(Midwest)의 가치를 전달하고자 하는 것이다. 이 회사의 광고에서는 자사의 제트 여객기를 비춰줌으로써 통근용 항공사라는 인상을 깨려 한다.

미드웨스트 익스프레스란 기업 이름이 아주 좋은 것은 아니지만, 훌륭한 브랜드임에는 틀림없다. 샘플기업들 중 이 기업만큼 고객이 받은 서비스 경험이 브랜드 의미와 자산에 미치는 영향을 잘 보여주는 예는 없다. 미드웨스트 익스프레스 항공의 서비스를 받아본 승객들은 평범한 기업 이름이지만 이 브랜드에서 일등석에 버금가는 좌석, 좋은 음식, 초콜릿 칩 쿠키, 그리고 뛰어난 서비스를 떠올린다고 한다. 기업의 이름에 풍부하고 독특한 의미가 덧붙여지면 기업은 그것을 바꾸려 하지 않는다.

● ● ●
감성적 연결

1998년 1월, 하렘 글로브트로터스(Harlem Globetrotters)는 인디애나 레밍턴의 작은 마을에서 2만 번째 농구시합을 했다. 마술과 같은 공 다루기, 익살스런 진행, 바보 연기 등으로 유명한 글로브트로터스는 고객들과의 감성적 연결을 만들어낸다. 글로브트로터스는 재미와 웃음, 존경과 품위, 성실과 좋은 가치를 연상시키는 신비한 브랜드이다.

구단주는 카리스마, 꼼꼼함, 브랜드를 광고하는 능력 등을 기준으로 팀의 선수들을 평가한다. 욕설이나 입을 삐죽거리는 것, 무례한 행동은 금지되어 있다. 게임 후에 선수들은 직접 사인을 해준다. 폴 가프니(Paul Gaffney)는 "우리는 브랜드가 얼마나 소중한지 잘 알고 있습니다"라고 말한다. "매일 밤, 관중들은 우리들이 10시간 이상 버스를 타고 왔다는 사실엔 관심이 없습니다. 그들은 우리가 최선을 다하길 원하고, 우리 역시 최선을 다할 수 있길 바라지요."[8]

훌륭한 브랜드들은 고객과 감성적인 연결을 만들어낸다. 그것들은 단순히 이성적이거나 경제적인 것을 넘어서 친밀함, 애정, 신뢰의 느낌을 불러일으킨다. 소비자는 감성적인 세계(emotional world)에 살고 있다. 그들의 감정이 구매 의사결정에 영향을 미친다는 말이다. 훌륭한 브랜드는 구체적인 상품 특징이나 편익을 초월해, 사람들의 감정을 파고든다.[9] 오길비 앤 매더(Ogilvy & Mather)의 명예회장 샬럿 비어스 (Charlotte Beers)는 "브랜드를 강화하는 최선의 방법은 고객을 감성적으로 끌어들이는 것이다"라고 쓰고 있다.[10]

고객과 감성적인 연결을 만들어내는 브랜드는 고객의 핵심 가치를 반영하는 브랜드이다. 즉 브랜드는 고객이 소중히 여기는 가치를 가지고 있어야 한다. 브랜딩 모델이 보여주듯(그림 10-1) 기업이 주도하는 마케팅 커뮤니케이션은 브랜드 구축의 일부분일 뿐이다. 기업의 실제 가치는 서비스에 대한 고객의 실제적인 경험을 통해서 나타난다. 마케팅 커뮤니케이션만으로 존재하지 않는 가치를 만들어낼 수는 없다.

엔터프라이즈 렌트어카는 지역의 자동차 수리공장, 보험사 직원들과 감성적으로 연결되어 있다. 그것은 그들에게 매주 도넛을 선물 하고, 개인적인 유대를 형성하며, 특히 명시적·암묵적 약속을 지킴으로써 이루어진다. 취크필애의 '암소(Cow)'가 고객들의 관심을 불러일으키지만, 서비스에 대한 고객의 경험이 당초의 느낌과 다르다면, 그 노력은 헛된 것이 된다. 미드웨스트 익스프레스는 초콜릿 칩 쿠키를 광고에서 보여줄 수도 있었다. 그러나 훨씬 강력한 효과를 내는 것은 승객들을 위해 기내에서 실제로 쿠키를 굽고, 그것을 따뜻한 미소와 함께 제공하는 것이다.

감성적으로 연결되는 브랜드는 영혼(soul)을 가진 기업을 진정으로 대변하는 것이다. 그런 브랜드는 기업의 영혼을 포착하고 전달해준다. 스타벅스의 설립자 하워드 슐츠는 이렇게 쓰고 있다. "가장 강력하고 지속적인 브랜드는 마음으로부터 만들어진다. 그런 브랜드는 진정하고 지속가능하다. 그 토대는 매우 강하다. 왜냐하면 그것은 광고 캠페인이 아니라 인간 정신의 힘으로 만들어졌기 때문이다."[11]

14개 샘플기업들의 광고는 가격이 저렴하다는 것을 강조하지 않는다. 이것은 곱씹어볼 만한 일이다. 저가를 표방하는 수십 개의 매트리스 소매상과 경쟁하고 있는 다이얼 에이 매트리스는 마케팅 전략에서 가격의 중요성을 부각시키지 않는다. 소유주인 나폴레온 배러건은 전화번호부에서 다양한 가격 홍보문구들을 찾아내 리스트를 만들었는데, 예를 들면 다음과 같은 것이다. "마을에서 제일 싼 가격입니다", "이 가격보다 더 싼 건 없습니다" "~를 공짜로 드립니다" 등등. 배러건은 광고 담당자에게 리스트를 보내 절대로 이런 식의 광고를 하지 말라고 당부했다.

광고에서 가격을 강조하는 기업은 고객과 감성적으로 연결될 수 있는 기회를 박탈당한다. 대부분의 사람들은 자기가 지불한 돈의 가치를 생각하고, 또 가격을 깎는 일에 관심을 보인다. 그러나 가격 위주의 마케팅 메시지는 대게 고객들의 감성을 자극하지 못한다. 싼 가격을 강조하는 광고는 돈 가치에 관한 것이지, 가치관에 관한 것은 아니다. 그것은 절대 마음을 움직이지 못한다.

새턴(Saturn) 자동차를 감성적으로 값진 브랜드로 만든 도널드 허들러(Donald Hudler)는 한 연설에서 이렇게 말했다. "가격만 물고 늘어지면, 당신은 당신 자신에 대해 이야기할 기회를 잃고 결국 브랜드도 구축할 수 없게 됩니다."[12]

세인트폴 세인츠는 강한 브랜드의 감성적인 내용을 잘 보여준다. 세인츠는 대부분의 팬들에게 프로야구팀 이상의 의미를 지닌다. 브랜드 의미(brand meaning)는 스포츠나 야구, 혹은 승패를 넘어선다. 많은 사람들에게 세인츠는, 가족과 세인트폴 지역사회가 함께 할 수 있는 즐거움을 의미한다. 세인츠는 이 도시 문화의 일부이자, 생기 있는 지역사회의 주민이다. 또 최고경영자가 야구장 안으로 들어오는 팬들에게 인사를 건네는 따뜻한 조직이다. 이 팀은 야외 스타디움에서 경기를 하고, 맹인 라디오 해설가를 고용했으며, 1997년에는 처음으로 남자 프로야구팀에 여성 투수를 기용하기도 했다.

세인츠가 제시하는 브랜드의 핵심은 '재미있는 것이 좋은 것이다' 라는 기본 가치에 있다. 스모에서부터 달리기 경주까지, 경기가 쉬는 시간마다 작은 행사가 준비되어 있다. 세인츠의 팀 마스코트는 돼지인데, 매년 초등학생을 대상으로 돼지 이름짓기 경연대회를 개최한다. 1998년 1,000명의 초등학생들이 이 돼지 이름짓기 행사에 참가했는데, 일등은 10명의 친구들과 야구장의 파티 보트(실제 배 모양으로 만든 특별 관중석)에서 게임을 볼 수 있는 특권을 준다. 여기에는 음식과 세인츠 티셔츠와 모자가 무료로 제공된다.

세인츠는 공동체의 비영리기구(NPO) 기금 조성을 위해 '새봄맞이 요리 경연대회'를 주차장에서 개최했다. '독서는 즐거워' 클럽은 1998년 1,000명의 4~5학년 학생들을 독서 프로그램에 참여하도록 유도했다. 식목일에, 어린이들은 경기장 내의 '책읽는 나무(Reading Tree)' 라고 명명된 지역에 꽃을 심는다. 어떤 날은 어린이와 운동선수들이 함께 경기장 울타리에 벽화를 그리기도 한다. 때로는 자선 골프 대회를 열 때도 있다.

세인츠가 많은 배려를 한다는 것은 지역사회에 널리 알려져 있다. 배려는 이 브랜드에게 절대적으로 필요하다. 세인트폴 세인츠는 팬들은 물론, 팬들 상호간에도 감성적인 연결을 만들어낸다. 단장 빌 패닝(Bill Fanning)은 "세인츠 경기에 가는 것은 마치 고등학교 동창회에 가는 것 같아요"라고 말한다. "게임을 시작할 때는 당신 옆에 앉은 사람이 누군지 모를 거예요. 그러나 게임이 끝날 때쯤에는 모두들 오랜 친구 같이 됩니다."

세인트폴 세인츠는 지금까지 논의된 모든 브랜딩의 원칙을 요약해서 보여준다. 이 기업은 과감한 차별화를 시도하고, 존재 이유를 명확히 정의하며, 고객들과 감성적인 연결을 만들어낸다. 이런 여러 이유들로 인해 세인트폴 세인츠는 아마도 미국에서 제일 유명한 마이너리그 야구팀이라고 할 수 있을 것이다.

● ● ●
브랜드의 내부화

서비스 수행자들은 브랜드 의미와 브랜드 자산을 구축하는 강력한 매개체들이다. 고객을 대하는 그들의 행동은 브랜드에 대한 막연한 느낌을 실체—좋은 쪽으로든 나쁜 쪽으로든—로 바꾼다. 서비스 수행자들은 브랜드를 구축하거나 혹은 파괴할 수 있는데, 이것은 고객이 서비스에서 실제로 경험하는 것이 브랜드에 대한 그들의 이미지를 결정하는 데 있어 중요한 작용을 하기 때문이다. 서비스 수행자들은 마케팅 담당자에 의해 만들어진 브랜드를 고객이 경험하는 브랜드로 바꾸는 역할을 한다.

서비스 실행 단계에서 고객이 부정적인 경험을 하게 되면, 기업은 아무리 효과적으로 마케팅 커뮤티케이션을 하더라도 그것을 극복하기가 어렵다. 최상의 고객 경험은, 경쟁사들이 마케팅 커뮤니케이션을 아무리 잘한다 해도 모방할 수 있는 것이 아니다.

톰 피터스(Tom Peters)는 이렇게 쓰고 있다. "당신이 모든 것을 따라 할 수 있을 것 같죠? 하지만 훌륭한 서비스만은 예외입니다."[13] 서비스 수행자들을 통해 브랜드를 구축하기 위해서는 브랜드의 내부화가 필요하다.

브랜드 내부화에는 직원들에게 브랜드를 설명하고, 또 그들이 받아들일 수 있도록 설득하는 과정이 포함된다. 이에는 기업의 브랜드 제안 이면의 조사내용과 전략을 직원들과 공유하는 것도 포함된다. 직원들과의 창조적인 커뮤니케이션, 브랜드 강화를 위한 행동교육을 직원들에게 실시하는 것도 포함된다. 또 브랜드를 효과적으로 강화한 직원들에 대한 포상과 칭찬도 포함된다. 그러나 브랜드 내부화란 무엇보다도, 브랜드를 돌보고 키우는 데 직원들을 참여시키는 것을 뜻한다. 직원들이 브랜드를 이해하지 못하거나 믿지 않으면, 그들은 자신들을 그 일부로 여기지 않고 브랜드를 행동으로 실천하지도 않게 된다. 직원들이 고객을 위해 브랜드를 말로 설명하고 또 시각화해서 보여줄 수 있으려면, 마케팅 담당자가 직원들을 위해 브랜드를 언어로 표현하고 시각적으로 보여줘야 한다. 브랜드의 구축이 고객과의 지속적인 과정인 것처럼, 브랜드 내부화도 지속적인 과정이다.[14]

엔터프라이즈 렌트어카와 미드웨스트 익스프레스는 직원들을 기업광고의 주요 시청자로 여기는 샘플기업들 중 하나이다. 이들 기업은 광고를 직원들의 동기 유발과 교육을 위한 기본적인 수단으로 생각한다. 기존의 연구들 역시 직원들이 자사 광고에 큰 영향을 받는다는 점을 명백히 보여주고 있다.[15]

엔터프라이즈 렌트어카는 1989년에 처음으로 전국적인 TV 광고를 실시했다. 이 기업은 TV 광고에서 일관성 있게 브랜드를 제안(presentation)했다. 한 고객이 자동차 정비업체에서 차를 빌리기 위해 엔터프라이즈 렌트어카에 전화를 걸자, "우리가 당신을 모시러 갈 것입니다"라는 문구가 뜨고, 초록색 바탕에 하얀색 'E' 로고가 나온다.

메시지는 분명하고 브랜드 인지도도 높다. 1989년부터 1997년까지 엔터프라이즈 렌트어카의 브랜드 인지도는 4배로 증가했다.

하지만 이 기업으로 하여금 광고를 실시하게 하는 추진력은 브랜드 인지도의 제고가 아니었다. 그것은 기업 내 직원들의 사기를 높이기 위한 것이다. 1989년, 이 회사의 설립자 잭 테일러(Jack Taylor)는 그의 아들 앤디에게 물었다. "앤디, 만약 우리 기업 규모의 절반밖에 안되는 자동차 대여업체가 TV 광고를 내면 기분이 어떨 것 같으냐?" 이 간단한 질문이 이 기업이 전국적인 TV 광고에 나서게 된 발단이 되었다. "우리가 내보낸 광고는 직원들에게 엄청난 영향을 주었습니다"라고 앤디 테일러는 말한다. "전국 미식축구 리그(NFL) 중계방송 사이에 60초 동안이나 우리 회사 광고가 나가게 되면, 직원들은 매우 자랑스러워합니다. 그리고 미래에 우리의 직원이 될 사람들도 깊은 인상을 받을 것입니다."

미드웨스트 익스프레스와 엔터프라이즈 렌트어카는 광고를 통해 브랜드를 내부화한다는 철학을 공유하고 있다. 미드웨스트 익스프레스의 마케팅 및 고객서비스 담당 수석 부사장 브렌다 스켈턴(Brenda Skelton)은 다음과 같이 말한다. "직원들은 우리의 마케팅에서 가장 중요한 대상입니다. 고객이 우리 것을 한번 사용해보도록 하는 것만이 목적이라면, 마케팅은 그다지 어렵지 않을 겁니다. 직원들은 고객이 우리 회사를 다시 찾아오도록 노력하고 있습니다. 우리의 전국적인 명성은, 직원들의 탁월한 서비스 수행이 쌓아올린 결과이지요."

취크필애는 독립적인 매장 운영자들이 해당 지역 시장에서 취크필애 브랜드를 구축할 수 있게 하기 위해 상당한 자원을 투자한다. 이 기업은 매장 운영자들과 함께 일할 브랜드 마케팅 팀을 조직한다. 팀은 본사와 마케팅 대행사에서 나온 마케팅, 광고, 홍보 전문가들로 구성되어 있다. 마케팅은 취크필애와 주요 경쟁기업의 브랜드 자산가치 조사로부터 시작된다. 그리고 그들은 워크숍을 열어 조사결과를 발표하고 그 함의에 대해 토의한다. 이같은 연구결과를 바탕으로 팀들은 매장 운영자와 함께 그들 시장을 위한 브랜드 구축 전략을 개발한다.

취크필애는 매장 운영자들을 주요한 브랜드 마케팅 담당자로 간주한다. 브랜드 마케팅 팀과 본사 스태프의 역할은 매장 운영자들이 보다 효율적으로 일할 수 있게 지원하는 것이다. 이 역할에는 매장 운영자들에게 브랜드 마케팅을 교육하는 것도 포함된다. 하지만 운영자들은 마케팅 자금을 집행하지 않을 수도 있고, 브랜드 마케팅 팀의 조언을 받아들이지 않아도 된다. 교육과 시장조사, 각각의 매장 운영자에 대한 맞춤식 조언, 각 시장에서의 성과 분석 등을 통한 브랜드 내부화는 결정적으로 중요하다. 취크필애의 스티브 로빈슨은 다음과 같이 설명한다.

> 브랜드를 구축하기 위해서는, 매장 운영자들에게 그렇게 해야만 하는 이유를 가르쳐줘야 합니다. 우리가 마케팅에 보다 많은 인재를 투입하는 까닭도 여기에 있습니다. 우리는 명령하지 않습니다. 우리는 어떻게 하면 매장 운영자들과 취크필애가 함께 이익을 얻을 수 있는지 보여주면서 설득합니다. 우리는 우리에게 부여된 일을 하고, 시장조사도 하고, 매장 운영자들의 질문에 답해줘야 하며, 궁극적으로는 결과를 보여줘야 합니다. 우리가 매장 운영자들을 이런 과정에 끌어들이지 않는다면, 마케팅을 통한 사업의 번창은 기대하기 힘듭니다.

취크필애의 컨설턴트 켄 베르나르(Ken Bernhardt)는 다음과 같이 설명한다. "취크필애의 주요 마케팅 방법은 매장 운영자가 브랜드를 키우는 데 있어 주인의식을 갖도록 하는 것입니다. 취크필애의 '암소'는 시장 전체를 통해서 이 기업의 브랜드에 독특한 개성을 부여해주고, 매장 운영자는 그 지역 시장에서 브랜드를 강화하지요. 그것은 강력한 원투 펀치입니다."

■■ 핵심 요약

다이얼 에이 매트리스에서 세인트폴 세인츠까지, 이 책에서 연구된 기업들은 브랜드 자산으로부터 많은 이익을 얻는다. 브랜드 인지도와 브랜드 의미가 결합해 만들어내는 브랜드 자산은 이들에게 마케팅 우위를 가져다주기 때문이다. 샘플기업들이 브랜드를 구축하는 방법은 다음과 같다. 그들은 의식적으로 차별화된 서비스를 추구하고, 브랜드를 통해 자신들의 존재 이유를 정의한다. 또 고객과 감성적 연결을 만들어내고, 종업원들을 대상으로 브랜드를 내부화해 그들이 그것을 고객에게 표출할 수 있게 한다.

미드웨스트 익스프레스 항공, 엔터프라이즈 렌터카, 그리고 다른 샘플기업들은 그들 자체가 브랜드이다. 이는 주로 서비스 실행을 통해 고객의 가치를 창출하는 기업들의 현실이다. 즉 서비스 기업에게 있어, 기업은 곧 브랜드이다. 마케팅 커뮤니케이션도 브랜드를 만들어내는 데 기여하지만, 서비스에 대한 고객의 실제 경험만큼 강한 것은 없다. 미드웨스트 익스프레스 기내의 가죽 의자에 편안히 앉아 휴식을 취하면서 갓 구워낸 초콜릿 칩을 대접받는 상황은 다른 어떤 광고보다도 강력하게 브랜드의 의미를 정의하고, 브랜드 자산 가치를 높여준다.

버지니아 리치몬드 식료품 시장에서 꾸준히 선두를 달리고 있는 유크롭스는 세전 이익의 10%를 지역사회에 기부한다. 세전 이익의 또다른 20%는 동업자들에게 분기별 보너스로 지급된다. 그리고 10%는 장기적인 이익분배에 할당되며, 10%는 주식 배당금으로, 나머지 50%가 사업에 직접 투자된다.

회사를 운영하는 유크롭 일가가 더 많은 양의 수익을 떼어갈 수도 있지만 그러지 않는다. 이들은 동업자들 간의 보너스 분배에도 참여하지 않는다. 한편 골든 기프트 프로그램(Golden Gift Program)을 통해, 유크롭스는 10주 동안 고객들이 매장에서 지출한 금액의 2%를 지역사회에 기부함으로써 고객에게 보답한다. 유크롭스는 그동안 이 프로그램을 통해 5천여 차례에 걸쳐 700만 달러를 기부했다.

유크롭스는 회사 발전에 이바지한 동업자들을 보상하는 일이나, 동업자의 특별한 날들(결혼, 생일, 탄생, 졸업 등)에 축하 카드나 선물을 보내는 일, 그리고 동업자들이 지역사회 봉사나 기부활동에 참여하도록 권유하는 일을 잊지 않고 챙긴다. 유크롭스는 매년 두 차례씩 매장이 있는 모든 지역에서 헌혈 행사를 벌인다. "우리는 나눔의 기회에 대한 저희 동업자들의 인식을 높이고자 노력합니다." CEO인 밥 유크롭의 말이다. "우리가 그 일을 하지 않는다면 누가 하겠습니까?"

유크롭스는 시작 단계부터 나눔에 열심이었다. 1930~40년대에 이 회사의 창업자인 조와 재클린 유크롭은 기부단체에게는 식료품 가격의 10%를 깎아주었다. 제2차 세계대전에 미국 군인들이 참전하는 동안, 유크롭 부부는 수요일마다 매장 문을 닫고 직원들과 함께 일손이 모자란 농부들을 돕기도 했다.[1]

조와 재클린의 아들인 짐(현 회장)과 밥(현 CEO)은 남을 돕는 전통을 재정적으로나 개인적으로 계속해서 유지해왔다. 이 형제들은 리치몬드 도시 지역의 경제개발에도 매우 적극적이다. 짐은 리치몬드 상공회의소 의장이며, 밥은 리치몬드 소매업자 경제발전 협회 회장이다. 그리고 두 사람 모두 시민단체, 기부단체, 교육단체 이사회의 임원을 맡고 있다.

"모든 게 다 부모님의 영향이죠." 밥 유크롭이 말한다. "우리는 매주 일요일마다 남을 도우며 자랐습니다. 그게 우리가 자라온 방식이에요." 짐 유크롭은 이렇게 덧붙였다. "모두들 세상이 좀더 나은 곳이 되었으면 하고 바라죠. 하지만 관심 있는 사람들이 조금씩 더 남을 돕는 일에 참여해야만 그렇게 될 수 있습니다."[2]

지역사회에 이바지하는 것은 유크롭스뿐만 아니라 이 책에서 다뤄진 다른 샘플기업들에서도 공통적으로 발견할 수 있는 핵심 가치이다. 물론 기업이 자신이 위치해 있는 지역에 투자하거나 돈을 기부하는 것은 그다지 특별한 일이 아닐지도 모른다. 정작 특별한 것은, 샘플기업들의 지역사회에 대한 헌신에서 발견할 수 있는 집중성(centrality)과 깊이에 있다. 이 기업들은 보다 더 사회적이고, 보다 더 기부에 적극적이며, 보다 더 큰 책임감을 갖고 있다. 이들에게는 관대함(generosity)이란 용어가 가장 잘 어울린다.

오길비 앤 매더의 회장직에서 물러난 샬럿 비어스(Charlotte Beers)는 "관대함이란 비즈니스에서 가장 강력하고 비밀스런 성공 무기이다"[3]라고 썼다. 샘플기업들은 그녀의 말을 완벽하게 증명해 보이고 있다.

본 연구에서 가장 중요한 발견 가운데 한 가지는 서비스 기업의 지속적 성공에는 관대함이 명백한 역할을 담당하고 있다는 점이다. 관대함은 성공의 결과물이 아니라 중요한 투입물이다. 이 발견은 산드라 와독(Sandra Waddock)과 사무엘 그레이브스(Samuel Graves) 교수가 수행한 S&P 500 기업의 포괄적인 연구조사에 의해서도 증명되고 있다. 이들은 8개 항목의 사회적 활동(social performance)과 재무적 성과(financial performance) 간의 상관관계를 조사했다. 연구 결과, 왕성한 사회 활동과 재무적 성과가 서로를 강화한다는 것, 즉 양자는 '선순환' 고리를 형성한다는 결론이 도출되었다.[4]

어째서 관대함이 노동집약적인 서비스 기업에게 득이 되는 것일까? 그 대답은 관대함이 마음을 얻어내기 때문이다. 인간이 인간을 위한 가치를 만드는 사업에서 사람들의 마음을 얻는다는 것은 가장 중요한 일이다. 앞에서 말했던 것과 같이, 대부분의 서비스 종사자들이 자신의 서비스에 들이는 노력의 정도는 마음먹기에 달려 있다. 사실상 '자발적'인 성격이 강하다고 할 수 있다.

관대함은 직장에서 일하는 사람들로 하여금 최선을 다하도록 동기를 부여한다. 이 책의 핵심적인 교훈은 인간의 가치가 위대한 서비스 기업을 이끌어내고, 관대함은 그러한 인간의 가치를 계속해서 강화하고 풍성하게 만든다는 것이다. 기업이 내놓는 상품이 서비스 행위 그 자체인 서비스 기업들은 그 행위의 당사자인 직원의 마음을 얻어야만 고객의 마음도 사로잡을 수 있다.

기업의 관대함이 소비자의 마음에 와닿는 것은 서비스를 수행하는 직원들에 대한 동기부여뿐만 아니라, 소비자 정책이나 업무의 공정함 (7장 참조)과 지역사회에 대한 투자를 통해서도 이루어진다. 유크롭스 의 매장을 찾는 고객들은 매장에서 친절한 서비스를 경험하기도 하지 만, 동시에 지역사회에 너그러운 기업 성원들을 보게 된다. 기업의 관 대함은 직원들을 고무시키는 동시에, 고객의 신뢰를 얻고 애착을 불러 일으킨다. 위대한 서비스 기업은 자신만의 특징을 가지고 고객을 위해 효과적으로 경쟁한다. 샬럿 비어스는 다음과 같이 쓴 적이 있다. "당신 스스로 마음을 열지 않는 한 고객의 마음을 얻을 수는 없습니다"[5]

오늘날 소매업계의 총아로 부상한 렌즈크래프터(LensCrafter)는 3초 마다 안경 하나씩을 판매하는, 가장 빠르게 성장하는 기업 가운데 하 나이다. 렌즈크래프터의 성공은 관대함이 기업의 성공에 있어 얼마나 중요한가를 보여주는 단적인 예이다.

'시력 선물하기(Give the Gift of Sight)'를 통해 렌즈크래프터 주식 회사와 렌즈크래프터 재단은 라이언스 클럽 및 다른 자선단체와 함께 북미를 비롯한 세계 여러 지역의 불쌍한 사람들을 위해 무료 안경과 관련 서비스를 제공해주고 있다. 이 회사는 2003년까지 약 100만 명의 불쌍한 사람들(특히 아이들)에게 혜택을 주는 것을 목표로 잡고 있다. 1997년 말까지 이 회사는 56만 7,000명의 불쌍한 사람들에게 보다 나 은 시력을 선물해주었다. '시력 선물하기'에는 중고 안경들을 수거해 렌즈크래프터의 검안사들이 세척, 수리, 재분류을 거쳐 개발도상국의 불쌍한 사람들에게 나눠주는 일도 포함되어 있다. 라이언스 클럽도 이 계획을 돕고 있으며 클리닉을 운영 중이다. 사람들은 검안을 받은 뒤에 자신의 시력에 맞는 안경을 받게 된다. 이 행사는 코스타리카, 파나마, 멕시코, 알바니아, 칠레, 볼리비아, 필리핀, 탄자니아, 모로코, 페루에까지 이어졌다.

북미에 있는 모든 렌즈크래프터 매장은 매년 12월 첫째 주 수요일인 '홈타운 데이(Hometown Day)'에 불쌍한 사람들을 위해 무료 검안과 함께 안경을 나눠주고 있다. 의사 회원들은 시간을 내어 처방전을 검토해주고, 회원 매장들은 새 안경을 무상으로 공급하며, 라이언스 클럽이나 기타 자선단체들은 불쌍한 사람들을 찾아내어 그 매장으로 인도하는 일을 담당하고 있다. 안경테와 렌즈 판매업자들 역시 이날을 위해 상품을 무상으로 기증한다.

렌즈크래프터 재단은 벽지에까지 도움의 손길을 뻗치고 있다. 시력 보호장비를 실은 차량인 비전 밴(Vision Van)을 이용해 인디언 보호 구역, 재난 선포 구역 등에서 활동하고 있다. 비전 밴은 두 개의 검안기와 렌즈 검사시설, 안경 제조실을 갖춘 40피트 길이의 차량이다. 1997년 한 해 동안 비전 밴을 이용한 프로그램은 23,000명의 아이들에게 혜택을 주었고, 렌즈크래프터는 1998년에 두 번째 비전 밴을 추가로 도입했다.

1997년 한 해에만 23만 5,000명의 불쌍한 사람들이 '시력 선물하기' 프로그램의 혜택을 받았다. 그리고 이를 위해 200만 개의 중고 안경이 수거되었다. 부사장인 프랭크 베인햄(Frank Baynham)은 '시력 선물하기' 프로그램이 렌즈크래프터의 직원들에게 끼친 영향을 다음과 같이 평가했다.

소외된 사람들을 위한 '시력 선물하기' 행사를 직접 경험하면서 동업자들이 회사를 위하는 마음은 더욱 강화됩니다. 비전 밴이 가난한 지역에 도착해서 아이들에게 안경을 나눠주면 그 아이들은 생전 처음으로 세상을 또렷하게 보게 되죠. 이 모습을 보면서 많은 동업자들이 가슴뭉클해 합니다. 그들은 "받는 것보다 주는 것이 더 위대하다"란 표현을 실감하게 됩니다. '시력 선물하기' 행사는 동업자들의 마음을 렌즈크래프터에게 선물해주었습니다.

● ● ●
전략적 관대함

드러커 재단의 CEO인 프랜시스 헤셀바인(Frances Hesselbein)은 마틴 루터 킹 목사가 좋아했던, 다음의 이야기를 자주 언급하곤 한다. 수백 년 전, 두 명의 여행객이 위험한 길을 오르다가 곤경에 빠진 한 사람을 발견했다. 첫 번째 여행객이 물었다. "내가 갈 길을 멈추고 저 사람을 돕는다면 내게 어떤 일이 벌어질까?" 두 번째 여행객은 이렇게 물었다. "내가 돕지 않는다면 저 사람은 어떻게 될까?" 피터 드러커는 선한 사마리아인인 두 번째 여행객은 다음날 다시 돌아와 그 사람을 확인했을 것이라고 이야기를 덧붙였다. 사마리아인은 결과에 초점을 맞춘 것이다.[6]

킹 목사의 이야기와 드러커의 첨언은 전략적 관대함에 대해 이야기하고 있다. 즉 위험에 처해 있는 사람을 도울 뿐만 아니라 그 순간 이후의 결과도 살피라는 것이다.

관대함을 베풀 때에는 그 한계를 분명히 인식해야만 한다. 다시 말해, 경계가 분명해야 하는 것이다. 어떤 기업도 모든 가치 있는 일마다 시간과 돈을 기부할 수는 없다. 그렇게 된다면 집중력이 흐트러져 본래의 좋은 의도가 비효율적인 결과로 나타나기 때문이다. 가장 효율적이기 위해서는 관대함은 반드시 목적의식을 가져야 하고, 집중되어 있어야 한다. 또 그 기업의 문화와 전략에 통합되어 있어야 하고, 결과지향적이어야 한다. 제임스 오스틴(James Austin) 교수는 이것의 핵심을 잘 짚어낸다.

> 전략적으로 일하려면 집중할 필요가 있다. 모든 것을 다 한다는 것은 시장에서도 그렇듯이 사회적으로도 말이 안 되는 이야기다. 우선 순위가 정해져야 하며 자원을 집중하고 통합효과를 노려야만 한다. 기업이 반드시 파악해야 할 것은, 그 기업이 위치한 지역사회에서 가장 중요한 사회적 필요가 무엇이고, 그중에서 어떤 것이 기업의 이익과 경쟁력에 가장 부합하는가 하는 것이다.[7]

샘플기업들은 관대함에 대한 전략을 가지고 있었다. 그들은 막연하게가 아니라 효율적으로 관대했던 것이다. 베풀기 위해 베푼다기보다는 마음속에 장기적 목표와 확실한 계획을 가진 투자였다. 그리고 다양한 활동에 자원을 조금씩 나눠 사용하기보다는 강력한 영향력과 의미심장한 결과를 얻기 위해 자원을 집중했고, 사업 이외의 사회 흐름에 시간과 돈과 에너지를 투자하기보다는 사업의 전반적인 목적과 전략에 부합하는 곳에 투자했다. 그 결과, 관대함의 혜택은 사회는 물론, 기업 자신에게까지 돌아와 보다 강력한 기업을 만들어내고 앞으로도 보다 관대한 행동을 가능하게 했다.

USAA는 대학에 진학하는 종업원의 학비를 보조한다. 학사 학위와 석사 학위 각 하나씩의 학비를 지원하는 것이다. 본사 내에 대학 수업을 마련해주고 학습을 위한 공간도 배려했다. 종업원의 대학 진학을 위해 매년 수백만 달러를 지출하는 USAA의 투자는 분명 사회에 대한 기여다. 그러나 이것은 기술을 이용해 서비스를 전달하는 데 능숙한 재능 있는 인재들을 기용하려는 USAA의 입장에서 볼 때는 혜택일 수 있다.

유크롭스는 리치몬드 커뮤니티 컬리지에 유크롭스 요리교육센터를 건립하는 데 50만 달러를 기부했다. 그 대학은 유크롭스 요리 연구소의 부지를 제공했는데, 이곳에서는 유크롭스 직원들에게 요리의 과학과 기술에 대해 교육하고 학점을 부여한다. 즉 이 기부는 리치몬드 지역사회, 대학, 그리고 유크롭스 모두에게 혜택을 준 것이다. 그리고 이것은 탁월한 서비스에 중점을 둔 유크롭스와도 딱 맞아떨어지는 것이었다. 밥 유크롭은 "쇼핑객들은 단순히 물건만을 사기 위해 매장에 오지는 않습니다. 그들은 무언가를 배우기 위해 옵니다"라고 말한다.[8]

세인트폴 세인츠는 팬들에게 그들이 지불한 돈의 가치만큼 혹은 그 이상을 돌려준다. 세인츠는 '재미있는 것이 좋은 것'이라는 자신들의 핵심 가치와 경제적 가치를 효과적으로 묶어 홈 경기 티켓을 판매한다. 세인츠는 의식적으로 가격을 낮게 유지하면서 끊임없는 엔터테인먼트로 자신들의 마켓 오퍼를 포장한다. 매 홈 경기에는 특별한 즐거움을 주는 다양한 프로모션 행사가 있다. '제너럴 밀스가 제공하는 트릭스 티셔츠의 밤', '미네소타주 복권이 제공하는 주말의 불꽃놀이', '툼스톤 피자가 드리는 야구 글러브', '램퍼츠가 드리는 좌석 쿠션, 최고의 팬 사은품!' 등이 그 예이다. 매 이닝마다 팀의 마스코트인 돼지가 등장하고 스모 선수나 다른 캐릭터들도 흥을 돋운다. 그리고 경기장 아나운서는 위트 있는 멘트와 음악으로 야구장 전체의 분위기를 고조시킨다. 그리고 나서 세인츠 팀이 야구 경기를 펼치는 것이다. 야구 팬들은 풍성하게 꾸며진 종합 상품을 즐기게 되고 이것이 곧 팬들의 애착을 이끌어낸다.

취크필애의 놀라운 성공 뒤에는 탁월한 상품과 뛰어난 인재들이 있었다. 관대함이 이 기업으로 하여금 탁월한 인재를 끌어 모으고 유지하도록 한 것이다. 매년 취크필애는 레스토랑에서 일하는 아르바이트 학생을 선별해 1,000달러의 장학금을 지급한다. 이 장학 프로그램은 젊은 직원들의 교육열을 고취시키기 위해 1973년 창업자인 트루엣 캐시(Truett Cathy)에 의해 시작되었다. 1973년에서 1997년까지 총 1,300만 달러가 지급되었다. 교육지원 위원회에 따르면 취크필애와 비슷한 규모의 어떤 미국 기업들도 이만한 액수의 장학금을 종업원에게 지급한 적이 없다고 한다.

1994년 장학금 총액이 1,000만 달러를 돌파하게 된 것을 기념하기 위해 이 기업은 미대생에게 이 장학금의 목적을 형상화하는 조형물을 만들게 했다. 23피트짜리 조형물에는 '보살핌과 확신을 가지고 등정하라(Climb with Care and Confidence)'라는 문구와 함께 책으로 축조된 아치 모양을 두 사람이 서로 도와가며 오르는 모습으로 형상화했다. 이 조형물은 애틀랜타 우드러프 공원의 피치트리 거리에 세워져 있으며, 대학 진학을 준비하는 고등학생들은 이 장학금 제도에 이끌려 아르바이트를 신청하게 된다.

이 프로그램은 젊은이들을 돕고자 하는 창업자의 자선가적 열정과 매장 직원을 효율적으로 운영할 필요가 있는 운영 담당자의 필요가 절묘하게 결합된 것이다.

장학금 혜택을 받고 있는 매장 운영자들은 8장에서 다룬 바 있는 취크필애 고유의 매장 계약에서도 혜택을 받는다. 즉 취크필애가 자본을 대지만 매장 운영에서 나오는 순익은 매장 운영자와 공평하게 분배한다. 이 관대한 계약 조건 덕분에 레스토랑을 운영하고자 하는 많은 뛰어난 인재들이 이 기업에 모여든다. 6%대의 레스토랑 관리자의 교체율은 업계 최저 수준이다.

또 이 기업은 본사에서 일할 탁월한 인재들을 끌어 모으는 한 가지 방법으로 무료 점심식사를 제공하고 있다. 누군가 "세상에 공짜는 없다"고 말한다면, 취크필애에서 일하는 사람들에 대해서 이야기하라. 여기서는 모든 종업원들에게 점심식사를 무료로 제공한다. 기업의 규모가 작았을 때 트루엣 캐시는 드워프하우스 레스토랑에서 음식을 가져다 본사 직원들에게 제공했다. 취크필애가 더 이상 작은 기업이 아님에도 트루엣 캐시는 무료 점심식사 제공을 중단하지 않고 있다.

공영 방송 PBS 지국들의 기금 마련을 도울 목적으로, 스페셜 엑스페디션스는 1998년 12월, 10일짜리 여행 패키지를 기부했다. 80명의 승객을 실을 수 있는 폴라리스호를 타고 갈라파고스 군도로 가는 10일짜리 여행 패키지였다. 기금 마련을 위한 TV 경매에 참여하는 사람들은 두 장의 티켓 구매를 신청할 수 있었다. PBS의 〈미국 과학의 프런티어〉 시리즈를 진행하는 배우, 알랜 알다(Alan Alda)도 이 여행에 참여하면서 그 TV 시리즈의 일부를 선상에서 찍었다. 한편 스페셜 엑스페디션스의 창업자 스벤 올로프 린드블라드도 여행의 리더로 참여했다.

PBS와 팀을 이룸으로써 스페셜 엑스페디션스는 '환경적·문화적 감상'의 장려라는 기업의 미션을 보다 더 진전시켰다. 스페셜 엑스페디션스가 기부한 이 여행상품의 가치는 30만 달러에 달한다. 그러나 방송을 통해 기업이 목표로 하는 시장의 시청자에게 브랜드를 노출시키고, 방송국 회원들과 실제 여행 지원자들을 대상으로 한 판촉 메일을 통해 잠재 고객들에 접근할 수 있게 됨으로써 기부를 위한 추가적인 추진력을 얻게 되었다.

스페셜 엑스페디션스는 30만 달러 이상을 광고에 쓸 수도 있었다.

하지만 그 돈을 대신 PBS에 투자함으로써 기업의 환경교육에 대한 열정을 공유하고 시청자들에게 접근할 수 있었다. "우리는 시청자들을 PBS와 공유한 것이지요." 스페셜 엑스페디션스의 전략적 제휴 및 판촉 담당 산드라 레비(Sandra Levy)의 말이다. "우리는 시청자들 가운데 일부가 우리의 여행객이 되길 바랐던 것이죠."

PBS 후원자들은 여행 제안에 매우 긍정적인 반응을 보였고, 책정한 가격보다 더 많은 돈을 내기도 했다. 보스턴에서 당첨된 지원자는 15,500달러를 지불했는데, 평소에는 7,000달러 미만으로 거래되던 상품이다. 뉴올리언스의 한 지원자는 7,284달러짜리 선실을 11,000달러에 구매하기도 했다. PBS 지원부서의 직원들은 경매에서 탈락되거나 방송을 놓친 수십 명의 시청자에게서 전화를 받았다. 그들은 다음번 경매가 언제인지 알고 싶어했다. 실제로 오하이오 데이튼 방송국의 경매 우승자는 인디애나에 거주하는 사람이었고, 펜실베이니아 사람이 뉴욕 알바니 방송국 경매에서 우승하기도 했다.

자기 헌신

타인을 관찰하기보다는 자기 자신을 되돌아보는 것이 더 큰 효과를 낳는다. 관대한 기업에 근무하면 자신의 직장을 자랑스럽게 생각하게 된다. 그리고 스스로 관대해지면 그런 자신을 자랑스럽게 생각하게 된다. 자발적인 자기 헌신은 한 개인이 가질 수 있는 가장 순수한 서비스 경험이다. 자선 활동을 통해 다른 사람의 인생에 무언가 특별함을 만들어주는 것은 서비스 업무의 수행에 있어 핵심적인 자기 존중과 자기 확신, 그리고 리더십을 강화시켜준다.

업무시간 외의 자기 헌신은 업무에서의 자기 헌신으로 전환된다. 상업적 거래의 경계 밖에 있는 사람들을 돕는 행위는 상업적인 세계에도 강력한 활력을 공급해준다. 메릴랜드 토손에 있는 렌즈크래프터의 이야기는 이러한 역동성을 잘 보여주고 있다. 이 경험은 1997년 12월 3일 홈타운 데이에 일어났던 일을 기술한 것이다. 다음 이야기를 통해 이날의 경험이 종업원에게 끼친 영향에 대해 생각해보기 바란다.

기억에 가장 오래 남을 홈타운 데이 이야기는 아직 만나본 적도 없는 한 여학생에 관한 것이다. 우리가 한 지방 학교에서 20명 정도의 학생들을 검안하고 무료 안경을 나누어주는 일을 거의 끝마칠 무렵이었다. 선생님 한 분이 어머니의 반대로 홈타운 데이에 참여하지 못한 학생이 있는데 그 학생의 안경을 고쳐줄 수 있냐고 물었다. 우리가 그 학생의 안경이 든 봉투를 열었을 때, 그 안에는 렌즈와 안경테뿐, 안경다리가 없었다. 그 학생은 안경테 양쪽 끄트머리에 끈을 꿰어, 이 끈을 뒤통수에서 졸라 묶는 방식으로 안경을 쓰고 다녔던 것이다. 선생님의 말에 의하면, 그 학생은 급우들의 놀림을 받으면서도 그 안경을 매일 쓰고 다녔다고 한다.

우리는 너무 가슴이 아파 안경을 바꿔주기로 결심했다. 그 학생의 안경 도수를 측정해보니 각각 -8.25와 -4.5였다. 순간, 우리는 울음을 터뜨렸다. 우리의 반응에 감동한 선생님도 함께 눈물을 흘렸다. 우리는 가장 예쁜 안경테를 골라 새 안경을 만들어주었다. 그리고 선생님이 그 학생에게 새 안경을 전해주기로 했다. 비록 그 학생이 안경을 건네받을 때의 표정을 직접 보지는 못했지만, 우리는 '시력 선물하기' 프로그램이 그 학생의 삶에 놀라운 변화를 주었으리란 생각에 만족스러웠다.[9]

USAA 직원의 사회 봉사활동

USAA는 USAA 자원봉사단, USAA 지역교육 프로그램, 신나는 크리스마스(Christmas Cheer), 유나이티드 웨이(United Way) 등을 통해 종업원들의 지역사회 봉사활동을 적극 장려한다.

자원봉사단은 전현직 USAA 직원들을 일손이 필요한 지역사회의 비영리 단체와 연결해준다. 1998년에만 6,000명이 넘는 USAA 직원들이 350개의 지역사회 단체에서 22만 시간의 개인 시간을 할애해 가며 봉사활동을 했다. USAA 자원봉사자들의 활동은 어린이들을 위한 병원 기금 모금, 친구 되어주기, 학대 아동 보살피기, 긴급전화 상담, 가난한 사람들을 위해 음식과 의류 보내주기, 지역사회 서비스 조직의 컴퓨터 업무 대행에 이르기까지 매우 다양하다.

신나는 크리스마스 프로그램을 통해 USAA 직원들은 가난한 사람이나 양로원, 고아원, 폭력여성 보호소, 그리고 기타 지역 단체들에게 음식과 의류, 가구, 담요, 선물 바구니 등을 선물한다. 1997년에는 전국의 18,000명 USAA 직원 가운데 90%가 이 신나는 크리스마스 프로그램에 참여했다.

USAA 지역교육 프로그램에서 자원봉사자들은 각 지방의 초·중·고등학교를 돌면서 학생들의 학업을 돕고, 친구가 되어주며, 그들이 학교를 떠나지 않도록 격려한다. 자원봉사자들은 각자의 시간과 관심에 가장 적합한 특정 프로그램을 선택할 수도 있다. 이 프로그램은 학습 지도, 수학 과외, 유아 학습반 지도, 펜팔하기 등 매우 다양하다. 텍사스 샌안토니오 독립 학군에서 최초로 시작한 이 단체는 오늘날 USAA의 지역 사무소들에 의해 점차 확장되어 가고 있다.

1997년 한 해에만 USAA 직원의 68%가 380만 달러를 유나이티드 웨이에 기부했고, 사내 기금에서 200만 달러를 보조해 기부금이 총

580만 달러에 달했다. 샌안토니오의 샐러리맨 중 2% 미만이 USAA에 종사하지만, 1997년에만 유나이티드 웨이 샌안토니오 지부에 기부된 6달러 중 1달러는 USAA가 기부한 것이다.

찰스 슈왑 직원의 사회 봉사활동

찰스 슈왑 재단은 1997년 한 해 동안 1,500개가 넘는 각 지역 및 전국의 비영리 단체를 지원했다.

슈왑은 '찰스 슈왑의 팀워크와 서비스로 사회를 돕는다'란 뜻의 자원봉사단체 A.S.S.E.T.S.(Assisting Society through Schwab Employee Teamwork and Service)와 이 단체의 매칭 기프트(matching gift) 프로그램을 통해 직원들이 개별적으로 자선사업에 참여하도록 장려한다. 1995년에 설립된 A.S.S.E.T.S.의 직원에 대한 자원봉사 활동의 장려는 직원들의 취향과 지역사회의 필요, 그리고 기업의 지역사회 활동 영역(소수 인종, 노약자, 장애인, 부랑자에 대한 상담, 중·고등학교 교육, 보건, AIDS, 문맹퇴치, 예술, 문화 등)에 대한 우선 순위를 감안한다. 각 지역의 A.S.S.E.T.S. 위원회와 슈왑의 정식 직원들은 자선 프로그램을 함께 운용하고, 직원들을 각자의 관심사에 맞는 자원봉사 활동에 배정한다. 슈왑의 목표는 전체 직원의 50% 이상이 전국을 단위로 지역사회 활동에 참여하는 것이다. 1997년에는 약 25%의 직원이 회사가 지원하는 지역사회 활동에 참여했다.

슈왑은 상당수의 비영리 조직과 파트너십을 형성하고 있다. 샌프란시스코의 파트너십 중에는 아래와 같은 곳들이 있다.

- 라파엘 하우스(Raphael House): 샌프란시스코 최대의 노숙자 수용소. 노숙자 가족에게 사적인 주거공간과 세 끼 식사, 직업훈련, 재활 프로

그램, 부모와 아이들을 위한 교육 프로그램 등을 제공한다. 슈왑은 이곳에 자원봉사자와 자금, 특별 이벤트 등을 지원하고 있다.

- 윌리암 데아빌라 초등학교(William R. DeAvila Elementary School): 슈왑이 현금 지원과 더불어 직원 자원봉사 등을 제공하는 저소득층을 위한 초등학교. 슈왑은 이 학교 운영에 필요한 컴퓨터를 공급해주었다. 직원들은 학생들에게 상담을 해주거나 개인 교습을 해주었고, 어떤 직원은 합창단과 음악 프로그램을 운영하고 있다.

- 플로렌스 그리텐튼 서비스(Florence Crittenton Service): 10대 임산부와 미혼모를 돕는 기관. 슈왑은 자원봉사자와 상담원, 운영 자금 등을 지원한다. 슈왑의 직원이 이사회의 임원이기도 하다. 슈왑의 자원봉사자들은 임신한 10대들을 슈왑의 탁아소에 초대해오고 있다.

- 프로젝트 오픈 핸드(Project Open Hand): AIDS 바이러스에 감염된 사람들을 돕는 기관. 슈왑의 자원봉사자들은 환자들에게 음식을 전달하고 친구가 되어준다.

슈왑은 매년 주주총회에서 회장이 직접 수여하는 지역사회 봉사활동상(Community Service Award)을 통해 뛰어난 활동을 보인 자원봉사자를 격려한다. 그리고 수상자가 지정한 자선단체에 엄청난 금액의 현금을 기부한다.

슈왑은 직원들이 자원봉사 활동에 시간을 할애하도록 할 뿐만 아니라, 매칭 기프트 프로그램을 통해 직원들의 돈을 기부하도록 장려한다. 이 프로그램은 직원 1인당 매년 5,000달러 한도 내에서, 회사가 직원이 기부하는 금액의 두 배를 기부하는 것으로, 이는 직원들의 기부 행위를 장려하기 위한 것이다. 성격상 종교 · 정치 · 스포츠 단체를 제외하면 어떤 비영리 단체에 대한 직원의 기부도 여기에 적용된다. 슈왑이 기부하는 금액의 약 50%가 이 매칭 기프트 프로그램의 적용을 받아 이루어지고 있다.[10]

슈왑은 1995년 1월 개최한 독특한 행사를 통해, 회사가 직원들의 자원봉사를 장려한다는 사실을 대내외에 분명히 했다. 슈왑은 매년 사흘 동안 벌어지는 소매업 리더십 컨퍼런스 중 하루를 무주택자에게 집을 지어주는 일에 할애했다. 그 컨퍼런스에는 580명의 직원이 참여했다.

"그건 정말 대단한 사건이었습니다." 찰스 슈왑 재단의 이사장인 짐 로시(Jim Losi)는 설명했다. "그것은 인간 내면의 자비로움을 끌어내 기업의 가치와 공통의 목적에 융합시킨 것입니다. 그날 하루가 제 삶을 완전히 바꿔 놓았습니다. 나뿐만 아니라 다른 사람들 역시 마찬가지였을 거예요."

관대함은 찰스 슈왑의 조직 곳곳에 배어 있다. 독특한 스타일의 금융서비스 업체라는 측면만큼 부각되지는 않지만, 관대함도 슈왑을 특징 지우는 특성 중 하나다.

짐 로시는 슈왑에서 일한 지 단 3주째였던 경비원의 이야기를 자주 들려준다. 아침 일찍 로시는 울고 있는 그를 발견했다. 암 진단을 받은 그는 수술을 해야만 했다. 병 때문에 일을 쉬기에는 그의 근무 경력이 지나치게 짧았다. 새 직장이 필요했지만 그는 어쩔 줄을 모르고 있었다. 로시는 전화 한 통을 걸었고, 일주일만에 직원들은 1천 시간에 달하는 휴가(석 달치 유급 휴가)를 반납해서 그 경비원이 병가를 낼 수 있도록 해주었다. 그 경비원은 찰스 슈왑에 근무하는 사람들의 관대함 때문에라도 자신의 병이 꼭 나을 수 있을 것이라고 믿었다.

기업 공동체의 강화

성공의 결실을 경영진 내부에서만 나누는 회사는 조직이 약화되고 결국 단명한다. 성공을 지속시키기 위해서는 조직 전반에 걸친 신뢰와 팀워크가 요구되며, 서비스 제공자의 자발적인 노력과 회사에 대한 주인의식이 필요하다. 그리고 기업의 가치를 공유하고, 공통의 목적을 갖는 조직으로 바꾸어야만 한다.

하지만 이 모든 덕목들은 이기심 앞에서 스러지고 만다. 『살아있는 기업 100년의 기업』의 저자인 아리 드 호이스(Arie de Geus)가 썼듯이 "소수에게만 혜택이 돌아가는 조직에서 다른 사람들이란 아웃사이더(outsider)일 뿐, 구성원(members)이 될 수 없다."[11]

가장 분명한 진실은 '이기적인 기업은 서비스를 제공할 수 없다'는 것이다. 매일같이 반복되는 고객 서비스를 효율적으로 수행하기 위해서는 감정적인 헌신이 필요하지만, 조직이 가진 자와 가지지 못한 자, 내부자와 외부자, 중요한 사람과 중요하지 않은 사람으로 나뉘어 있다면 그런 감정은 생겨날 수 없다.

위대한 서비스 기업은 열심히 일하는 직원들에게 감사를 표시하는 데 인색하지 않다. 개인이 아닌 집단의 위력을 알고 있고, 따라서 공동체의 의미를 높이 사고 강화한다. 조직 내부의 관대함은 기업의 미래를 보장하는 것이다.

다나 커머셜 크레디트에 종사하는 개개인의 종업원들은 1996년 회사가 말콤 볼드리지 국가품질상을 수상한 이후 매주 25주의 주식을 받고 있다. 한 직원은 입사한 지 겨우 2주일 만에 소속감을 느끼게 되었다. 그녀는 울음을 터뜨리며 동료에게 말했다. 지난번 고용주는 17년 동안 겨우 칠면조 한 마리를 주었을 뿐이라고.

찰스 슈왑은 1996년 놀랄 만한 실적을 자축하면서 전 직원에게 주식 20주와 현금(주식을 이전받은 직원들이 내야 할 세금만큼의 현금)을 지급했다. 이 선물은 최대 한도로 지급된 휴일 보너스와 정기 보너스에 더해진 것이었다.

미드웨스트 익스프레스 항공의 팀 혹스마(Tim Hoeksema)는 1995년 회사가 주식시장에 상장되었을 때 100만 달러어치의 주식은 직원들을 위해 따로 떼어놓아야 한다고 주장했다. 모든 정규직과 비정규직 직원들이 주식 분배에 포함되었다. 혹스마는 회사를 상장사로 키워준 종업원들에게 보답하는 동시에 종업원과 주주를 똑같이 대접하고 싶었던 것이다. 나아가 그는 이를 계기로 회사 내의 공동체가 강화되길 원했다. "나는 '내 자신이 바로 미드웨스트 익스프레스'란 감정을 고조시키고 싶었습니다"라고 그는 설명했다.

1998년 4월, 커스텀 리서치는 125명에 이르는 전 직원을 런던으로 데려갔다. 이 단체여행은 1997년 이 회사의 공격적인 수익목표를 달성한 것에 대한 감사 표시였다. 런던뿐만 아니라 다른 영국 교외 지역까지 여행 일정에 포함되었다. 커스텀 리서치는 이 여행을 위해 금요일부터 다음주 월요일까지 사무실 문을 닫았다. 그리고 경비 일체를 회사가 지불했다.

"이것은 야심찬 계획을 달성하도록 도와준 사람들과 나눔을 갖는 우리만의 방식입니다." 커스텀 리서치의 공동 창업자인 제프 포프는 설명한다. "이 여행은 회사 내에 어마어마한 팀 구축 효과를 가져옵니다. 비용은 전혀 아깝지 않습니다. 저는 해마다 이런 행사를 반복할 생각입니다."

커스텀 리서치가 지원하는 단체여행은 1985년이 처음이었다. 그해의 기업 성과는 놀라울 정도였고, 운영 위원회는 직원들에게 감사를 표시하고자 했다. 커스텀 리서치의 지사가 있는 뉴욕이 그 "긴 주말"의 목적지였다. 모든 정규직 고용자들과 일부 비정규직 고용자들은 자유의 여신상을 지나는 보트 관광과 뮤지컬 관람 및 다른 활동들을 즐겼다.

여행은 너무도 성공적이어서 커스텀 리서치는 다음 해의 목표를 세우고 그것을 달성할 경우 샌프란시스코 여행을 상품으로 내걸었다. 1990년에 그 목표는 달성되었고 모든 직원이 지사가 있는 샌프란시스코를 방문했다. 그리고 또 다음번 목표를 정했다. 그 목표는 1992년에 달성되었고 100여 명이 디즈니월드를 구경했다.

"주디와 저는 늘 어떻게 하면 파이를 더 크게 만들 수 있을까 고민합니다." 제프 포프의 말이다. "만약 파이를 더 크게 만들고 싶다면 그것을 다른 사람과 함께 나눠야만 합니다. 자기만을 위한 작은 파이만 갖고 싶다면 그것으로 끝이에요."

● ● ●
사회적 이익의 창조

2장에서 사회적 이익의 개념에 대해 언급했던 것은 그것이 샘플기업들의 핵심 가치이기 때문이다. 사회적 이익이란 단순히 상품과 서비스의 거래 및 고용 기회의 창출 이외에 기업 활동의 결과 생기는 사회적 혜택을 의미한다.

기업은 경제적 부를 목표로 상품과 서비스를 판매하고, 이를 위해 인적 자원을 비롯한 자원을 배치한다. 부의 창조를 목표로 한 이런 자원들의 배열은 사회에 높은 이익을 가져다준다. 사실상, 어떤 사회도 이런 활동 없이는 기능하기가 어렵다. 하지만 그것은 경제적 이윤의 추구이지, 사회적 이익을 목표로 한 것은 아니다. 사회적 이익이란 시장에 내놓은 상품과 서비스, 그리고 이것들을 구매할 수 있는 재원 이상의 것, 즉 삶의 질적인 측면에서의 순익을 의미한다.

사회적 이익의 창조는 샘플기업들의 문화 속에 깊게 배어 있다. 돈을 버는 것만으로는 충분하지 않다. 이 기업들은 지역사회에 긍정적인 영향을 끼칠 수 있는 잠재력을 갖고 있다. 경제적 이익의 창조도 숭고한 목표다. 하지만 단순히 부의 창조만은 너무나 작은 목표이다. 그것만으로는 기업 내 구성원들의 영혼을 해방시킬 수 없으며, 인간 본연의 관대함—찰스 슈왑의 짐 로시가 늘 이야기하는—을 일깨울 수도 없기 때문이다.

재능과 리더십 그리고 돈을 사회와 관대하게 공유함으로써, 훌륭한 기업은 더욱 성장하고, 삶의 질을 현격히 개선하며, 고객과 종업원과 다른 이해 관계자들의 마음을 살 수 있다. 그리하여 마침내 보다 훌륭한 기업이 되는 것이다.

미래의 어른에 대한 투자

취크필애의 창업자이자 회장인 트루엣 캐시는 1984년 윈쉐이프(WinShape) 재단을 설립해서 불쌍한 어린이들을 돕고 있다. "승자가 되도록" 돕기 위해 만들어진 이 재단은 윈쉐이프 양부모 프로그램, 윈쉐이프 여름 캠프, 윈쉐이프 장학 제도를 지원한다.

윈쉐이프 양부모 프로그램은 최대 12명의 아이들 각자에게 완전한 양부모 2명을 찾아 맡기는 것이다. 양부모와 재단 측은 아이들에게 양부모의 집을 자신들의 영원한 집으로 생각하도록 교육하며, 그 가정을 떠난 이후에도 다시 찾아오도록 격려한다. 1998년에만 11개의 그런 가정이 있었다. 캐시의 목표는 적어도 매년 하나씩 그런 가정을 늘리는 것이다. 취크필애는 이 양부모 프로그램을 위한 기금 모금을 위해 미국 프로여자 골프 투어(LPGA)를 후원하기도 했다.

캐시와 그의 재단은 조지아 롬에 위치한 인문대학 베리 컬리지(Berry college)와 깊은 인연을 맺고 있다. 이 양부모 프로그램의 첫 번째 시행지였던 베리 컬리지의 캠퍼스는 윈쉐이프의 여름캠프 장소이기도 했기 때문이다. 매년 2주일 간의 캠프 기간 동안 1,500명의 소년 소녀들이 이곳을 다녀간다. 캠프 활동에는 암벽 등반, 밧줄 코스, 활쏘기, 카누 타기 등이 포함되어 있다.

베리 컬리지의 윈쉐이프 장학 프로그램은 대학 신입생에게 최대 1만 6,000달러까지 4년간 장학금을 지원하는 산학 협력 프로그램이다. 이를 위해 윈쉐이프 재단과 베리 컬리지가 공동으로 자금을 지원한다. 1997년 한 해 동안에만 480건이 넘는 장학금이 전국에서 모여든 학생들에게 수여되었다. 이 장학금은 앞에서 다루었던 취크필애 레스토랑의 종업원 장학금 프로그램에 추가된 것이다.

트루엣 캐시는 미래의 어른인 아이들에 대한 투자에 확신을 가지고 있다. 사회적 이익의 추구를 깊이 신봉하고 있는 그는 『성공하기가 실패하기 보다 쉽다(It' s Easier to Secceed than to Fail)』란 자신의 책에서 다음의 중국 속담을 인용하고 있다. "화초를 가꾸려면 며칠을 길러야 하고, 나무를 가꾸려면 몇 년을 길러야 하며, 사람의 아이디어와 이상을 가꾸려면 영원히 길러야 한다."[12]

바다의 아이들

스페셜 엑스페디션스는 뉴욕시의 고등학교 환경학습 프로그램을 개발했는데, 이것은 최소 매년 12명씩 10학년 학생들을 알래스카나 바자(Baja) 캘리포니아 항해에 참여시키는 것이다. '바다의 아이들(Kids at Sea)' 이라 명명된 이 프로그램은 재능은 있지만 학교 성적이 좋지 않은 아이들을 유치하려 노력한다. 여행에 선발된 학생들은 이런 종류의 항해교육을 받아본 적이 없고, 이 프로그램이 아니면 앞으로도 그런 기회가 없을 것처럼 보였다.

이 여행에 참여하고자 하는 학생들간의 경쟁은 매우 치열하다. 교사들로 구성된 선발위원회에 의해 뽑히게 되면 학생들은 세부적인 지원 과정과 인터뷰를 거친다. 여행에 참가하는 학생들은 발표 자료를 구성해 자신들의 경험담을 급우들에게 들려주어야 한다. 경험을 다른 학생들과 공유하려는 적극성은 중요한 선발 기준이 된다.

뉴욕 도심에서 온 이 학생 여행객들은 지금까지 알고 있었던 것과는 다른 사회적·자연적 환경에 노출된다. 생물학자 한 명이 학생들의 지도교사로 승선하는 한편, 여행객과 승무원들도 학생들의 친구가 되어준다. 그들이 학교로 다시 돌아가서 자신들의 경험을 다른 학생들에게 알려줘야 하듯, 항해 중에도 그렇게 해야 한다. 다시 말해, 각각의 학생들은 여행 마지막 날 자신이 경험한 것을 직원과 승무원 그리고 다른 여행객들에게 5분 정도 발표할 수 있게 준비해야 한다.

여행의 하이라이트는 상륙용 주정, 조디악의 운전을 배우는 것이었다. 스페셜 엑스페디션스의 환경업무 담당자인 톰 오브라이언(Tom O'Brien)은 "조디악의 운전을 배워본다는 것은 어린 학생들에게 대단한 경험이었을 것입니다. 그들 대부분은 이전에는 물 가까이에 가본 적도 없었으니까요. 이 어린 친구들이 학교에 돌아갈 때쯤이면 아마도 선장이나 엔지니어가 되는 꿈을 꿀 겁니다"라고 말한다.

'바다의 아이들'을 운영하는 제프 콜(Jeff Cole)은 이렇게 덧붙였다. "직접 접해본 자연, 일에 대한 긍정적인 경험, 조디악을 운전해본 경험, 물 속에서 헤엄친 일, 이 모든 경험들이 인생을 뒤바꿀 사건이 될 수도 있습니다. 이같은 사실을 당장 깨달을 수도, 혹은 나중에 깨닫게 될 수도 있겠지만요."[13]

스페셜 엑스페디션스는 '바다의 아이들' 프로그램에서 수익을 바라지 않는다. 이 프로그램이 괜찮은 비즈니스일까 하는 질문에 톰 오브라이언은 그렇다고 단언한다. "여행객들은 소중한 가치를 덤으로 얻게 됩니다. 그들은 아이들의 시야가 열리는 것을 보고, 그로 인해 자신들의 시야도 확장돼죠. 아이들은 승객들에게 활력을 불어넣습니다. 그리고 그들의 존재는 우리 기업의 사명과 목적을 분명히 해주기 때문에 직원과 승무원들에게도 큰 도움이 됩니다."

취크필애나 다른 샘플기업들처럼 스페셜 엑스페디션스는 사회적 이익을 창조하기 위해 노력한다. 사회적 이익이란 주변적인 문제나 부가적인 관심사가 결코 아니다. 그것은 기업의 존재 이유와 깊게 연관되어 있다. '바다의 아이들' 참가자였던 그레고리 젠킨스(Gregory Jenkins)는 사회적 이익이 갖는 힘에 대해 다음과 같이 말한다. "알래스카로 떠나는 항해는 제 인생을 바꾸어놓았습니다. 저는 여행가, 생물학자, 승무원, 도보여행자, 승객이 되어보았고, 무엇보다도 영감에 가득 찬 사람이 되어보았기 때문입니다."

관대함은 노동집약적인 서비스 기업에서 성공을 지속시켜준다. 많은 사업가들이 부가적인 문제라고 치부해버린 사회에 대한 헌신이나 자원의 공유는 사실이 책에서 다뤄진 기업들이 성공을 지속시킬 수 있었던 비결이다.

취크필애에서 원쉐이프 재단의 활동을 제외해버리면 아마 전혀 엉뚱한 기업이 되었을 것이다. USAA의 자원봉사단이나 찰스 슈왑의 A.S.S.E.T.S.가 없더라도 마찬가지였을 것이다. 스페셜 엑스페디션스가 '바다의 아이들' 프로그램이나 PBS에 베푸는 대신 좀더 많은 승객을 받는 데 신경 썼더라도, 이 회사는 괜찮은 회사로 남아 있겠지만, 지금과 같은 정도는 아니었을 것이다.

인간적인 가치들은 모든 훌륭한 서비스 기업을 특징 짓는 요소인데, 이는 오직 그러한 가치들만이 서비스를 수행하는 종업원들의 자발적인 노력을 이끌어낼 수 있기 때문이다. 관대함은 인간적인 가치들을 구현하고 또 강화한다. 관대함은 종업원과 고객에게 생기를 불어넣는다. 관대함이야말로 서비스 기업의 비밀 병기인 것이다.[14]

12 │ 성공하는 서비스 기업이
주는 교훈

사실상 모든 기업은 서비스 기업이다. 사람이 어떤 일을 직접 수행함으로써 고객의 가치를 창출하는 한, 기업은 그만큼씩 서비스 기업이기 때문이다. 호텔, 항공사, 프로야구팀은 대부분, 혹은 오직 수행(performance)만으로 가치를 창출하기 때문에 순수한 서비스 기업이다. 제조업체와 유통업체는 제품과 서비스의 조합을 통해 가치를 창출하므로 혼합형 기업이라 할 수 있다.

밀러 SQA는 사무용 가구 생산업체인데, 이 회사를 부각시키는 것은 색다른 서비스다. 만약 밀러 SQA에게서 가치를 창출하는 각종 서비스 혁신들—노트북을 활용해 고객과 함께 디자인하고, 단 이틀만에 주문에서 선적까지 마칠 수 있는 옵션 등—을 제거한다면 밀러 SQA는 단순히 또 하나의 사무용 가구 생산업체에 불과할 뿐이다.

그러나 밀러 SQA는 결코 그런 존재가 아니다. 밀러 SQA는 동종 산업에서 새로운 길을 여는 혁신자로서 스스로를 차별화하고 있으며, 판매와 이익 역시 빠르게 증가하고 있다. '제조업체' 밀러 SQA를 확연히 차별화하는 것은 탁월한 서비스다.

사실상 모든 유통업체는 서비스를 통해 그들이 제공하는 물품에 가치를 부가한다. 교과서에는 슈퍼마켓이 그저 '셀프 서비스' 매장이라 적혀 있지만 미국의 대다수 성공적인 식료품점은 일류 서비스 업체들이다.

이 책에 소개된 유크롭스의 사례는 고품격 서비스가 식료품 유통업에서 차지하는 중추적인 역할을 잘 보여준다. 유크롭스에서 고객 친화적인 매장 분위기, 회원제 프로그램, 음식 아이디어 센터, 매장 내 레스토랑, 맞춤식 포장 음식, 기내식 제공 서비스, 영양상담 핫라인 등의 서비스를 없앤다면, 유크롭스는 지금보다 훨씬 덜 매력적인, 확연히 다른 회사가 될 것이다. 지난 60여 년간의 영업 기간을 통틀어 지금보다 경쟁이 심한 적은 없었지만, 유크롭스는 여전히 버지니아 리치몬드에서 시장점유율 1위를 지키고 있다. 이 기업의 성공은 뛰어난 판매전략에다 서비스를 조합한 데서 나오는 것이다.

사실상 모든 기업은 서비스 기업이기 때문에, 모든 기업은 '약속을 마케팅하는 일'을 한다고 할 수 있다. 실제로 어떤 서비스가 제공될 때까지는 약속만이 있을 뿐이다. 서비스는 무형의 것이므로 구매하기 전에 고객이 이를 평가하기는 어렵다. 고객은 일반적으로 서비스를 경험해보기 전에 값을 치르기 마련이다.

미드웨스트의 비행기에 오르기 전에 고객은 항공권을 구매해야 한다. 페이퍼 밸리 호텔에 묵기 위해서는 우선 돈을 지불하고 체크 인을 해야 한다. 서비스 고객은 기업이 약속을 지키리라는 것을 신뢰할 수 있어야 한다. 서비스 기업에게 있어 고객에게 신뢰를 심어주는 것만큼 기업의 장래를 위해 중요한 것은 없다. 고객의 신뢰는 서비스 기업의 가장 값진 자산이다. 따라서 고객의 신뢰를 잃은 서비스 기업은 기업의 미래가 불투명해지고 만다.

서비스의 성공을 지속시키기란 매우 어렵다. 고객의 신뢰를 계속 유지해야 하기 때문이다. 특히 노동집약적인 서비스 기업은 고객의 신뢰를 잃을 위험에 더 많이 노출되어 있다. 이런 기업은 고객가치의 창출에 있어 사람에 의존해야 하기 때문이다. 이런 기업들은 규모를 확장해 서비스의 종류를 늘리고, 매장을 넓히고, 종업원 수를 늘려감에 따라 서비스 품질상의 문제가 커지기 마련이다.

기업의 나이가 많아지고, 덩치가 커지고, 또한 복잡해짐에 따라 애초 그 기업을 차별화했던 특성들은 사라지기 쉽다. 관료주의는 대담함을 대체하고, 세력다툼이 팀워크를 몰아낸다. 공식적인 것이 비공식적인 것을 대체하고, 가격 인하가 혁신의 자리를 대신하며, 규정에 따른 관리가 영감에 따른 리더십을 대체한다.

서비스가 노동집약적일수록, 성공을 지속시키는 데에 더 많은 도전이 숨어 있다. 사람으로 만들어진 엔진을 돌려, 매일 같이, 한 주가 가고 달이 바뀌도록, 나아가 해를 거듭하면서까지 계속 높은 운행 수준을 유지하는 것은 무생물 엔진의 경우보다 더 어렵다. 노동집약적인 행위의 수행 그 자체가 상품일 경우, 수행자의 기술과 지식, 정성과 창의성은 고객이 가치를 체험하는 데 특별히 중요한 역할을 한다.

근본적인 질문

본 연구에서 염두에 두었던 가장 근본적인 질문은 이것이다. 성공적인 서비스 기업들은 어떻게 그들의 '사람 엔진'을 줄곧 훌륭한 가동상태로 유지할 수 있었는가? 어떻게 그들은 기민함과 대담함, 예의바름과 서비스 정신을 유지할 수 있었는가? 수많은 서비스 기업들은 평범한 정도를 넘어서지 못했고, 시간이 지남에 따라 평균수준 혹은 그 이하로 떨어지고 말았다. 그러나 어떤 서비스 기업은 계속 나아졌다. 어떻게 그들은 그렇게 할 수 있었는가? 어떻게 최고의 서비스 기업들은 계속 그 자리를 지킬 수 있었는가?

나는 이 문제에 답하기 위해 지속적인 성공을 거두고 있는 14개의 서비스 기업을 연구했다. 나는 의식적으로 다양한 업종의 기업들을 샘플로 선택했다. 여기에는 프로야구팀, 항공사, 마케팅 리서치 회사, 퀵서비스 레스토랑 체인점, 자동차 보험회사, 금융서비스 조합, 호텔, 사무용 가구 제조업체, 자동차 대여업체, 전화로 매트리스를 파는 회사, 수납용품 소매업체, 리스회사, 탐사여행 회사, 식료품 소매업체, 증권중개와 금융서비스 업체가 포함됐다.

이들 기업들은 노동집약적인 서비스로 고객에게 가치를 창출해주는 일을 하면서, 고객들의 지지와 함께 금전적인 성공도 지속적으로 누리고 있다. 1997년 말까지 이들 14개 샘플기업들의 생존기간은 총 407년인데, 이중 402년 동안이나 흑자를 기록했다. 샘플기업들의 평균연령은 1999년 기준, 31세이다.

나는 이들 기업을 면밀히 연구했다. 나는 인터뷰와 관찰을 위해 매 기업을 방문했으며, 상당량의 배경 자료를 검토했다. 샘플기업들의 서비스를 가능한 한 몸소 체험해보았으며, 추가적인 정보를 위해 수많은 전화 인터뷰를 실시했다. 모두 합해, 나는 14개 기업 250여 명의 임직원과 인터뷰를 했다.

샘플기업들은 전 세계의 어느 기업과도 경쟁할 수 있는 놀라운 조직들이다. 본 연구의 핵심적인 강점은 이들 샘플에 있다. 부단한 노력에 행운이 따라, 본 연구의 샘플 선택은 매우 잘 되었다. 이들을 하나의 그룹으로 연구함으로써 어떻게 위대한 서비스 기업이 계속 그 자리에 있을 수 있는지 알 수 있었다.

이 책에서 나는, 노동집약적인 서비스 기업들이 성공을 유지할 수 있게 하는 요인들을 찾아내고, 이 요인들에 대해 설명했다. 첫 번째 장에서는 9개의 성공요인(그림 1-1)으로 모델을 구축하고, 이후 장들에서는 각 요인들에 대해 깊이 있는 논의를 했다. 본 연구를 통해 찾아낸 것 중 가장 흥미 있는 사실은 서비스 기업의 성공요인이 업종에 상관없이 일치했다는 점이다. 모델이 제시한 성공요인들은 14개 기업 모두에 완벽하게 적용될 수 있었다. 나는 이 모델이 세계 최고의 서비스 기업들은 과연 어떤 기업들인지를 보여줄 수 있는 모델임을 확신하고 있다. 또한 지속적인 성공은 기업의 규모와 해당 산업의 성장률과 거의 혹은 전혀 무관하다는 점도 확신하고 있다.[1] 침체된 산업의 작은 기업도 성공을 유지할 수 있으며, 성장 산업의 대기업도 비틀거릴 수 있다.

샘플기업들은 성공의 진정한 의미와, 어떻게 그것을 달성하며, 또한 유지하는지에 대해 소중한 교훈들을 주고 있다. 그중 가장 두드러진 교훈들을 '지속가능한 성공모델'의 9개 요소로 재구성해보면 다음과 같다.

1. 가치지향의 리더십

기업의 가치 속에 인간미가 넘칠 때 종업원들의 탁월함이 유지될 수 있다. 서비스의 성공을 지속시키려면, 서비스를 제공하는 종업원들을 고무하고, 그들의 행동을 가이드할 수 있는 인간적인 가치가 기업 내에 있어야 한다. 그리고 그 기업의 가치는 종업원들의 예술성과 열정, 창의성을 꽃피우며, 그들의 힘을 북돋우고, 그들이 직장 밖에서 뿐만 아니라 직장 안에서도 높은 삶의 질을 영위할 수 있도록 하는 것이어야 한다.

기업의 중심에 있는 이상(ideal)과 원칙, 그리고 철학이 인간의 잠재력을 높이 평가하는 것일 때, 그것은 다른 무엇보다도 잠재력을 자극하고 키우고 유지할 수 있다. 노동집약적인 서비스 기업에게 있어 사람은 제품의 가장 핵심적인 요소이다. 따라서 종업원들로 하여금 개인으로서나, 기업 공동체의 일원으로서 자신의 잠재력을 최대한 발휘하게 하는 기업의 가치는 고객에게 혜택을 주는 '제품 강점'을 만들어낸다. 샘플기업의 핵심 가치들—탁월함, 혁신, 즐거움, 팀워크, 존중, 정직, 사회적 이익—은 기업 안팎의 모든 사람들이 존중해마지 않는 것들이다.

확고한 가치는 확고한 리더들에게 달려 있다. 성공적인 서비스 기업의 리더들은 인간미 있는 기업의 가치를 마음에 품고, 이를 솔선수범하고, 남들에게 가르치며, 강화한다. 이 가치지향형 리더들은 기업의 '존재 이유'를 분명히 하고, 무엇이 조직의 성공인지를 정의한다. 기업의 가치를 자신의 일상생활에서 실천하고, 조직 내 다른 사람들의 리더십을 길러주며, 어려움에 봉착했을 때도 기업의 중심적 가치를 견지한다. 종업원들을 보살피고, 그들과 함께 하며, 기회를 제공하고, 공정하게 대하고, 또한 표창함으로써 그들의 사기를 북돋아준다.

가치지향형 리더십은 조직 속에 스며들어 있어야 한다. 최고위층의 리더십만으로는 불충분하다. 그것만으로는 조직 내의 모든 서비스 제공자들의 행동을 가이드하고, 자율적인 노력을 불러일으킬 수 없다. 아주 작은 조직이 아닌 이상, 일선 서비스 제공자들은 최고 경영층이 아닌 중간 경영층과 함께 일한다. 따라서 서비스를 제공하는 바로 그 현장에 고취된 리더십이 결정적이다. 훌륭한 서비스 기업들은 조직의 최고층에서 뿐만 아니라, 중간층에서도 앞서나간다. 즉 가치지향형 중간 관리자의 역할이 관건이다.

경영층이 안정되어야 가치가 뿌리 내린다. 서비스의 성공을 지속시키기 위해서는 고위 경영층이 안정될 필요가 있다. 대부분의 샘플기업에서 CEO가 아직 한 번도 바뀌지 않은 것은 그저 우연이 아니다. 인간미 있는 가치는 조직 내의 신뢰를 바탕으로 하며, 신뢰가 구축되기까지는 시간이 걸린다. 가치지향형 리더들의 업무는 결코 끝나지 않는다. 그것은 끊임없는 과정이며, 계속되는 여정이다. 기업 지도부의 교체는 조직의 가치를 불확실하게 만들 수 있다. 특히 새로운 리더가 조직 바깥에서 들어온 경우엔 더더욱 그렇다. 샘플기업들이 내부승진 정책을 고수하고 있는 한 가지 이유는 그들의 핵심적인 가치를 지키기 위함이다.

가치지향형 리더십은 지속적 성공을 가능하게 하는 다른 인자들의 밑바탕이 된다. 가치지향형 리더십은 서비스의 성공을 지속시킨다. 명확하고 존중할 만한 가치들은 기업의 다양한 의사결정들에 있어 '따라야 할 길'을 안내해준다. 확고한 가치들은 어떤 문은 열어주고, 또 어떤 문은 닫아준다. 탁월함, 혁신, 즐거움, 사회적 이익과 같은 가치들은 목표를 명확히 해주고 동기를 부여해준다. 그렇다면 조직은 어떻게 이같은 가치들을 획득할 수 있을까? 그러한 가치들을 조직에 주입하고 배양하는 일이 자신의 가장 주된 책임이라고 생각하는 리더들만이 그 일을 할 수 있다.

훌륭한 서비스 기업의 전략과 일상의 운영활동 저변에는 하나의 영혼(soul)이 살아 숨쉬고 있다. 기업의 영혼, 즉 기업의 가치는 기업의 근본이며 중핵이다. 미국의 각급 학교들이 인간적인 가치와 조직의 영혼이 갖는 힘과 신비로움에 좀더 주의를 기울여 교육했더라면 지금보다 더 나은 결과가 있었을 것이다. 사람들로 구성된 기업의 지속적인 성공은 인간적인 가치와 이를 체화한 리더십으로부터 나온다. 그렇게 간단하고, 또한 그렇게 복잡한 것이다.

2. 전략적 집중

일관성 있는 목적이 고객의 가치를 창출해낸다. 명확한 가치관이 명확한 전략을 유도해낸다. 서비스의 성공을 지속시키기 위해서는 핵심 전략―이것이 곧 특정 비즈니스의 정의이다―이 필요하다. 핵심 전략은 기업의 관심을 집중시키고, 비즈니스 디자인(design of business)을 가이드하고, 실행의 경로를 제시하고, 사람들의 기운을 북돋운다.

탁월한 서비스 기업들은 그들의 비즈니스를 매우 명쾌한 용어로 정의한다. 그들은 그들이 어떻게 고객의 가치를 창출하고자 하는지 알고 있으며, 자신의 존재 이유를 알고 있으며, 줄곧 그들의 이러한 중심 목표에 초점을 맞춰 이로부터 이탈하지 않는다. 하나의 초점에 집중하면 탁월한 수준에 오를 수 있다. 전략적으로, 더 적은 것이 곧 더 많은 것이다. 샘플기업들은 그들의 가치를 반영하는, 그리고 아직 충족되지 않은 고객의 필요에 부응하는 핵심 전략들을 고안해냈다. 그리고 그들은 이 전략들을 충실히 구현해냈다. 이처럼 기업이 한 곳에 집중하면, 고객들도 그 사실을 알아챌 수가 있다.

고귀한 목표가 동기를 유발한다. 종업원들은 자기에게 주어진 업무가 자신의 가치관과 맞아 떨어져 신나게 일할 수 있길 바란다. 따라서 노동집약적인 서비스 기업에서 종업원들에게 의미 있는 사명을 부여하는 것은 그들의 자율적인 노력을 높은 수준으로 유지하는 데 결정적으로 중요하다. 명확한 과업은 가야 할 길을 안내할 뿐이지만, 고귀한 사명은 단순히 길을 안내할 뿐만 아니라 가고자 하는 동기를 불러일으킨다.

스페셜 엑스페디션스는 '여행자들에게 영감을 주기 위해' 존재한다.

세인트폴 세인츠는 '재미있는 것이 곧 좋은 것'이란 사실을 믿는다. 미드웨스트는 '하늘에서의 최고급 서비스'를 제공한다. 컨테이너 스토어는 '고객에게 더 많은 시간과 공간을 줌으로써 고객의 생활을 개선'하려 한다. 사람들의 심금을 울리는 이러한 핵심 전략으로부터 기업들은 적잖은 혜택을 본다. 피터 센게(Peter Senge)는 드러커 재단 컨퍼런스에서 "고귀한 사명은 긴 여행을 위한 열정과 인내심을 키워준다"고 말했다.[2]

전략적 집중은 혁신을 불러일으킨다. 효과적인 전략은 무엇을 바꿔야 하며, 무엇을 바꾸지 말아야 하는지를 알려준다. 이 질문에 대한 답은 고객이 가지고 있다. 효과적인 핵심 전략은 고객들의 꾸준한 수요에 부응하는 데 초점을 맞춘다. 핵심 전략은 거의 바뀌지 않는다. 반면 하위전략과 구체적인 실행은 기업 실적을 향상시키고 경쟁사를 앞서기 위해 끊임없이 수정될 수 있다. 전략적 집중은 고객을 기반으로 하고, 행동을 가이드하기 때문에 혁신의 동맹자이다. 진정한 혁신은 경쟁자가 아닌 고객에게 초점을 맞춤으로써 달성되는 것이다.

3. 탁월한 실행

전략을 잘 실천하면 경쟁자들의 기회는 줄어든다. 고객이 직접 전략을 경험하진 못한다. 고객은 전략의 실행―이것이 곧 총체적 산물(total product)이다―을 경험할 뿐이다. 실행되지 않은 전략은 곧 실패를 뜻한다. 탁월한 서비스 회사들은 전략뿐만 아니라, 그 실행에도 각별한 주의를 기울인다. 전략은 감춰질 수 없고 그래서 쉽게 모방된다. 따라서 유일한 방법은 경쟁자보다 더 잘 실행하는 것이다. 서투르게 실행된 전략은 경쟁자로 하여금 모방을 통해 성공할 수 있는 길을 열어주는 것이다.

샘플기업들은 눈에 띠는 핵심 전략들을 가지고 있다. 이코노미 좌석의 가격으로 최고급 기내 서비스를 받을 수 있도록 하는 미드웨스트의 전략은 여행객의 관심을 끈다. 매트리스를 사는 것은 시간이 많이 걸리는 스트레스 받는 일이다. 그러나 다이얼 에이 매트리스의 전략은 스트레스를 상당 부분 덜어주고 시간도 절약해준다. 컨테이너 스토어는 정갈하게 정리정돈하려는 사람들의 욕구를 충족시키도록 도와준다. 그러나 눈에 띠는 전략은 투우 앞의 붉은 망토와 같은 것이다. 경쟁자들도 그런 전략을 발견하고는 따라하지 않고 못 배길 것이다. 따라서 지속적인 성공을 위해, 훌륭한 서비스 기업은 그들의 서비스 제공 수준을 끊임없이 높여 서비스 실행의 질적인 차이가 경쟁력을 유지하도록 하고 있다. 이 책에 소개된 많은 방법들은 결국 실행의 탁월성─사전준비가 잘된 서비스 제공자, 잘 관리된 유형의 증거물들, 유연한 서비스 시스템, 적극적인 경청 시스템, 제도화된 개선 프로세스 등을 포함하는─을 달성하기 위한 것들이다.

훌륭한 사람들을 끌어들이는 것이 실행의 제1규칙이다. 훌륭한 서비스 기업들은 훌륭한 사람들을 채용해 서비스를 제공하도록 하고 있다. 이것은 단순한 아이디어다. 하지만 매우 강력한 아이디어다. 그리고 이것은 대부분의 기업들이 잘 놓치는 아이디어다.

이 책의 샘플기업들은 이같은 아이디어를 실천하고 있었다. 이 책에 소개된 코라 그리피스, 제니퍼 그라소노, 크레이그 홀, 조앤 페라티스 웨버, 버드 렌하우젠, 조디 뷸리, 그리고 수십 명의 다른 서비스 제공자들은 실제 인물들이다. 이들은 기술과 경쟁력, 탁월한 서비스, 회사에 대한 헌신 측면에서 매우 특별한 존재들이다. 기업의 생산품이 어떤 일의 수행 그 자체인 경우, 그 일을 수행하는 사람의 특성은 그 생산품에 대한 고객의 총체적인 경험에 매우 큰 영향을 미친다.

샘플기업들은 단순히 사원을 채용하는 것이 아니라 재능을 찾는 경쟁에 나서는 것이다. 그러나 재능만으로는 부족하다. 이 기업들은 충분한 재능뿐만 아니라 적합한 가치를 갖고 있는 사람들을 찾는다. 샘플기업들은 입사지원자의 개인적 가치가 그 회사의 가치와 일치할 경우에만 이들을 채용한다.

본 연구를 통해 도출한 가장 중요한 교훈 중 하나는 인간미 있는 가치가 서비스 기업의 힘을 키워주며, 기업은 그와 같은 가치를 공유한 직원을 채용해 탁월성을 유지한다는 것이다. 적합한 가치를 지닌 특출난 사람들을 채용하기 때문에, 이들 기업은 최고 경영층의 빈자리를 메우기 위해 바깥에서 사람을 데려올 필요가 거의 없다. 대신 내부승진을 통해 경영진을 구성하며, 이렇게 함으로써 그들의 핵심적인 가치를 보존해 나간다.

샘플기업의 강력한 가치는 그런 가치를 공유한 재능 있는 사람들을 채용하고 또 이들을 유지하는 데 도움을 준다. 이들 기업은 미국의 실업률이 낮은 현 시점에서도 인재를 선택적으로 뽑으려는 기업들이다. 그들은 최고의 인재들을 얻기 위해 경쟁한다. 하지만 최고의 인재들도 그들 회사에 들어가고자 경쟁하고 있다. 1년에 약 80명의 매장 운영자를 뽑는 취크필애에는 9,000명 정도의 지원자가 몰리고 있다. USAA와 미드웨스트 익스프레스, 커스텀 리서치에서 일하고 싶어하는 사람 또한 실제로 입사할 수 있는 사람 수 보다 훨씬 많다.

역사적으로, 아메리칸 드림은 비본질적인 차원(내가 무엇을 소유하고 있나?)에서 논의되었다. 그러나 점차 본질적인 차원(내가 무엇을 느끼는가?)[3]에서 새롭게 정의되고 있다. 개인의 가치와 모순되지 않는 회사의 가치는 능력 있는 사람들이 원하는 높은 수준의 '직장생활의 질'을 달성하게 해준다.

4. 운명의 통제

자기만의 방식으로 성공을 추구하라. 개인의 성공과 마찬가지로 기업의 성공에 있어서도 행동의 자유는 필수적인 요소다. 훌륭한 서비스기업들은 행동의 자유를 잃지 않고 있다. 그들은 스스로 자신의 계획을 세우고 별다른 간섭 없이 이를 추구할 수 있다.

이 책에 소개된 기업들은 두드러진 전략을 갖고 있을 뿐만 아니라, 그러한 전략을 간섭 없이 전격적으로 추구하고 있다. 그들은 외부인이 그들의 비즈니스의 방향과 운영에 간섭하는 것을 용납하지 않는다. 기업을 이끌어 가는 것은 리더의 권한이지 경쟁기업, 채권자, 기관투자자, 노동조합, 그 밖의 다른 어떤 이의 특권이 아니다.

훌륭한 서비스 기업들은 아래의 방식으로 기업의 운명을 원하는 방향으로 주도해 나간다.

- 도달하고자 하는 탁월함의 정도를 끊임없이 상향 조정하고, 경쟁력 있는 차별화를 추구해, 결과적으로 고객의 충성을 이끌어낸다. 자신의 능력 한도 내에서 확장하고 성장한다.
- 타깃으로 삼은 고객들이 진정 가치 있다고 생각하는 것에 초점을 맞추고, 끊임없는 혁신과 투자로 그것을 제공한다.
- 개인회사처럼—실제로 개인회사이든 아니든—행동한다. 기업의 먼 미래를 위해 투자하고, 대주주의 이해관계뿐만 아니라 모든 이해관계자의 이익을 위해 봉사하며, 경제적 이익뿐만 아니라 사회적 이익 창출에도 관심을 기울인다.
- 고객이 품질과 가치를 인식하는 데 직접 영향을 주는 프로세스들을 통제한다.

기업의 운명에 대한 통제력을 유지하는 것은 태도와 마음가짐의 문제이다. 샘플기업의 최고 경영층은 기업이 향해 가고자 하는 바에, 기업이 공헌하는 바에, 기업의 미래에 대해 신념을 갖고 있다. 이들은 외부의 간섭은 받아들이지 않고, 기업 본연의 사명으로부터 일탈하는 행위는 사절한다. 서비스의 성공을 지속시키기 위해서는 기업 스스로를 통제할 수 있어야 한다.

5. 신뢰를 바탕으로 한 관계

서비스의 성공을 지속시키기 위해서는 신뢰 구축이 필요하다. 서비스 기업은 호소력 있는 서비스를 제공하고, 약속을 지킴으로써 성공을 유지할 수 있다. 노동집약적인 서비스 기업은 '사람이 직접 제공하는 서비스'를 판매하는 기업이다. 사람이 개재되어 있는 만큼 깨지기 쉬운 구도를 다잡아주는 것은 다름 아닌 신뢰다. 신뢰를 구축하지 못한 서비스 기업은 그리 오래 살아남지 못한다. 고객은 기업이 약속을 지키리라 믿는다. 그 기업의 종업원도, 비즈니스 파트너도 그 약속을 믿는다. 기업이 그런 약속을 지키는 것은 신뢰를 강화하는 것이며, 약속을 깨뜨리는 것은 신뢰를 약화시키는 일이다.

신뢰는 상대방이 입 밖에 꺼낸 표면적인 약속과 그 이면의 약속들을 지킬 수 있고 또한 지키리라고 확신하는 것이다. 신뢰는 상대방의 과거 행태로부터, 상대방의 능력(약속을 지킬 수 있는 능력)과 정정당당함(약속을 지키려는 의지)에 대한 평가로부터 나온다. 서비스는 본질적으로 무형의 것이다. 무형성은 불확실성을 낳는데 신뢰만이 그 불확실성을 감소시킬 수 있다. 신뢰는 모든 조직에 중요하다. 그러나 노동집약적인 서비스 기업에게 신뢰는 사활이 걸린 문제다.

서비스 기업의 미래는 그 기업이 맺고 있는 관계들이 얼마나 탄탄하나에 의해 좌우된다. 관계는 곧 미래—내일의 고객, 내일의 종업원, 내일의 비즈니스 파트너—와의 연결이기 때문에 기업에게 더없이 중요하다. 서로가 서로에게 성실을 다하는 것이 관계의 핵심이다. 서로에게 성실할수록 관계는 공고해진다. 관계들이 모여 기업을 이루는 것이다. 서로에게 성실할 수 있는 기반이 되는 것이 곧 신뢰다. 고객과 기업은 서로를 신뢰해야 한다. 종업원과 기업, 비즈니스 파트너와 기업역시 마찬가지다. 신뢰는 복잡다단하고 거친 시장환경 속에서 이들을 묶어준다. 충성(loyalty)도 신뢰로부터 나온다. 사람들은 신뢰하는 대상을 쉽게 저버리지 않기 때문이다.

이 책에 언급한 기업들은 모두 높은 신뢰를 구축한 회사들이다. 신뢰는 그들의 가장 강력한 경쟁무기 중 하나다. 그들의 지속적인 성공은 회사 일을 내 일처럼 생각해주는 고객과 종업원, 비즈니스 파트너가 있기 때문이다. 관계에 대한 충실성 정도에는 여러 수준이 존재하는데 그중 가장 상위의 것이 주인의식이다. 주인의식을 갖는 고객과 종업원, 비즈니스 파트너는 기업과 매우 강한 연대의식을 느껴 기업을 자신의 것처럼 여긴다. 훌륭한 서비스 기업은 일반 다른 기업에 비해 훨씬 많은 정도로 기업의 이해관계자들과 주인의식 수준의 관계를 맺고 있다. 탄탄한 관계의 형성은 기업만이 염두에 두고 있는 것이 아니라 기업의 이해관계자들도 마찬가지다. 신뢰는 이같은 상황에서 가장 핵심적인 것이다.

6. 종업원의 성공에 투자하기

서비스를 수행하는 종업원들에게 투자하라. 훌륭한 서비스 기업들은 종업원들의 성공을 위해 투자한다. 이들 기업은 가치를 공유한 재능 있는 인재들을 끌어들이기 위해 경쟁하며, 또한 그들의 기술과 지식을 향상시키고 그들이 소속감을 느낄 수 있도록 지속적으로 투자한다. 최고의 서비스 기업들은 먼저 종업원들이 성공을 달성할 수 있게 함으로써 회사의 성공을 추구한다.

뛰어난 서비스는 첨단 기술을 활용한 서비스 시스템을 구축하는 것이상의 일이다. 뛰어난 서비스는 사람의 예술적 수완과 태도, 순간적인 판단, 육체적 노력과 정신력이 소요되는 일이다. 그것은 수완이고, 지식이며, 판단이다. 그것은 정성이고, 보살핌이며, 확신이다. 기업은 종업원들에게 투자함으로써 뛰어난 서비스를 가능하게 한다.

많은 서비스 기업은 종업원들의 서비스 능력을 향상시키기 위한 투자에 인색하다. 그들은 자신이 고용하고 있는 사람들에 대한 확신이 부족하거나, 뛰어난 서비스가 경쟁력의 관건이란 사실을 간과하고 있다. 또는 이윤이 감소하고 있어 그같은 투자를 할 수 없는 처지라고 생각하거나, 직원의 이직률이 높아 직원에 대한 투자를 낭비로 여기고 있을 수 있다. 이 모든 경우에 서비스 제공자들은 서비스를 할 준비가 되어 있을 수가 없다. 그리고 이로 인해 그 기업들은 실패할 수밖에 없고, 이 책에 소개된 샘플기업과 같이 훌륭한 기업들에게 성공의 길을 내주게 된다.

샘플기업들은 완전히 다른 접근을 한다. 이들은 종업원들이 서비스할 준비가 잘 되어 있도록, 그리고 적극적으로 서비스하고 싶도록 하는 것이 중요함을 확신하고 투자를 서슴지 않는다. 이것은 어려운 결정이 아니다. 서비스 실행의 품질이 기업의 장래를 위해 핵심적인 것임을 믿는다면, 훌륭한 직원들을 고용하고 있다고 믿는다면, 그들의 성공을 위해 투자하지 못할 까닭이 없지 않은가?

신입사원 교육과 그 이후의 지속적인 교육을 통해 종업원들의 기술과 지식을 개발하고, 기업 내 정보를 종업원들과 공유함으로써, 종업원들이 서비스에서 올바른 판단을 하리라 믿음으로써, 기업의 성공이 종업원들의 금전적 이익과 직결되게 함으로써, 직장을 신뢰 기반의 공동체로 만듦으로써 샘플기업들은 그들의 성공을 지속시키고 있다. 종업원들의 성공에 투자하는 것은 기업 전체의 성공에 도움을 준다.

7. 작게 행동하기

서비스에서는 작게 행동하는 것이 큰 것이다. 서비스는 행위의 실행 (performance)이기 때문에, 사람이 직접 하는 것이기 때문에, 그리고 고객은 서비스 제공자와 상호작용하기 때문에, 고객 개개인의 느낌에 따라 맞춰줘야 할 여지가 많다. 공장 생산라인 노동자의 기계적인 행동은 고객이 느끼지 못하지만 비행기, 호텔, 슈퍼마켓 등 서비스 업체 종업원의 판에 박힌 행동은 고객이 직접 경험하는 것이다.

훌륭한 서비스 기업들은 비록 큰 회사라도 작게 행동할 수 있는 방법을 모색한다. 그들은 고객 개인의 개성과 선호에 맞춰 서비스를 제공하고자 한다. 그들은 매 순간 그에 어울리는 서비스를 제공하려 한다. 문제가 발생했을 땐 고객의 부담을 덜어줄 길을 찾는다. 신속히, 책임감 있게, 자유롭게, 그리고 친밀감 있게 행동해 고객으로 하여금 '약간은 특별한 대우를 받고 있다'고 느끼게 한다. 작게 행동한다는 것은 "의식적으로 고객을 개인적이고 친밀하게 대하는 것"[4]이다.

훌륭한 서비스 기업들은 종업원들에게도 조직이 작게 느껴지도록 애쓴다. 고객이 하나의 기업을 상대할 때 어찌할 바 몰라하고, 무시당한다고 느끼는 것처럼, 종업원들도 이런 느낌을 가질 수 있다. 즐거움, 팀워크, 존중 등 기업의 인간미 넘치는 가치와 고상한 목표의 공유, 조직 내에서의 신뢰에 대한 강조, 종업원의 주인정신 등은 모두 친밀하고 협조적인 직장 분위기를 만들어내며, 이는 사람들로 하여금 탁월해질 수 있도록 북돋아준다.

USAA의 부사장, 빌 쿠니(Bill Cooney)는 항상 이렇게 묻는다. "고객들이 우리와 비즈니스하는 게 수월한가? 우리가 우리 자신들과 일을 하는 게 수월한가?" 이 질문들은 작게 행동하는 것의 본질을 꿰뚫는 것이다. USAA는 18,000명의 종업원을 거느린 수십 억 달러 규모의 기업이며 300만 명 이상의 고객을 상대한다. 그러나 빌 쿠니는 작은 회사처럼 신속하고, 책임감 있고, 매끄럽고, 유연하게 행동할 것을 요구한다. 왜 아니겠는가? 대규모 서비스 기업은 관료주의를 최소화하고, 경직성을 떨쳐버릴 수 있을 때, 그리고 서비스의 영혼을 지킬 수 있을 때 더 많은 돈을 벌 수 있고, 또한 더욱 신나는 곳이 된다. 작게 행동하는 작은 기업들, 그리고 체인 같지 않게 행동하는 대규모 체인점들은 서비스 시장에서 선전하고 있다.

하이터치(High touch)와 하이테크(High tech)는 상호 보완적이다. IT기술은 기업이 작게 행동할 수 있도록 도와준다. 사람의 서비스에 기술의 힘을 합치면 더 큰 장점을 발휘할 수 있다. 기술은 사람보다 어떤 일을 더 잘할 수 있고, 또 어떤 경우엔 사람이 기술보다 나을 수 있기 때문이다. 현명하게만 활용한다면, 기술은 사람들로 하여금 훨씬 더 효과적으로 서비스를 수행할 수 있게 해준다.

최고의 서비스 기업들은 상황에 따라, 기술의 힘을 빌려 빠르고 정확하게 서비스하기도 하며, 인간적인 유대와 전문적인 지식으로 맞춤 서비스를 제공하기도 한다. 또 기술과 사람을 적절히 배합하기도 한다. 기술과 맞춤 서비스는 작게 행동하는데 있어 상호 보완적이다.[5] 이것이 USAA, 커스텀 리서치, 찰스 슈왑과 같은 회사가, 보통 팀이 아닌 하이테크 팀에 의한 서비스를 제공하는 까닭이다.

8. 브랜드 구축

기업 브랜딩은 서비스 수행에 달려 있다. 강한 브랜드는 서비스 기업에게는 결정적으로 중요하다. 그것은 보이지 않는 것에 대한 고객들이 신뢰를 높여주기 때문이다. 강한 브랜드는 서비스의 고객으로 하여금 그들이 무엇을 구매하는지 알게 하며, 그들이 느끼는 불안감을 감소시켜준다. 서비스의 브랜드는 그 서비스의 내용을 요약해서 말해주는 것이다. 브랜드는 서비스를 정의할 뿐만 아니라, 그것을 다른 것들로부터 차별화해 독특한 개성을 갖게 하고, 고객과 기업을 감성적으로 연결하기 위한 것이다.

샘플기업들은 서비스 브랜딩의 실제를 잘 보여주고 있다. 첫째, 서비스를 브랜딩하는 것은 회사를 브랜딩하는 것을 의미한다. 둘째, 회사를 잘 브랜딩한다는 것은 서비스를 잘 수행한다는 것을 뜻한다. 미드웨스트 익스프레스, 엔터프라이즈 렌트어카, 취크필애는 그 기업 명칭이 곧 브랜드다. 컨테이너 스토어는 따로 상표명을 갖고 있는 제품을 팔지만, 고객이 먼저 고르는 것은 컨테이너 스토어라는 브랜드다. 브랜드는 고객의 경험이 된다. 만약 고객의 서비스 경험이 그 회사의 광고 문구와 다르다면, 고객은 광고 문구보다 자신의 경험을 믿을 것이다.

어떤 행위의 실행이 고객가치의 대부분, 혹은 전부를 창출하는 경우, 그 행위의 주체가 곧 주요한 브랜드가 되며, 그 실행의 품질이 좋으냐 나쁘냐에 따라 브랜드의 가치는 높이 치솟기도 하고, 휴지조각이 되기도 한다. 이 책에 언급한 샘플기업들은 서비스 브랜드는 본질적으로 그 서비스가 얼마나 제대로 실행되느냐에 달려 있다는 것을 잘 알고 있다. 실제로 그들은 이미지만으로 브랜드를 구축하지 않고, 이미지를 강화시켜주는 실행을 통해 브랜드를 구축한다.

9. 관대함

관대함은 서비스를 성공으로 이끈다. 기업의 관대함은 흔히 성공의 결과물로 간주된다. 기업이 부를 창출한 다음 이를 분배하는 것으로 여긴다. 그러나 이 책에 언급된 탁월한 서비스 기업들은 다른 교훈을 준다. 관대함은 성공의 산출물일 뿐만 아니라, 성공을 만들어 내기 위한 핵심적인 투입물이라는 것이다.

남다른 관대함은 14개 샘플기업들이 성공할 수 있었던 주된 원인이었다. 관대함은 종업원들로 하여금 플러스 알파의 노력을 기울이게 만드는 기업의 인간적 가치들을 내포하고 있으며, 또한 그러한 가치를 강화하기 때문이다. 남다른 관대함은 고객의 관심과 존경, 신뢰와 충성도 얻어낼 수 있다.

마음이 넓은 서비스 기업들은 바로 그 넓은 마음 덕에 서비스를 더 잘 수행하게 된다. 남들을 보살필 줄 알고, 또 아낌없이 주려고 하는 사람들─최고의 서비스 요원이 될 자질을 갖고 있는 사람들─이 진심으로 그런 기업의 일원이 되고자 하기 때문이다. 그리고 그런 기업에 들어온 사람들은 회사가 보장해주는 높은 삶의 질에 의해 더욱 고무된다.

현명한 서비스 기업은 인간의 삶을 풍요롭게 한다. 행위를 파는 기업은 고객의 마음을 사기 전에 먼저 그 행위자(종업원)의 마음을 사야 한다. 이기적인 기업은 서비스를 제대로 수행할 수 없다. 탐욕은 어떤 특별한 것, 혹은 어떤 영속적인 것을 창조해내지 못하기 때문이다.

이 책에서 살펴본 기업들은 서비스 경영, 리더십, 지속가능한 성공과 인생에 대해 중요한 교훈들을 준다. 이 기업들에게도 어려움과 좌절이 없었던 것은 아니다. 또 그들에게 문제점이 없는 것도 아니다. 그러나 이 기업들은 사람들로부터 최고의 것을 끌어내고, 또한 사회에 매우 큰 이득을 되안겨주는 매우 특별한 기업들이다. 그들은 재무적인 측면에서나 인간적인 측면에서 모두 대단히 성공적이다. 그리고 그들은 나이가 들고 조직이 커져가면서도 계속 나아지고 있다. 그들의 미래를 단언할 수는 없지만, 매우 전도유망해 보이는 것은 사실이다.

이 책에 제시된 '지속가능한 성공모델'은 쉽게 이행할 수 있는 것은 아니다. 이것은 비범한 리더십과 헌신과 결의를 요구한다. 규정집에 따른 경영이 가치지향형 리더십보다 훨씬 쉽다. 명령을 내리는 일이 사람들을 고무하는 일보다 쉽다. 경제적 이득만을 추구하는 것이 사회적 이익까지를 고려하는 것보다 더 익숙하다. 그러나 가치지향형 리더십, 사람들을 고무하는 일, 사회적 이익 등은 서비스 기업을 더 훌륭하게 만들고 사람으로 만들어진 엔진을 유지할 수 있게 한다.

서비스 기업이 반드시 요절할 이유는 없다. 그러나 많은 기업들은 사라지고 말 것이다. 서비스 기업은, 그 기업 안에 있는 사람(종업원)과 바깥에 있는 사람(고객)들의 삶을 개선하는 일을 해야 한다는 사실을 깨닫지 못한다면 말이 다. 위대한 서비스 기업들은 인간적인 공동체로서, 고객은 물론 그 기업이 속한 더 넓은 공동체를 인간적으로 대한다. 모든 이 — 고객, 종업원, 납품업자, 도시, 국가 — 가 훌륭한 기업의 존재로부터 이득을 얻는다. 이것이 바로 훌륭한 기업이 오랫동안 살아남는 이유다.

| 참고문헌 |

1장 서비스 기업의 지속적 성장

1. Gregory J. Gilligan, "Ukrop's Increase Market Share —Supermarket Chain Contineus Dominance of Richmond Area in Survey ," Richmond Times-Dispatch, June 11, 1997, pp. C1 and C4.

2. Robert Levering and Milton Moskowitz, The 100 Best Companies to Work for in America (New York: Currency Doubleday, 1993).

3. "Dial 'A' for Aggravation," Business Week, March 11, 1996, p. 34.

4. Arie de Geus, The Living Company: Habits for Survival in a Turbulent Business Environment (Boston: Harvard Business School Press, 1997).

5. Arie de Geus, "The Living Company," Harvard Business Review, March-April 1997, p. 52.

6. Quoted in Julia Vitullo-Martin, "How a Hot Business Keeps Its Sizzle, Wall Street Journal, March 24, 1997, p. A18.

2장 성공을 지속시키는 가치들

1. James M. Kouzes and Barry Z. Posner, Creidibility—How Leaders Gain and Lose It, Why People Demand It (San Francisco: Jossey-Bass Publishers, 1993), pp. 121-22.

2. See Robert Waterman, The Renewal Factor(New York: Bantam Books, 1987), Chapter 7.

3. Herb Keleher, "A Culture of Commitment," Leader to Leader, Spring 1997, p. 22.

4. As quoted in Kouzes and Posner, p. 124.

5. Edwin McDowell, "Quality Service with Wings — Midwest Expres Prospers by Pampering Passengers," New York Times, September 23, 1997, p. 10.

6. Peter F. Drucker, "My Life as a Knowledge Worker," Inc., February 1997, p. 78.

7. "Beginnings," 1996 USAA Annual Progress Report.

8. Leonard L. Berry, On Great Service: A Framework for Action (New York: Free Press, 1995), p. 109.

3장 가치지향의 리더십

1. James M. Kouzes and Barry Z. Posner, The Leadership Challenge (SanFrancisco: Jossey-Bass Publishers, 1995), p. 13.

2. Peter F. Drucker, "Leadership: More Doing Than Dash," Wall Street Journal, January 6, 1988, Section 1, p. 14.

3. Leonard L. Berry, On Great Service: A Framework for Action (New York: Free Press, 1995). pp. 16-17.

4. Noel M. Tichy, "The Mark of a Winner," Leader to Leader, Fall 1997, pp. 25, 28.

5. From a speech at the Center for Retailing Studies Fall Retailing Symposium,

Dallas, Texas, October 23, 1997.

6. Kouzes and Posner, p. 13.

7. See "Blueprints for Business" and "The Speed of Natural Light," Business, Week, November 3, 1997, pp. 113-16 and p. 128, respectively.

4장 전략적 집중

1. Based in part on Napoleon Barragan, How to Get Rich with a 1-800 Number (New York: Regan Books), 1997, pp. 1-7.

2. James C. Collins and Jerry I. Porras, "Building Your Company's Vision," Harvard Business Review, September-October, 1996, p. 66.

3. Theodore Levitt, "Marketing Myopia," Harvard Business Review, July-August, 1960, pp. 45-56.

4. Michael E. Porter, "What is Strategy?" Harvard Business Review, November-December 1996, pp. 68-69.

5. Porter, pp. 70, 76.

6. Porter, pp. 61-78.

7. Leonard L. Berry, Kathleen Seiders, and Larry G. Gresham, "For Love and Money: The Common Traits of Successful Retailers," Organitional Dynamics, Autumn 1997, p. 13.

8. The Economy at Light Speed—Technology and Growth in the Information Age and Beyond, Federal Reserve Bank of Dallas Annual Report, 1996, pp. 9-10 and Exhibit B.

9. Leonard L. Berry, "Leading for the Long Term," Leader to Leader, Fall 1997, p. 33.

10. David S. Pottruck, "Charles Schwab: Maverick Retailer," Arthur Andersen Retailing Issues Letter, March 1997, p. 4.

11. Pottruck, p. 4.

12. As quoted in "Charles Schwab Corp. E-trader," Forbes, July 7, 1997, p.246.

5장 탁월한 실행

1. Linda L. Price, Eric J. Arnould, and Patrick Tierney, "Going to Extremes: Managing Service Encounters and Assessing Provider Performance," Journal of Marketing, April 1995, pp. 83-97.

2. Price, Arnould, and Toerney, p. 87.

3. Ron Zemke, "World-Class Customer Service," Boardroom Reports, December 15, 1992, p. 1.

4. Lewis P. Carbone and Stephan H. Haeckel, "Engineering Customer Experiences," Marketing Managements, Winter 1994, pp. 9-19.

5. As quoted in Thomas Teal, "Service Comes First: An Interview with USAA's Robert F. McDermott," Harvard Business Review, September-October 1989, p.

126.

6. Leonard L. Berry and A. Parasuraman, "Listening to the Customer—The Concept of a Service Quality Information System," Sloan Management Review, Spring 1997, p. 66.
7. As quoted in the Dana Commercial Credit 1996 Annual Report, p. 13.
8. As quoted in "Bergstrom Hotels: A Case Study in Continuous Improvement," Quality Management, September 10, 1996, p. 6. Also see Deborah Breiter, Stephen A. Tyink, and Susan Corey-Tuckwell, "Bergstrom Hotels: A Case Study in Quality," International Journal of Contemporary Hospitality Management, Number 6, 1995, pp. 14-18.

6장 운명의 통제

1. Bonnie Schwartz, "Ready, Set, Go!," I.D. Magazine, March/April 1997, p. 88.
2. See John Huey, "In Search of Roberto' s Secret Formula," Fortune, December 29, 1997, pp. 230-34; David Greising, "What Other CEOs Can Learn from Goizueta," Business Week, November 3, 1997, p. 38; and William J. Holstein, "Drink Coke, and Be Nice," U.S. News & World Report, June 9, 1997, p. 50.

7장 신뢰를 바탕으로 한 관계

1. John A. Czepiel, "Service Encounters and Service Relationships: Implications for Research," Journal of Business Research, Vol. 20, 1990, pp. 13-21.
2. For an overview of manageriel research findings, see Leonard L. Berry, A. Parasuraman, and Valarie A. Zeithaml, "Improving Service Quality in America: Lessons Learned," Academy of Management Executive, Vol. 8, No. 2, 1994, pp. 32-45.
3. J. Broke Smith and Donald W. Barclay, "The Effects of Organizational Differences and Truth on the Effectiveness of Selling Partner Relationships," Journal of Marketing, January 1997, pp. 3-21.
4. Christine Moorman, Rohit Deshpande, and Gerald Zalman, "Factors Affecting Trust in Market Research Relationships," Journal of Marketing, January 1993, pp. 81-101.
5. Lawrence A. Crosby, Kenneth R. Evans, and Deborah Cowels, "Relationship Quality in Service Selling: An Interpersonal Influence Perspective," Journal of Marketing, July 1990, pp. 68-61.
6. Patrcia M. Doney and Joseph P. Cannon, "An Examination of the Nature of Trust in Buyer-Seller Relationships," Journal of Marketing, April 1997,51. pp. 35-
7. Susan M. Keaveney, "Customer Switching Behavior in Service Industries: An Exploratory Study," Journal of Marketing, April 1995, pp. 71-82.
8. Leonard L. Berry, On Great Service: A Framework for Action(New York: Free Press, 1995), pp. 80-81.

9. The interpersonal treatment of individuals in a justice context sometimes is presented as the separate category of Interactional Justice. See, for example, R. J. Bies and J. S. Moag, "Interactional Justice: Communication Criteria of Fairness," in R. J. Lewicki et al. [Eds.], Research on Negotiation in Organizations (Greenwich, CT: JAI Press, 1986).

10. This paragraph and the two preceding paragraphs are based on Kathleen Seiders and Leonard L. Berry, "Service Fairness: What It Is and Why It Matters," Academy of Management Executive, May 1998, pp. 8-20.

11. See Helen Axel, HR Executive Review: Implementing the New Employment Compact, Vol. 4, No. 4, 1997.

12. Robert M. Morgan and Shelby D. Hunt, "The Commitment -Trust Theory of Relationship Marketing," Journal of Marketing, July 1994, p. 23.

13. Moorman, Deshpande, and Zaltman, p. 82.

14. Julian B. Rotter, "A New Scale for the Measurement of Interpersonal Trust," Journal of Personality, Vol. 35, No. 4, 1967, p. 651.

15. See Valarie A. Zeithaml, Leonard L. Berry, and A. Parasuraman, "The Nature and Determinants of Customer Expectations of Service," Journal of the Academy of Marketing Science, Vol. 21, No. 1, 1993, pp. 1-12, or Leonard L. Berry, and A. Parasuraman, Marketing Services: Competing Through Quality (New York: Free Press, 1991), Chapter 4.

16. Leonard A. Schlesinger and James L. Heskett, "Breaking the Cycle of Failure in Service," Sloan Management Review, Spring 1991, pp. 17-28; also see James L. Heskett, W. Earl Sasser, Jr., and Leonard A. Schlesinger, The Service Profit Chain(New York: Free Press, 1997).

17. See Arlie Hochschild, The Managed Heart: The Commercialization of Human Feeling (Berkeley: University of California Press, 1983) and Benjamin Schneider and David E. Bowen, Winning the Service Game (Boston: Harvard Business School Press, 1995).

18. Sandra L. Robinson, "Trust and Breach of the Psychological Contract," Administrative Science Quarterly, Vol. 41, 1996, pp. 574-99. This study is summarized in Charley Braun, "Organizational Infidelity: How Violations of Trust Affect the Employee-Employer Relationship," Academy of Management Executive, Vol. 11, No. 4, 1997, pp. 94-95.

19. See Nirmalya Kumar, "The Power of Trust in Manufacturer-Retailer Relationships," Harvard Business Review, November-December 1996, p. 97.

20. Kumar, pp. 95, 97.

21. This research is summarized in John T. Landry, "Supply Chain Management — The Value of Trust," Harvard Business Review, January-Customers in Companies: When Are Relationships Feasible and What Form Should They Take?" Paper presented at Frontiers in Services Conference, American Marketing

Association and Vanderbilt University Center for Services Marketing, October 1994.

21. Morgan and Hunt, pp. 20-38.

23. Feargal Quinn, "Becoming a Customer-Driven Organization: Three Key Questions," Managing Service Quality, Vol. 6, No. 6, 1996, p. 6.

24. Leonard L. Berry, "Relationship Marketing of Services: Growing Interest, Emerging Perspectives," Journal of the Academy of Marketing Science, Vol. 23, 4, 1995, p. 237.

25. Kevin P. Gwinner, Dwayne D. Gremler, and Mary Jo Bitner, "Relational Benefits in Service Industries: The Customer's Perspective," Journal of the Academy of Marketing Science, Spring 1998, pp. 101-14.

26. Richard G. Barlow, "Relationship Marketing: The Ultimate in Customer Services," Retail Control, March 1992, p. 29.

27. Don Jackson, "The Seven Deadly Sins of Financial Services Marketing the Road to Redemption," Direct Marketing, March 1993, pp. 43-45, 79.

28. Czepiel, pp. 13-21.

29. See Leonard L. Berry, "Retailers with a Future," Marketing Management, Spring 1996, pp. 39-46.

30. Frederick F. Reichheld and W. Earl Sasser, Jr., "Zero Defections: Quality Comes to Services," Harvard Business Review, September-October 1990, pp. 105-111.

31. As discussed in Susan Fournier, Susan Dobscha, and David Glen Mick, "Preventing the Premature Death of Relationship Marketing," Harvard Business Review, January-February 1998, p. 48.

32. Don Peppers and Martha Rogers, The One to One Future (New York: Currency Doubleday, 1993), p. 141.

33. Berry, "Relationship Marketing of Services: Growing Interest, Emerging Perspectives," p. 238.

34. The concepts of dedication-based and constraint-based relationships are developed in Neeli Bendapudi and Leonard L. Berry, "Customers' Motivations for Maintaining Relationships with Service Providers," Journal of Retailing, Vol. 73, No. 1, 1997, pp. 15-37. This section is based on a part of this article.

35. Morgan and Hunt, pp. 25-26.

36. Scott M, Stanley and Howard J. Markman, "Assessing Commitments in Personal Relationships," Journal of Marriage and the Family, August 1992, pp. 595-608.

37. Richard Cross and Janet Smith, Customer Bonding (Chicago: NTC Business Books, 1995).

8장 종업원의 성공에 투자하기

1. The material on Cora Griffith is drawn from personal interviews with her, observation, and the article, "Sincerely, Cora" published byFox Magazine its

1996 Holiday Issue.

2. Leonard L. Berry, On Great Service: A Framework for Action (New York: Free Press, 1995), pp. 194-95.

3. See Ellyn A. McColgan, "How Fidelity Invests in Service Professionals," Harvard Business Review, January-February 1997, pp. 137-43.

4. As quoted in Gina Imperato, "Dirty Business, Bright Ideas," Fast Company, February-March 1997, p. 89.

5. Leonard L. Berry, "Leading for the Long Term," Leader to Leader, Fall 1997, p. 36.

6. "Key to Success: People, People, People," Fortune, October 27, 1997, p. 232.

9장 작게 행동하기

1. Howard Schultz, Pour Your Heart Into It (New York: Hyperion, 1997), pp. 275-76.

2. For some fascinating case studies of companies beyond the sample that illustrate this point, see: Rob Walker, "Back to the Farm," Fast Company, February-March 1997, pp. 112-22 (about Rosenbluth International); Richard Teitelbaum, "The Wal-Mart of Wall Street," Fortune, October 13, 1997, pp. 128-30 (about Edward Jones); and Alan M. Webber and Heath Row, "Do You Organize Around Customers?" Fast Company, October-November 1997, p. 136 (about People-Soft, Inc.).

10장 브랜드 구축

1. O'Dell, "The Inside Story," Los Angeles Times, Orange County, Section N, June 1, 1996, pp. 1-2.

2. See Leonard L. Berry and A. Parasuraman, Marketing Services: Competing Through Quality (New York: Free Press, 1991), Chapter 7.

3. Howard Schultz, Pour Your Heart Into It (New York: Hyperion, 1997), p. 247.

4. Leonard L. Berry "Branding the Store," Arthur Andersen Retailing Issues Letter, September 1997, p. 1.

5. Kevin Lane Keller, "Conceptualizing, Measuring, and Managing Customer-Based Brand Equity," Journal of Marketing, January 1993, p. 2.

6. Stephen King, as quoted in David A. Aaker, Managing Brand Equity: Capitalizing on the Value of a Brand Name (New York: Free Press, 1991), p. 1.

7. See Seth Gordon, "Permission Marketing," Fast Company, April-May 1998, pp. 198-212.

8. As quoted in Roger Thurow, "A Sports Icon Regains Its Footing by Using the Moves of the Past," Wall Street Journal, January 21, 1998, p. A8. This example is based on this article.

9. "What Great Brands Do," an interview of Scott Bedbury by Alan M. Webber,

Fast Company, August-September 1997, pp. 96-100.

10. Charlotte Beers, "Building Brands Worthy of Devotion," Leader to Leader, Winter 1998, p. 39.

11. Howard Schultz, p. 248.

12. Donald W. Hudler, "Leadership with Enthusiasm," a speech at Texas A&M University's Center for Retailing Studies Fall Symposium, Dallas, Texas, October 17, 1996.

13. Tom Peters, p. 457.

14. Berry and Parasuraman, p. 129.

15. See Mary C. Gilly and Mary Wolfinbarger, "Advertising's Internal Audience," Journal of Marketing, January 1998, pp. 69-88.

11장 관대함

1. Ron Hawkins, "Family Mixes Morals, Marketplace," Potomac News, August 2, 1997, p. A1.

2. Bill Lohmann, "Big Brothers—Business, Civic Pursuits Make the Ukrops Richmond's Valued Customers," Richmond Times-Dispatch, August 14, 1994, p. G2.

3. Charlotte Beers, "Where Great Minds Become Good Friends," Advertising Age, August 4, 1997, p. 20.

4. Sandra A. Waddock and Samuel B. Graves, "The Corporate Social Performance—Financial Performance Link," Strategic Management Journal, 1997, pp. 303-19.

5. Charlotte Beers, "Building Brands Worthy of Devotion," Leader to Leader, Winter 1998, p. 40.

6. Frances Hesselbein, "A Traveler Along the Road," Leader to Leader, Spring 1998, p. 6.

7. James E. Austin, "The Invisible Side of Leadership," Leader to Leader, Spring 1998, p. 44.

8. Gregory J. Gilligan, "Ukrop's Donates $500,000 to J. Sargeant Reynolds," Richmond Tmes-Dispatch, p. C7.

9. This story was selected as a winner in LensCrafters' Hometown Day Most Inspiring Story contest for 1997. It was submitted by Valarie Smith of Store 576 in Tow-son, Maryland.

10. Much of the information in this section on Charles Schwab Corporation is based on a 1998 report written by Lita Benton, Manager, Community relations, Charles Schwab & Co., Inc.

11. Arie de Gues, "The Living Company," Harvard Business Review, March-April 1997, p. 57.

12. S. Truett Cathy, It's Easier to Succeed Than to Fail (Nashville: Oliver Nelson,

1989), p. 181.

13. Memorandum from Jeff Cole of Friends of The High School for Environmental Studies to Tom O'Brien of Special Expeditions, September 5, 1996.

14. Quoted in A World of Possibilities, a Special Expeditions Booklet, p. 20.

12장 성공하는 서비스 기업이 주는 교훈

1. Other research supports this assertion. See Jeffrey Pfeffer, "The Real Keys to High Performance," Leader to Leader, Spring 1998, pp. 23-29.

2. As quoted in Frances Hesselbein, "A Trabeler Along the Road," Leader to Leader, Spring 1998, p. 7.

3. See Shannon Dortch, "Kaleidoscope: Boomer Dreams," American Demographics, January 1997, p. 27.

4. Leonard L. Berry and A. Parasuraman, Marketing Services: Competing Through Quality (New York: Free Press, 1991), p. 1815. Leonard L. Berry, On Great Service: A Framework for Action (New York: Free Press, 1995), pp. 154-55.

5. Leonard L. Berry, On Great Service: A Framework for Action (New York: Free Press, 1995), pp. 154-55.

| 인터뷰에 도움을 준 사람들 |

1. 버그스트롬 호텔

Lisa Barry	Jean Kasper	Michelle Schewe
Richard Batley	David Krumplitsch	Scott Schwandt
Dick Bergstrom	Keith Martin	Mary Scieszinski
John Bergstrom	Pat Molash	Gerald Smith
Patrick Berndt	Mitch Morrison	Marc Snyder
Ellen Brown	Dean Murzello	Shirley Tesch
Robert Dove, Jr.	Pam padilla	Stephen Tyink
Gloria Erickson	anthony Reese	Eike Van Horn
Tamara Erickson	Shirley Rohloff	Paula Walters
Cora Griffith	Daniel Schetter	Ben Weyenberg

2. 찰스 슈왑

Lita Benton	Susanne Lyons	Elizabeth Sawi
Joan Joyner	Nancy Mitchell	Eileen Schloss
Holly Kane	David Pottruck	Leonard Short Ⅲ
Jim Losi	Eric Salz	Mark Thompson

3. 취크필애

Kenneth Bernhardt	Craig Hall	Steven Robinson
Dan Cathy	Wayne Hoover	Tim Tassopoulos
Dwayne Craig	Ed Howie	Huie H. Woods
Todd Grubbs	Linda McEntire	Craig Perry

4. 컨테이너 스토어

Barbara Anderson	Keath Hance	Daniela Roska
Elizabeth Barrett	Diane Higgins	Melissa Reiff
Garrett Boone	Mike Hoover	Kip Tindell
Amy Carovillano	Natalie Levy	Sharon Tindell
Nancy Donley	Karla Marie	Sheila Tranguch
Peggy Doughty	Melani Meyer	Jon Warva
Daren Fagan	Cindy Moore	Marty Williams
Elaine Fuqua	John Mullen	
Heidi Gingerich	Fernando Ramos	

5. 커스텀 리서치

Helen Ballhorn	Kaia Kegley	Stephanie Parent
Judy Corson	Diane Kokal	Jeffrey Pope
Janice Elsesser	Rhonda Lind	Christine Sharratt
Lisa Gudding	Carolyn MacLeod	Eileen Taylor
Patricia Hughes	Laura Olson	Jeanne Wichterman

6. 다나 커머셜 크레디트

Tricia Akins	Donna Marie Lilly	Edward Shultz
John Barry	Gina Lumia	Michael Springer
James Beckham	Laura Moore	Steve Taylor
Rodney Filcek	Bruce Mullkof	Jan Torley
J. Stephen Gagne	Robert Piernik	Berk Washburn
Michael Gannon	Barney Schoenfeld	

7. 다이얼 에이 매트리스

Luis Barragin	Kathleen Desmond	Louise Siracusano
Napolen Barragan	Camellia Fleischman	Michael S. Stern
Jay Borofsky	Jennifer Grassano	Joe Vicens
Phildelis Cooper-Snell	Maureen Renneberg	

8. 엔터프라이즈 렌트어카

Scott Bailey
Christy Conrad
Daniel Gass
Russell Hamilton
Rob Hibbard

Dick Janicki
Jeff Klein
Callaway Ludington
Scott MacDonald
Vicky Meehan

Joanne Peratis-Weber
Nathan Pickle
Mary Schmitz
Andrew Taylor
Monica Thompson

9. 미드웨스트 익스프레스

Julie Ardell
Randy Beres
Timothy Biondo
Mary Blundell
Frank Brenner
Denise Dembosky
Michael Desmond
Beverly Donaldson
Carrie Ehley
Michael Filippel
LouAnn Gifford
Debbie Hanson
Lauree Garcia Hart

Timothy Hoeksema
Marie Johnson
Patty Keepman
Dory Klein
Kenneth Krueger
Debbie kujawa
Amy Jasniewski
Michael Jilot
Michelle Libesch
James David Marks
Steve Mathwig
Tamara McClelland
Scott Milligan

Sandra Opdahl
Jo-Ann Parrino
Lauri Phillips
Mike Rabbitt
Jim Reichart
Julie Zeikm Ruetz
Jull Schuetz
Jerry Scott
Brenda Skelton
Carol Skornicka
Kristine Steck
Daniel Sweeney
Sonya Wilborn

10. 밀러 SQA

Deb Abraham
Douglas Bonzelaar
Bill Buhl
Mabel Casey
Nathan Chandler

Robert Enders
Del Ensing
Steve Frykholm
Anita Greer
Linda Milanowski

Dave Mitchell
Bix Norman
Rick Vander Bie
Gary Van Spronsen
Charles Vranian

11. 스페셜 엑스페디션스

Martin Albert, M.D.   Janet Hollander   Thomas O'Brien
Peter Butz   Bud Lehnhausen   Jill Russell
Pamela Fingleton   Sandra Levy   Jim Wilcox
Frank Gang   Sven-Olof Lindblad   Ross Wilson
Sharon Eva Grainger   WilliamLopez-Forment
Margaret Hart   Lee Moll

12. 세인트 폴 세인츠

Jody Beaulieu   Peter Orme   Dave Wright
Bill Fanning   Mike Veeck

13. 유크롭스 슈퍼마켓

Jim Blackwell   Linda LaFoon   Scott Ukrop
Wade Carmichael   Debbye Mahan   Robert Ukrop
Cheryl George   Kathy Meadows   Mike Waldron
Bill Jackson   Kevin Rosenfeld   Roger Williams
Bob Kelly   Cathy Strobel   Tony Wiseman
Shannon Lacks   Scott Strobel

14. USAA

Billy Bowen   Patty Garza   Pam Sanchez
Norma Villarreal Brooks   William James   Gina Santonastaso
Michael Burns   Donna Kirby   Gilbert Santos
Del Chisolm   Eunice McFall   Hal Schade
Edna City   Corrie McHugh   Allison Tomaasini
Stacy Conger   Michael Merwarth   John Walmsley
Bill Cooney   Berniece More   Deborah Wolfshohl
Nancy Cuellar   Rudolph Ostovich III   Jo Wynn
Norman Epstein   Susan Poteete
Lupe Flores   Paul Ringenbach